首都经济贸易大学北京市属高校基本科研业务费专项资金资助（XRZ2020039）

放松卖空约束与企业信用评级

——基于中国融资融券的经验证据

许晨曦　著

中国财经出版传媒集团

经济科学出版社

Economic Science Press

图书在版编目（CIP）数据

放松卖空约束与企业信用评级：基于中国融资融券的
经验证据/许晨曦著 . —北京：经济科学出版社，2020.8
ISBN 978 - 7 - 5218 - 1750 - 8

Ⅰ.①放⋯　Ⅱ.①许⋯　Ⅲ.①证券投资 - 关系 - 企业
信用 - 信用评级 - 研究 - 中国　Ⅳ.①F832.51②F832.4

中国版本图书馆 CIP 数据核字（2020）第 137582 号

责任编辑：谭志军
责任校对：杨　海
责任印制：李　鹏　范　艳

放松卖空约束与企业信用评级
——基于中国融资融券的经验证据
许晨曦　著
经济科学出版社出版、发行　新华书店经销
社址：北京市海淀区阜成路甲 28 号　邮编：100142
总编部电话：010 - 88191217　发行部电话：010 - 88191522
网址：www. esp. com. cn
电子邮箱：esp@ esp. com. cn
天猫网店：经济科学出版社旗舰店
网址：http：//jjkxcbs. tmall. com
北京季蜂印刷有限公司印装
710 × 1000　16 开　18 印张　250000 字
2020 年 8 月第 1 版　2020 年 8 月第 1 次印刷
ISBN 978 - 7 - 5218 - 1750 - 8　定价：76.00 元
（图书出现印装问题，本社负责调换。电话：010 - 88191510）
（版权所有　侵权必究　打击盗版　举报热线：010 - 88191661
QQ：2242791300　营销中心电话：010 - 88191537
电子邮箱：dbts@ esp. com. cn）

前　言

改革开放 40 多年来，随着我国金融市场的发展，债券市场不断扩容，发行债券已成为企业重要的直接融资渠道。而作为企业发行债券重要方式之一的企业信用债，近年来规模发展迅速。据万得（Wind）统计，2018 年全年，共有 5246 家主体发行主要信用债 10244 期，发行规模达到 11.44 万亿元，发行主体家数较上年增加了 27%，发行期数和规模增长均超过 30%，主要信用债存量期数和规模分别为 23532 期、28.51 万亿元，占债券市场的比重显著提升至近 28% 的水平。截至 2018 年底，我国企业信用债券融资额在短短 16 年的时间内增长了 278 倍。信用债在债券市场的比重显著提升，已经达到与国债、金融债券"三分天下"的形势。由于企业信用债券在发行时需要进行信用评级，因此，信用评级正发挥着越来越重要的现实作用。

信用评级产生于 20 世纪初期的美国，是一种金融中介服务，主要是为市场交易者提供交易信息以供其参考决策。1902 年穆迪公司针对当时铁路债券创立的评级方法开创了现代评级的先河。20 世纪 80 年代信用评级业务在我国开始出现，后来延伸到各种金融产品及各种评估对象。作为衡量企业信用风险程度的一种主要外部方式，企业信用债券在发行时必须进行信用评级，以此作为衡量企业信用风险程度的一种主要外部方式，因此企业信用风险是影响信用评级最重要的因素（Grahama et al.，2007）。我国资本市场于 2010 年 3 月 31 日正式推出融资融券交易制度，作为一种创新性的金融交易制度，卖空机制的引入对资本市场以及企业行为都产生了重要的影响。一方面，卖空交易制度可以降低股票被高估的可能性、减小股票收益的波动，起到稳定市场运行效率、提高公司治理水平等降低企业面临的信用风险的作用，从而提高企业信用评级；另一方面，卖空交易制度又可能会导致企业融资约束、提高企业风险、增大股价崩盘风险等问题，进而降低企业信用评级。那么，卖空交易机制的引入对企业信用评级的影响到底是什么呢？

为此，本书从制度变迁的视角，以委托代理理论、信息不对称理论、交易成本理论和信号传递理论为依据，选取 2008～2017 年可获得主体信用评级的上市公司作为研究样本，以中国资本市场 2010 年 3 月 31 日开始实施的融资融券制度这一难得的"准自然实验"为契机，采用双重差分模型（DID）系统地研究了放松卖空约束对企业信用评级的影响，以及其中的具体机制，并验证了不同制度环境和金融中介特征的调节作用，并在以上三个方面的基础上，根据每个模块的具体情景，做了进一步分析。最终本书得到如下结论：

1. 企业进入融资融券标的公司以后，卖空限制得到解除，提高了其主体长期信用评级。放松卖空约束与企业信用评级呈现显著的正相关关系，在排除了模型偏误、样本偏误、其他可能的解释以及采用变换模型设计、倾向得分匹配法（PSM）和安慰剂检验来考虑内生性问题后，结论依然成立。这说明，放松卖空约束以后企业的公司治理水平得到提高，从而降低了企业信用风险，提高了企业信用评级，卖空机制对企业的行为的影响主要体现在治理效应。进一步验证卖空机制对于企业信用风险的影响，考虑到国内外评级差异以及产权性质的不同情景，发现卖空机制的治理效应降低了企业信用风险，从而提高了企业信用评级，这种效应使得国内评级差异、国内外评级差异均显著降低，并且在非国有企业中更为显著。这表明卖空机制的治理效应主要体现在非国有企业，且这种治理效应同样得到国外评级机构的认可。

2. 放松卖空约束具有公司治理效应，具体体现在，卖空机制可以有效抑制"高管私利"和"大股东掏空"行为，从而提高高管薪酬业绩敏感性，使得高管薪酬更为合理、薪酬契约更为有效；在采用了 PSM 解决内生性问题，以及进行了稳健性检验后，结论依然成立。进一步，本书深入检验两种机制的发生，发现在高管持股比例较高以及独立董事持股比例较低一组，放松卖空管制对高管薪酬业绩敏感性的正面影响更为显著，即卖空机制对高管薪酬业绩敏感性的正面作用在高管"更可能发生私利行为"的一组更为显著，这说明卖空机制可以通过抑制"高管私利"行为，提高薪酬业绩敏感性；而在检验卖空机制抑制"大股东掏空"行为时，本书同样发现在两权分离度以及机构投资者持股比例较高的一组，卖空机制对高管薪酬业绩敏感性的正面作用更为显著，即在"更可能发生掏空行为"的一组，卖空机制的作用更为显著，这同样验证了卖空机制对于高管薪酬业绩敏感性作用的第二个机制。

3. 放松卖空约束可以通过抑制大股东和管理层的私利行为，提高企业公司治理，从而降低企业信用风险，提高企业信用评级。具体来说，卖空机制的引入，可以限制大股东的掏空行为以及管理层的盈余管理行为，提高企业公司治理水平，从而使得企业信用评级提高。进一步利用公司治理指数研究发现，放松卖空约束确实提高了企业公司治理水平，同时分别验证了在股权集中度较高、管理层持股的企业中，卖空的治理效应更为显著，放松卖空约束对企业信用评级的影响更为显著。

4. 本书从制度环境和金融中介的视角，进一步验证放松卖空约束对企业主体长期信用评级的影响。发现在制度环境较好的地区，即在中介市场发育度较高以及法制环境较好的地区，卖空机制对其主体长期信用评级的影响更为显著，即放松卖空约束的治理效应发挥得更好。这说明良好的外部制度环境有利于卖空机制对企业行为作用的发挥；另外，在声誉较好的评级公司中，放松卖空约束对企业主体长期信用评级的正向作用更为显著，即声誉较好的评级公司对放松卖空约束的治理效应反应更为敏感，这说明声誉机制的发挥有利于卖空机制对企业信用风险的正向作用。

5. 本书对于卖空机制提高了企业信用评级后对企业融资行为的影响进行了进一步研究。研究发现，放松卖空约束通过提高企业信用评级可以对企业融资行为产生影响，具体表现在，首先，放松卖空约束提高了企业信用评级，进而降低了企业新增外部权益融资额度。其次，放松卖空约束提高了企业信用评级，进而增大了企业新增的债务融资额度。最后，放松卖空约束提高了企业信用评级，进而增大了企业新增外部融资总额。

本书可能的边际贡献主要体现在三方面。

1. 为卖空机制对企业行为的影响提供了新的检验方法和途径。已有文献关于卖空机制对于企业行为的研究，基本都是单向考虑，即卖空机制对企业行为产生的有利一方面，包括抑制大股东和管理层的私利行为，提高公司投资决策、现金持有价值、信息披露质量、企业创新效率以及并购绩效等有利于公司治理的一方面。或者是卖空机制对企业行为不利的一方面，包括加剧市场波动、导致标的公司面临股价崩盘、风险增大等问题。对于卖空机制对于企业行为影响的途径到底如何，没有一个统一的结论。本书的研究从信用评级的视角，通过实证检验卖空机制对于企业行为的影响途径到底是何种机制。因此，本书的研究不仅有利于厘清卖空机制对于企业行为的影响，还为未来的相关研究提供了新的检验方法和途径。

2. 本书的研究有助于从多个角度拓展现有的研究文献。一方面，已有研究主要关注的是卖空机制对资本市场定价效率以及公司行为的影响。而关于卖空机制对于其他市场主体影响的相应研究并不多见，目前关于卖空机制的溢出效应主要是对审计市场、银行信贷市场、分析师预测等方面的影响，本书则将卖空机制的溢出效应拓展到评级市场，拓展了卖空机制溢出效应的相关文献；另一方面，金融危机以后，评级机构的信用评级有效性常常受到诟病，本书的研究有助于清晰地认识评级机构的评级影响因素，拓展了影响评级机构因素的相关文献。

3. 本书的研究结论对于上市公司、投资者以及监管机构可能具有重要的参考价值。融资融券交易制度自推行以来，卖空交易得以在我国资本市场中实施。作为我国资本市场中创新的金融交易制度，其对于资本市场的影响得到了理论和实务界的持续关注。本书的研究将卖空交易制度与微观企业行为联系起来，并结合评级机构的行为决策，构建了宏观金融政策、金融中介机构与微观企业行为三个层面的闭环研究路径，形成了一个较为完整的研究框架，为卖空交易制度的效果检验与后期发展提供了经验证据，可以为提高微观企业的经营发展状况、优化投资者交易策略以及最终实现资本市场高效率运行提供重要的参考价值。

目　　录

第 1 章

引　言

1.1　研　究　背　景

1.1.1　企业信用评级的重要性

改革开放 40 多年来，中国经济保持了高速发展，取得了累累硕果。但是随着经济发展进入新常态，中国经济存在着一定程度的下行压力，实体经济出现了增长放缓、资金过度进入虚拟经济、结构性矛盾突出、效益下滑等内生发展动能不足的问题。当前，中国经济到了最危险的时刻，面临着巨大挑战（郎咸平，2012）。习近平总书记在党的十九大报告中指出，要深化金融体制改革，增强金融服务实体经济能力，提高直接融资比重，促进多层次资本市场健康发展。[①] 而债券市场的发展对于拓宽企业融资渠道、服务实体经济发展、分散金融体系风险有重要作用（陈飞，2016）。因此，在相对宽松的货币政策环境以及优化企业融资结构的背景下，债券市场迅速发展、不断扩容，发行债券已成为企业重要的直接融资渠道。据万得数据库（Wind）统计，2003～2018 年我国债券市场发行规模发展迅速，尤其是 2014 年以后得到迅速增长，在短短 16 年间增长了约 33 倍（见图 1-1）。而在债券市场整体扩容的过程中，作为企业发行债券重要方式之一的企业信用债券得到迅速发展，

---

① 习近平总书记十九大报告：http://www.gov.cn/zhuanti/19thcpc/baogao.htm。

截至 2018 年底，我国企业信用债券融资额在短短 16 年的时间内增长了 278 倍（见图 1 - 2）。另据万得（Wind）统计，2018 年全年，共有 5246 家主体发行主要信用债 10244 期，发行规模达到 11.44 万亿元，发行主体家数较上年增加了 27%，发行期数和发行规模涨幅均超过 30%，主要信用债存量期数和规模分别为 23532 期、28.51 万亿元。信用债在债券市场的比重显著提升，已经达到与国债、金融债券"三分天下"的形势。因此，发行信用债券对于解决企业融资约束问题具有重要现实意义。

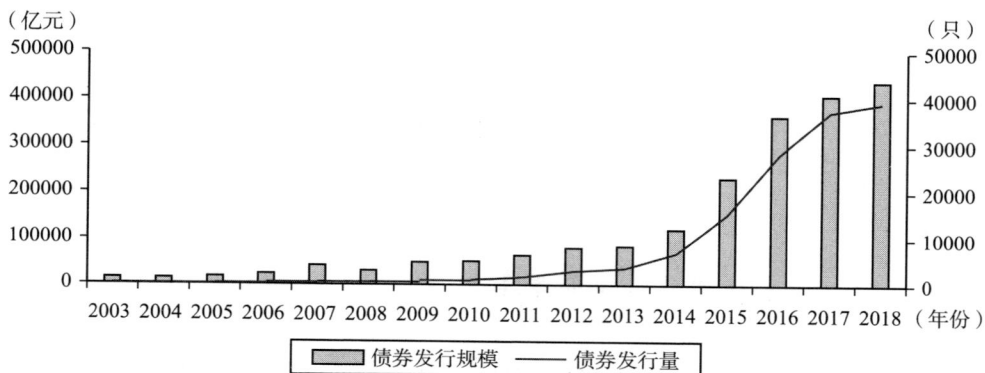

图 1 - 1 2003 ~ 2018 我国债券发行情况

注：依据 Wind 数据库整理。

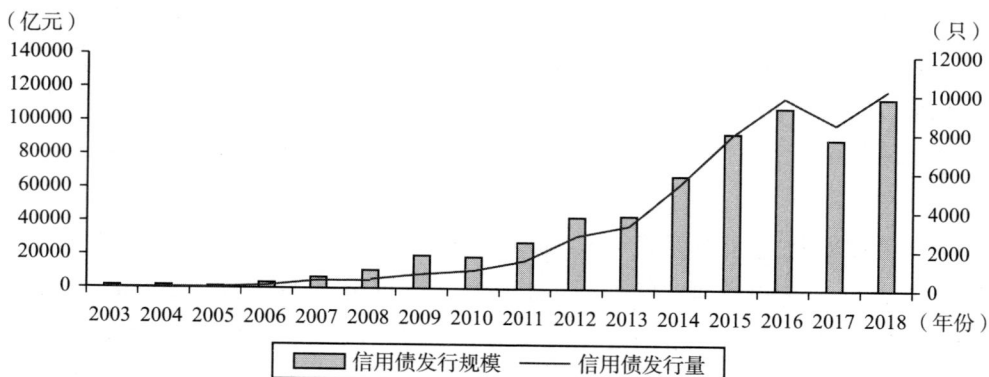

图 1 - 2 2003 ~ 2018 我国信用债券发行情况

注：依据 Wind 数据库整理。

根据我国相关法律法规规定，企业在发行信用债时，必须对发债主体进行主体长期信用状况评定。因此，随着我国信用债的飞速发展，信用评级在现实应用中也越来越重要。信用评级又称作为资信评估，20 世纪初期产生于美国，最初出现在穆迪公司对于当时发行的铁路债券进行的信用评级，信用评级的主要目的是向外界市场提供评级对象的资信状况，传递评级对象的信用风险信息。因此，信用评级的对象主要包括需要进行融资的企业或者各类金融机构。信用评级根据评级对象的不同，主要分为主体长期信用评级和跟踪债券信用评级。所谓主体长期信用评级主要是基于"长期"基础上，以企业或经济主体为对象来考察影响企业未来长短期偿债能力的因素（李信宏，2006）。因此，企业主体信用评级可以有效衡量企业外部信用风险、减少评级对象和相关利益者之间的信息不对称问题，促进资源的有效配置，增强市场运作效率（Milbourn and Schmeits，2006）。与此同时，随着企业信用评级重要性的提高，国家各相关部门都加大了对我国信用评级相关法律法规的制定。而本书探讨的信用评级者的即是企业主体长期信用评级。

1.1.2　卖空对信用评级的影响

企业信用评级向市场传递了企业信用质量的高低（AI‐Najjar and Elgammal，2013），在发债人、投资者和监管机构之间起到了缓解信息不对称、增加资本市场的透明度和诚信度（Liu and Thakor，1984）、提高企业投融资效率（Liu and Malatesta，2006）、有利于进行金融监管的作用（谢平等，2001；Coffee，2006；周小川，2012；邓博文和曹延贵，2016）。关于影响企业信用评级的相关研究，理论上客户的信用风险是影响企业信用评级的最重要因素（Grahama et al.，2007），随后的实证研究相继从影响企业信用风险的角度开展。例如企业规模（Bottazzi and Secchi，2006）、企业盈利能力（Horrigan，1966；Kaplan and Urwitz，1979；Adams et al.，2003）、企业杠杆水平（Fottier and Sommer，1999；赵静和方兆本，2011）、公司治理（Ayers et al.，2010；Alali et al.，2012）、管理层能力（Cornaggia et al.，2017；吴育辉等，2017）、税收规避行为（幸丽霞等，2017）、内部控制（敖小波等，2017）以及产权性质（方红星等，2013；魏明海等，2017）等。与此同时，研究者也开始关注到其他市场主体对企业信用评级的溢出效应。

已有文献研究发现，金融市场的发展能够对企业的信用评级产生重要影响（Lobo et al.，2017）。相比较国外较为发达、成熟的金融市场，我国金融市场起步较晚，发展程度也较为缓慢，各项交易制度还不是很完善。长期以来，我国金融市场并不允许对股票进行卖空交易。为了完善我国资本市场股票交易制度，促进金融市场的良性发展，我国于 2010 年 3 月 31 日开通融资融券业务，正式放松卖空限制，这标志着我国资本市场"单边市"交易制度的结束。卖空交易是我国资本市场上重要的金融交易制度。自证监会 2010 年 3 月放松卖空约束以来，证监会分别在 2011 年 11 月、2013 年 1 月和 9 月、2014 年 9 月、2016 年 12 月以及 2017 年 3 月连续六次扩大可被卖空的标的公司范围，最终沪深两市可卖空股票增加至 950 只。随着沪深两市可被卖空的上市公司数量逐渐增加，卖空交易的规模也随之不断提升，如表 1 - 1 所示，从 2010 年 3 月实施时市场交易规模约 0.11 亿元，到 2018 年 12 月底的约 67.23 亿元，增长了 610.18 倍，在 2014 年牛市期间，卖空交易余额增长到 82.83 亿元的最高点。然而，在 2015 年 6 月 15 日股市爆发了大幅度震荡，沪指震荡下挫尾盘跳水，当日跌幅 2.00%，险守 5000 点，创业板指暴跌 5.22%。国家相关监管部门随即出台政策对融券卖空交易加以限制，直至多家券商宣布暂停卖空交易，这也造成了市场中参与交易的各方对于卖空交易制度的实施效果提出一定的质疑。

表 1 - 1　　　　　　　　　　　　卖空交易量统计

年份	卖空交易余额（亿元）	卖出量（亿股）	偿还量（亿股）	卖空余量（亿股）	卖空交易余额增长率（%）	卖空交易余量增长率（%）
2010	0.11	0.73	0.73	0.0054		
2011	6.59	22.88	22.24	0.65	5890.91	11937.04
2012	38.21	358.47	352.12	7.00	479.82	976.92
2013	30.57	1108.71	1110.65	5.18	-19.99	-26
2014	82.83	2026.73	2018.26	13.55	170.95	161.58
2015	29.60	2552.32	2560.87	4.98	-64.26	-63.25
2016	34.79	125.46	125.45	4.99	17.53	0.201
2017	45.06	241.55	241.49	5.15	29.52	3.21
2018	67.23	258.36	251.36	12.15	49.20	135.92

注：资料根据万得数据库（Wind）整理得到。

随着融资融券交易制度的推出，我国股票市场正式放松卖空交易，原有的交易机制发生了改变。这对整个资本交易市场包括企业都产生了重大的影响。一方面，卖空交易制度可以降低股票被高估的可能性、减小了股票收益的波动、稳定了市场运行效率、提高了公司治理水平等降低企业面临的信用风险问题；另一方面，卖空交易制度又可能加大企业融资约束、提高企业风险、增大股价崩盘风险等提高企业面临的信用风险问题。因此，卖空交易制度在我国资本市场中的作用是怎样的，其对企业信用风险的影响到底如何？基于以上背景分析，深入研究我国卖空交易制度对于企业信用评级的影响显得十分重要。因此，本书采用中国资本市场 2010 年 3 月 31 日开始实施的融资融券制度——这一难得的"准自然实验"为契机，采用双重差分模型（DID）研究二级市场中专业投资者——卖空交易者对企业信用评级产生的可能影响。

1.2　研究问题与研究意义

1.2.1　研究问题

放松卖空约束作为中国资本市场的一个创新性金融交易制度，其对资本市场及企业行为都产生了深远的影响。具体的，本书将放松卖空约束对企业信用评级的影响结果、具体机制分析、不同制度环境与金融中介特征等方面以及最终对企业融资行为的影响结果纳入统一的分析框架，构筑金融政策、金融中介以及企业行为五个模块并层层递进，深入探讨卖空机制如何影响企业的信用评级以及影响路径、外部制度环境与金融中介特征的影响因素以及对企业融资行为产生的影响作用。根据以上研究背景分析，本书提出如下四个研究问题：

（1）在我国大力推动经济去杠杆、加强金融监管的背景下，中国资本市场实施的卖空交易制度这一创新金融制度对微观企业信用评级会产生怎样的影响？表现为激励效应还是挤出效应？放松卖空约束对企业信用评级的作用如何？

（2）放松卖空约束对企业信用评级产生作用的具体路径是什么，是通过卖空机制的公司治理效应还是通过卖空机制的信息风险效应？这种路径的具体机制是什么？

（3）放松卖空约束对企业信用评级的影响在不同制度环境以及不同金融中介特征视角下，会有什么差异？

（4）放松卖空约束影响企业信用评级后，进一步是否会影响企业的融资？具体表现在影响企业哪些融资行为？

综上所述，本书将深入研究放松卖空约束对企业信用评级的影响以及这种影响的具体机制是什么，并进一步从制度环境和金融中介视角分析研究放松卖空约束对企业信用评级影响的不同效应，最后研究卖空机制对企业信用评级的作用会对企业融资行为产生何种影响。

1.2.2 研究意义

本书的理论意义主要体现在三个方面。

第一，拓展了资本市场金融创新制度对评级机构的评级决策影响的研究领域，将卖空机制的溢出效应延伸到评级市场。卖空交易行为的经济后果是资本市场与公司财务相关研究领域的经典问题，已有的研究主要关注的是放松卖空约束对资本市场定价效率以及公司行为的影响。而关于卖空机制对于其他市场主体影响的相关研究并不多见，目前关于卖空机制的溢出效应主要存在以下几个方面，例如，放松卖空约束对审计市场收费（黄超和黄俊，2016；Hope et al.，2017）、银行信贷额度（褚剑等，2017）、分析师预测行为（Ke et al.，2016；李丹等，2016；王攀娜和罗宏，2017；黄俊等，2018）等方面的影响，本书则从企业信用评级角度全面考察卖空机制在评级机构信用评级方面的溢出效应。

第二，有助于更深刻地理解放松卖空约束对企业行为的影响。大量研究表明，卖空机制具有公司治理效应（Massa et al.，2015；Fang et al.，2016；陈晖丽和刘峰，2014），可以降低企业信用风险。但是放松卖空约束同样会加剧市场波动（Chang et al.，2007），导致标的公司面临股价崩盘（褚剑和方军雄，2016）、风险增大（倪骁然和朱玉杰，2017）等问题，从而恶化公司的信用风险。而前人关于卖空机制对于企业信用风险的影响，并没有明确、直接的证据。亨利等（Henry et al.，2015）认为卖空交易者能够识别信用评级即将下降的企业。卖空交易量增大了企业的信用风险，会给企业信用评级一个向下的压力，加速了企业信用评级的下降，而褚剑等（2017）则认为放松卖空约束有助降低企业信用风险，提高企业的长期贷款金额以及贷款效率，但是都并未给出直接证明卖空机制可以降低企业信用风险的证据。而本书从企业信用评级这一直接视角，给出实证研究卖空机制对于企业信用风险的直接证据。

第三，有助于更深刻地理解我国制度环境中的评级市场的影响因素。金融危机以后，评级机构的信用评级有效性常常受到诟病，如何监管评级机构的评级成为一个新兴的热点话题。本书研究卖空交易这一金融创新制度对评级市场的溢出效应，有助于读者清晰地认识到评级机构的评级影响因素以及如何对评级机构制定更为有效的监管政策提供经验与证据。

本书的现实意义主要体现在以下三个方面。

第一，我国实施放松卖空约束政策已经八年有余，其执行的实际效果如何尚无定论，联系到微观层面的企业信用评级市场反应，以及国家层面金融制度是否得到贯彻，本书的研究具有重要的战略意义。本书的研究可以为放松卖空约束政策执行效果提供微观层面的经验证据，有助于本书更好地认识卖空交易机制的经济后果尤其是对于企业行为的影响及传导机制，从而为我国放松卖空约束政策的制定提供借鉴。

第二，本书的研究可以为企业投资、融资决策以及市场中投资者的投资策略提供一定的参考。我国信用评级市场与发达国家相比，还不是很成熟，在国家创新金融制度实施背景下，评级机构受到影响。企业的外部环境发生变化，投资者和企业的投资、融资决策都会受到影响。本书的研究有助于投资者和企业适应这些变化采取更加理性的投资、融资决策。

第三，本书的研究结论对于相关政策监管机构可能具有重要的参考价值。融资融券交易制度自推行以来，卖空交易得以在我国资本市场中实施。但是，理论界和实务界对其经济后果仍有较大的争议。尤其是 2015 年股市大幅度震荡之后，卖空交易制度更是引起了政府和公众的广泛关注，其中不乏对卖空交易制度的批评。而本书的研究也是基于此背景，探讨卖空机制对于企业信用评级的影响到底体现在挤出效应还是激励效应。考虑到企业信用评级目前在我国资本市场中的重要性，本书的研究结论具有更加明显的现实意义。另外，长期以来我国评级市场并不完善，信息效率并不高，受到很多质疑（寇宗来等，2015；马榕和石晓军，2015），而卖空交易制度的实施，可以为相关政策制定者提供新的监管评级机构的思路，即从股票市场的溢出效应来制定相应的约束评级机构的相关政策。即本书的研究有助于从二级市场专业投资者方面制定有效的治理措施，提高我国企业信用评级的信息效率，完善我国的信用评级市场。

1.3　研究目标与研究内容

本书将放松卖空约束对企业信用评级的影响结果、具体影响机制、制度环境与金融中介视角以及对企业融资行为影响等纳入统一的分析框架，构筑五个模块并层层递进，探讨卖空机制如何影响企业的信用评级以及其中具体路径，并且进一步研究了不同制度环境和金融中介视角下，卖空机制对于企业信用评级的不同作用以及卖空机制通过影响企业信用评级后对企业融资行为产生的影响结果。具体的，本书首先考察了卖空机制是否影响企业信用评级；其次，从高管薪酬契约的视角研究卖空机制的公司治理效应；再次，深入研究卖空机制是通过什么具体的路径影响企业信用评级；在此基础上，研究不同制度环境以及金融中介特征对卖空机制影响企业信用评级的调节作用；最后，进一步分析卖空机制对企业信用评级影响的溢出效应，即对企业融资行为的影响。本书具体的研究目标与研究内容如下。

1.3.1　研究目标

本书以我国证监会 2010 年 3 月 31 日开始正式放开沪深 A 股资本交易市场股票卖空约束——这一“准自然实验”为契机，实证检验放松卖空约束对企业信用评级变化的影响。在此基础上，又考察了卖空机制的公司治理效应以及放松卖空约束对企业信用评级影响的具体机制。进一步，考察了在不同制度环境与金融中介特征的视角下，放松卖空约束对企业信用评级的不同作用以及卖空机制通过企业信用评级对企业融资行为的影响作用。最后归纳得到结论并给出相应的建议并对未来可能的进一步研究进行了展望，进而丰富和发展放松卖空约束对企业行为影响后果的理论以及企业信用评级影响因素的相关文献，并为政府相关监管部门后续制定相应的政策提供一定的实证经验。

本书的研究具体目标如下。

第一，结合国际和国内相关文献，建立关于卖空机制如何影响企业信用评级的完整、清晰、有效的理论框架。

第二，实证分析放松卖空约束的公司治理效应以及通过何种机制发挥公司治理效应。

第三，实证检验放松卖空约束对于企业信用评级的影响，以及这种影响的市场反应。

第四，深入分析卖空机制对企业信用评级影响的路径，以及不同情境下，这种影响机制的差异性分析。

第五，从制度环境以及金融中介特征视角，分析放松卖空约束对企业信用评级影响的差异性。

第六，进一步通过实证分析卖空机制通过影响企业信用评级而对企业融资行为的作用。

第七，根据研究成果，厘清放松卖空约束政策对微观经济个体的作用机理与传递机制，有针对性地提出改善公司治理、提高公司价值的政策建议，并为我国资信评估市场以及相关监管政策制定提供参考。

1.3.2 研究内容

本书的研究内容主要包括五大模块：（1）卖空机制对企业信用评级影响的实证研究；（2）卖空机制的公司治理效应的实证研究——基于薪酬契约的视角；（3）卖空机制、公司治理与企业信用评级的实证研究；（4）卖空机制、制度和金融中介与企业信用评级的实证研究；（5）卖空机制、公司治理与企业信用评级的实证研究。

本书的主要章节包括以下具体内容。

第1章为引言。这一部分先从研究背景出发，探讨本书研究的主要问题，并且论述本书研究的理论和现实意义；接着，介绍本书研究的目标以及具体的研究内容和研究思路与研究方法；最后，对研究可能存在的创新点进行归纳。

　　第 2 章为制度背景与理论基础。这部分对卖空交易制度以及信用评级制度的国内外发展背景进行介绍；同时对卖空交易对企业信用评级影响作用的理论基础，包括信息不对称理论、信号传递理论、委托代理理论以及交易成本理论进行梳理，为后续的研究打下坚实的理论基础。

　　第 3 章是文献综述。这部分梳理了放松卖空约束的研究现状，包括卖空机制的信息效应、公司治理效应、对市场效率的影响以及对企业行为的影响；另外，同时梳理了企业信用评级的研究现状，包括公司治理、付费模式以及评级机构对企业信用评级的影响。通过对相关文献的梳理，为后续进一步的研究打下了坚实的文献基础。

　　第 4 章是卖空机制对企业信用评级影响的实证研究。本章主要是对放松卖空约束对企业信用评级的影响结果进行验证，通过相关稳健性检验以及内生性检验以考察结果的稳健性，并验证了卖空机制对企业信用风险的影响，进一步检验了放松卖空约束对企业国内评级差异、国内外评级差异的影响，以及不同产权性质下放松卖空约束对企业信用评级的影响。

　　第 5 章是卖空机制的公司治理效应的实证研究——基于高管薪酬契约的视角。本章主要是在高管薪酬契约的视角下对放松卖空约束的公司治理效应进行了验证，通过相关稳健性检验以及内生性检验以考察结果的稳健性，验证了卖空机制对企业高管薪酬契约的影响。机制检验发现，卖空机制可以通过抑制管理层私利行为以及大股东私立行为，从而影响高管薪酬契约，并进一步检验了不同产权性质和不同信息环境下放松卖空约束对企业高管薪酬契约的影响。

　　第 6 章是卖空机制、公司治理与企业信用评级的实证研究。本章的研究内容主要是基于第 4 章和第 5 章的分析结果，探讨放松卖空约束对企业信用评级影响的作用具体是通过何种机制引起的，包括对这种结果的稳健性检验和内生性检验，并进一步验证了卖空机制对于公司治理的作用，以及在不同股权集中度、管理层是否持股的情景下，卖空机制的公司治理作用对于企业信用评级影响的不同作用。

　　第 7 章是卖空机制、制度和金融中介与企业信用评级的实证研究。在第 4 章和第 5 章的基础上，本章在不同制度环境和金融中介的视角下，分析放松卖空约束对企业信用评级的影响作用，包括验证相关假设以及稳健性检验和内生性检验。

　　第8章是卖空机制、信用评级与企业融资行为的实证研究。本章的研究内容主要是基于以上几章的分析，进一步探讨卖空机制影响企业信用评级的溢出效应，具体表现在对企业融资行为的影响，包括对这种结果的稳健性检验和内生性检验，并进一步验证了卖空机制对于公司融资约束的影响，以及不同市场化程度下卖空机制、信用评级对企业融资行为影响的差异性。

　　第9章是结论与展望。该部分包括针对以上分析的相关研究结论，以及相应的建议。最后分析本书的不足并展望未来相关研究的可能性。

　　综上，本书的研究框架如图1-3所示。

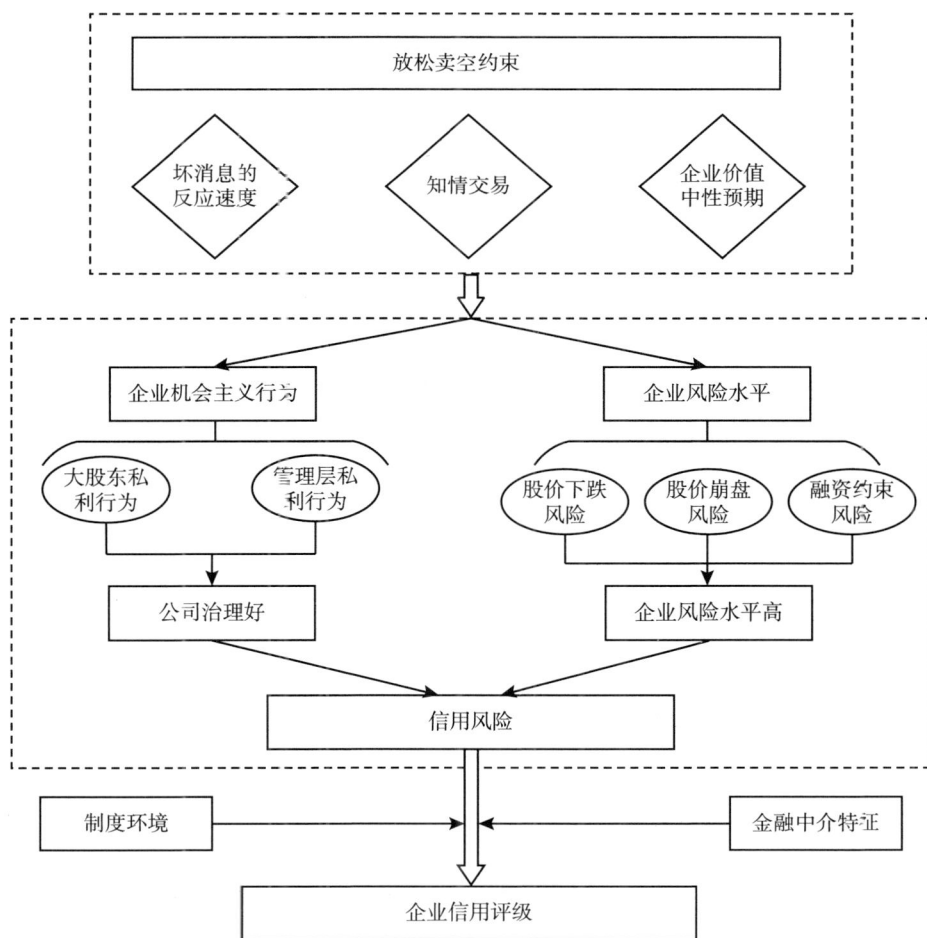

图1-3　研究具体框架

1.4 研究思路与研究方法

1.4.1 研究思路

在对选题进行充分论证的基础上，首先，尽可能收集关于放松卖空约束后产生的经济后果及企业主体长期信用评级影响因素的国际和国内文献，梳理放松卖空约束对企业信用评级的作用机理及路径，并建立相对完备的数据库；在此基础上以中国证监会 2010 年 3 月 31 日开始正式放开沪深 A 股资本市场股票卖空限制的"准自然实验"为契机，根据理论分析框架，构建检验模型，通过严谨的实证研究，细致地设计相关研究变量，先从总体上考察放松卖空约束对企业信用评级的影响结果，然后结合理论分析的推导结论和实证研究的结果，进一步分析放松卖空约束的公司治理效应以及对企业主体长期信用评级影响的具体机制。其次，分别从企业面临的制度环境包括中介市场发育程度、法制环境以及金融中介特征包括评级机构声誉方面，考虑不同情境下，放松卖空约束对企业主体长期信用评级影响的结果。再次，研究了卖空机制通过影响企业信用评级对企业融资行为的影响结果。最后，对研究结果进行总结分析，得到研究结论并给予相应的合理建议。本书研究思路的具体技术路线如图 1－4 所示。

1.4.2 研究方法

全文采用实证研究为主，规范研究为辅的研究方法，具体的研究方法包括以下两个方面。

1. 文献归纳与理论分析

在广泛查阅国内外相关研究文献并结合国内外相关研究现状的基础上，厘清现有的研究脉络，找出本书研究的突破点。具体的，通过梳理国内外相关理论与文献研究，再结合中国证监会 2010 年 3 月 31 日开始正式放开沪深 A

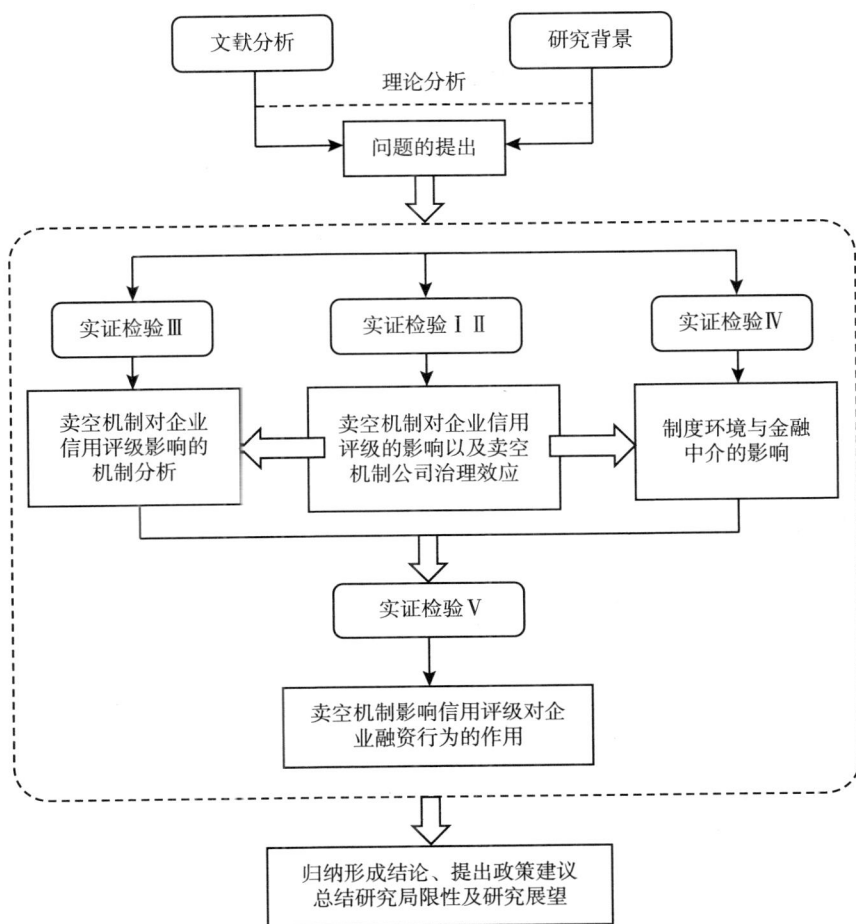

图 1-4 本书技术路线

股资本市场股票限制卖空的特定背景，研究放松卖空约束对企业主体长期信用评级的影响。在此基础上，一方面，从理论上分析放松卖空约束对企业信用评级的影响，从放松卖空约束对公司治理作用及企业风险影响两个方面进行分析，然后分析这两个方面对企业主体长期信用评级的不同影响作用；另一方面，结合第一方面的分析进行实证检验，分析放松卖空约束对企业信用评级影响的机制分析。最后，分析不同的制度环境和金融中介特征的视角下，放松卖空约束对企业主体信用评级的影响的不同情景下的结果。这为本书针对卖空机制对于企业信用评级影响的问题进行深入分析奠定了坚实的理论与文献基础。

2. 实证检验与分析

本书基于相关的理论以及文献研究，系统地提炼出放松卖空约束对企业信用评级影响的实证研究框架。具体的，考察放松卖空约束对企业主体长期信用评级的影响、放松卖空约束对企业主体长期信用评级影响的机制分析，以及在不同制度环境和金融中介特征下，这种影响的差异。首先，本书在第4章，运用双重差分模型（DID）对放松卖空约束对企业信用评级的影响进行检验，接着对模型进行稳健性检验，包括对解释变量衡量方式进行转换、考虑样本偏误和蓝筹股问题以及加入控制变量，同时变换了模型设计、利用倾向匹配得分法（PSM）以及安慰剂检验对模型内生性问题进行解决，并进一步验证了卖空机制对于企业信用风险的作用和卖空机制对于国内外信用评级差异的影响，以及分组比较了不同产权性质中，卖空机制对于企业信用评级的影响的差异。在第5章从高管薪酬契约的视角利用双重差分模型（DID）对放松卖空约束的公司治理效应进行了检验，对模型进行稳健性检验，包括对解释变量衡量方式进行转换，同时利用倾向匹配得分法（PSM）以及安慰剂检验对模型内生性问题进行解决，并进一步检验了放松卖空约束对企业高管薪酬契约影响的具体机制，以及考虑了不同产权性质和信息环境下卖空机制对企业高管薪酬契约影响的不同。在第6章，本书对放松卖空约束对企业信用评级影响的机制进行分析，延续了第4章的实证设计思路的同时，利用双重差分模型（DID）对放松卖空约束影响企业信用评级的具体机制进行论证，对模型进行稳健性检验，包括对解释变量衡量方式进行转换、考虑样本偏误以及考虑蓝筹股问题，同时变换了模型设计、利用倾向匹配得分法（PSM）以及安慰剂检验对模型内生性问题进行解决，并进一步验证了放松卖空约束对公司治理作用的直接因素，以及在不同情境下包括股权集中度不同以及管理层是否持股的情景下，分组检验卖空机制对于企业信用评级的影响。在第7章，本书通过分组比较进一步验证不同制度背景包括中介市场发育程度、法制环境的政策发挥的角度和金融中介特征包括声誉机制的评级机构反应的角度对卖空机制对于企业信用评级的影响。另外，实证部分主要是运用Stata 14.0和Excel 2007对数据进行处理和分析，通过描述性统计和多元回归以及稳健性检验和内生性检验来验证本书的假设，从而得出研究结论。在第8章，本书利用双重差分模型（DID）对卖空机制、信用评级与企业融资行为进行了实证检验，通过对模型进行稳健性检验包括对解释变量衡量方式进行转换、考虑样本偏误以及考虑蓝筹股问题，同时变换了模型设计、利用倾向匹配得分法（PSM）以及安慰剂检验对模型内生性问题进行解决，并进一步验证了放松卖空约束对企业融资约束的影响，以及考虑了不同市场化程度下卖空机制通过影响企业信用评级从而对企业融资行为的作用。

1.5　研　究　创　新

本书的主要创新点如下。

1. 为卖空机制对于企业行为的影响提供了新的检验方法和途径

已有文献关于卖空机制对于企业行为的研究，基本都是单向考虑，即卖空机制对企业行为产生的有利方面，包括抑制盈余管理（陈晖丽和刘峰，2014；Massa et al.，2015；Fang et al.，2016）、大股东"掏空"（侯青川等，2017；陈胜蓝和卢锐，2018）；提高公司投资决策效率（靳庆鲁等，2015）、现金持有价值（侯青川等，2016）、信息披露质量（张璇等，2016；李春涛等，2017；郑建明等，2017）、企业创新效率（He and Tian，2015；双小锋和尹洪英，2017；陈怡欣等，2018）以及并购绩效（陈胜蓝和马慧，2017）等有利于公司治理的方面，或者是卖空机制对企业行为不利的方面，包括加剧市场波动（Chang et al.，2007）、导致标的公司面临股价崩盘（褚剑和方军雄，2016）、风险增大（倪骁然和朱玉杰，2017）等问题。而对于卖空机制对于企业行为影响的途径到底如何没有一个统一的结论。本书的研究从信用评级的视角，通过实证检验卖空机制对于企业行为的影响途径到底是何种机制。本书的研究不仅有利于厘清卖空机制对于企业行为的影响，还为未来的相关研究提供了新的检验方法和途径。

2. 本书的研究有助于从多个角度拓展现有的研究文献

一方面，已有研究主要关注的是卖空机制对资本市场定价效率以及公司行为的影响。而关于卖空机制对于其他市场主体影响的相应研究并不多见，目前关于卖空机制的溢出效应主要是对审计市场收费（黄超和黄俊，2016；

Hope et al.，2017）、银行信贷额度（褚剑等，2017）、分析师预测精准度
（Ke et al.，2016；李丹等，2016；王攀娜和罗宏，2017；黄俊等，2018）等
方面的影响，本书则将卖空机制的溢出效应拓展到评级市场；另一方面，金
融危机以后，评级机构的信用评级有效性常常受到诟病，本书的研究有助于
读者清晰地认识到评级机构的评级影响因素。

3. 对于上市公司、投资者以及监管机构可能具有重要的参考价值

融资融券交易制度自推行以来，卖空交易得以在我国资本市场中实施。
作为我国资本市场中创新的金融交易制度，其对于资本市场的影响得到了理
论和实务界的持续关注。本书的研究将卖空交易制度与微观企业行为联系起
来，并结合评级机构的行为决策，构建了金融政策、金融中介机构与微观企
业行为三个层面的闭环研究路径，形成了一个较为完整的研究框架，为卖空
交易制度的效果检验与后期发展提供了经验证据，可以为改善微观企业的经
营发展状况、优化投资者交易策略以及最终实现资本市场高效率运行提供重
要的参考价值。

第 2 章

制度背景与理论基础

本章的主要内容是阐述我国资本市场上的新兴交易机制——卖空交易制度的发展历程，同时对与本书研究相关的理论进行阐述。基于本书研究的需要，本章分别从卖空交易制度和信用评级制度的背景以及卖空交易与信用评级所涉及的相关理论基础上，对相关的制度背景和理论基础进行梳理和归纳。据此对相关问题的研究现状予以总结和评价，从而挖掘得到本书研究的切入视角，为后续的研究分析奠定良好的制度背景和理论基础。

2.1　卖空交易制度的发展

卖空交易是一种信用交易。所谓的卖空交易，通常指的是证券市场中，投资者如果认定某证券即将出现大幅下跌时，向证券交易机构借入该证券进行卖空，等到价格下跌时，再进行买入归还证券交易机构，从中谋取价差，有机会获取巨额利润。

2.1.1　卖空交易制度在国外的发展

历史上最早的卖空交易事件要追溯到 17 世纪初的荷兰。当时荷兰有多家对外贸易公司，由于政治原因，在合并了荷兰所有贸易公司以后，荷兰东印度公司于 1602 年成立（Vereenigde Oostindische Compagnie，VOC）。这也是全球第一家股份制有限公司，而荷兰商人艾萨克勒迈尔（Isaac Le Maire）成为了其最大股东。然而，在 1602～1609 年间，由于荷兰东印度公司从未向艾萨克勒迈尔（Isaac Le Maire）支付股利，他们之间存在巨大的矛盾。于是，艾萨克勒迈尔借其为荷兰东印度公司最大股东的身份对荷兰东印度公司进行做空。具体的，艾萨克勒迈尔首先大量卖出其所持有的荷兰东印度公司的股票，使得荷兰东印度公司的股价暴跌，然后又在二级市场上对其股票进行卖空交易，就是通过这种做空的手法，荷兰商人艾萨克勒迈尔在这次卖空交易中获得了巨大的收益。艾萨克勒迈尔的卖空交易行为引起了阿姆斯特丹证券交易所的关注，阿姆斯特丹证券交易所于 1610 年通过颁布法律禁止了卖空交易，这项禁止卖空交易的法律一直沿用到 1689 年。

到了 18 世纪初期，卖空交易制度先后在英国和法国市场上产生。然而在 1719 年和 1720 年，法国和英国相继爆发了史上著名的金融泡沫事件，即"密西西比泡沫"事件和"南海泡沫"事件。在这两次事件中，大部分企业股价大幅度下跌，很多人利用此次事件进行卖空交易获取了巨额利润。因此，为了避免类似事件的发生，法国政府和英国政府相继颁布法令决定限制或者禁止卖空交易行为。

卖空交易制度随即也在 19 世纪初进入了美国。在 1929 年大萧条时期，卖空交易制度同样遭受到各方的抨击。因此，美国政府在 1934 年颁布了《证券交易法》，规定卖空交易采取报升规则（Uptick Rule）。到了 1963 年，为了真实地了解卖空交易对市场的影响，美国证券交易委员会（SEC）对证券市场的卖空交易机制做了一次评估，结果发现卖空交易机制对提升市场效率具有重要的作用，但是也需要继续加强对卖空交易的监管。随后，从 20 世纪 60 年代到 20 世纪 90 年代，随着美国经济的繁荣，卖空交易制度得到了美国的认可并得以迅速发展，相关法律监管也逐渐成熟。

自 20 世纪 50 年代起，其他国家和地区也相继将卖空交易制度引入本国或地区的证券市场，例如，日本、韩国以及我国台湾和香港地区。世界银行曾在 2006 年在全球 55 个国家或地区的证券市场，做过一个针对卖空交易情况的专门的研究报告。调查发现，在这些国家或地区中允许卖空交易的有 45 个，约占总数的 81.8%，可知大部分国家或地区对卖空交易制度是认可的。但是，实际意义上进行卖空交易活动的国家或地区仅有 29 个，仍然有 16 个国家虽然允许卖空，但是在实际操作中并不支持。由此可见，一方面大部分国家或地区支持卖空交易，但另一方面，调查报告也显示，在这其中大部分国家仍然对卖空交易持谨慎态度。

2.1.2 卖空交易制度在国内的发展

随着我国证券交易市场的快速发展，相关交易制度也在不断地完善。由于卖空交易制度在增强证券市场定价效率、增加信息流动以及降低金融市场风险等方面的优势，我国证券监管部门也开始探索中国式融资融券交易机制，逐步放开卖空交易制度。我国的卖空交易制度发展至今，主要经历了五个阶段。

第一阶段：准备阶段。首先，2005 年 10 月新修订的《中华人民共和国证券法》中加入了融资融券交易制度，卖空交易制度在中国正式开展。紧接着在 2006 年 6 月以及 2006 年 8 月，中国证券监督管理委员会、上海证券交易所以及深圳证券交易所连续发布了多条涉及我国证券市场放松卖空限制的法律法规，包括《证券公司融资融券试点管理办法》《融资融券交易试点实施细则》《融资融券试点登记结算业务实施细则》《融资融券合同必备条款》《融资融券交易风险揭示书必备条款》等相关法律法规，在法律上对卖空交易制度进行规范，为后续在中国证券市场中放松卖空约束奠定了法律基础。

第二阶段：测试阶段。首先，国务院于 2008 年 4 月先后颁布了两条涉及我国资本市场融资融券业务测试的法律法规，包括《证券公司风险处置条例》和《证券公司监督管理条例》。然后，中国证券监督管理委员会、上海证券交易所、深圳证券交易所以及中国证券登记结算公司联合组织多家证券公司参与联网测试。这些相关法律法规以及测试工作都为融资融券业务在我国资本市场的实施奠定了良好的基础，也表明了监管当局对建立卖空交易制度的信心以及审慎的态度。

第三阶段：启动阶段。首先，2010 年 1 月 8 日，国务院原则上同意证券公司卖空交易活动开始试点；其次，在同年 3 月 19 日，中国证券监督管理委员会正式公布了 6 家试点证券公司名单；最后，在同年 3 月 31 日，融资融券交易试点正式启动，首批加入卖空交易标的上市公司包括上证 50 指以及深证 40 指成分股。这代表着卖空交易制度在我国正式启动。

第四阶段：常规阶段。上海证券交易所和深圳证券交易于 2011 年 11 月 25 日分别颁布了《融资融券交易实施细则》（修订），我国资本市场的卖空交易制度正式迈入常规阶段。

第五阶段：转融通阶段。首先，中国证券监督管理委员会于 2011 年 10 月 26 日颁布了《转融通业务监督管理试行办法》；其次，在 2012 年 8 月 30 日，卖空交易转融通业务试点正式启动；最后，2013 年 2 月 28 日，转融通业务正式推出，并从放松卖空交易的 500 只股票中选取 90 只成为首批转融券标的。

在卖空交易制度正式在我国启动以来，证券市场对于可卖空的标的公司进行了多次调整，截至 2017 年末，一共进行了七次调整，可卖空股票数量变为 950 只。具体如表 2 - 1 所示。

表 2 - 1 　　　　　　　　　我国证券市场五次调整可卖空股票的范围

次数（时间）	新增标的股票数量（只）	剔除股票标的数量（只）	标的股票总数（只）	A 股总数（只）	标的占比（%）
第一次（2010 年 3 月 31 日）	90		90	1627	5.53
第二次（2011 年 12 月 5 日）	189	1	278	1935	14.37
第三次（2013 年 1 月 31 日）	277	55	500	2048	24.41
第四次（2013 年 9 月 16 日）	206	6	700	2468	28.36
第五次（2014 年 9 月 12 日）	218	19	899	2624	34.26
第六次（2016 年 12 月 2 日）	78	26	951	2999	31.71
第七次（2017 年 3 月 17 日）	38	39	950	3150	30.16

注：资料根据锐思数据库整（RESSET）整理得到。

2.2　信用评级制度的发展

信用评级又称资信评估，是由独立于债务人和债权人的第三方评级机构对债务人是否能够及时并足额偿还债务的本金和利息的能力，对债务人整体信用风险用一套简单、明确的等级符号来表示，以此对债务人履约各种承诺的能力和信誉程度进行全面评估。

2.2.1　信用评级制度在国外的发展

评级制度在国外发展较早，迄今为止已有一百多年的历史，评级理论建设和评级技术开发相对比较成熟。其发展大致经历了三个主要的阶段。

第一，初始阶段。现代评级行业起源于 19 世纪 40 年代至 20 世纪 20 年代的美国。具体的，在 1800 年至 1850 年期间，美国开始发行债券包括国债、地方州债和铁路债券等，债券市场迅速得到发展，一时间债券发行情况以及债券信息方面的统计与分析得到市场投资者的广泛关注，这为评估企业信用状况的产生提供了基础。在此背景下，1841 年世界上第一个商业信用咨询公司 Mercantile Credit Agency 在美国纽约成立。1849 年约翰·布拉斯特（Brad-street）成立了信用评估公司（Bradstreet Co.），由于约翰·布拉斯特（Brad-street）是一名律师，因此可以接触到很多关于企业债券等方面的资信材料。1859 年纽约商业信用评估公司（Dun and Co.）开始组建，并出版了世界上第一本资信评估指南。1900 年，约翰·穆迪（John Mood）在美国纽约曼哈顿创立了穆迪公司（Moody's Investors Service）。穆迪投资服务公司最初是邓白氏（Dun and Bradstreet）的子公司，利用邓白氏（Dun and Bradstreet）公司的优质资源，穆迪公司（Moody's Investors Service）于 1909 年首创对铁路债券进行信用评级，并出版了一本各家铁路公司债券的刊物以供投资者参考，在这其中开创了利用简单的信用评级符号来分辨 250 家公司发行的 90 种债券的方法，正是这些简单的信用评级符号的利用才将信用评级机构与普通的统计机构区分开来，因此后来人们普遍认为信用评级始于穆迪的美国铁道债券信用评级。1913 年，穆迪公司（Moody's Investors Service）开始广泛地对债券进行信用评级，并正式进入证券市场。同年惠誉公司（Fitch Investors Service）由约翰·惠誉（John K. Fitch）创办成立。

第二，发展阶段。现代评级行业的发展阶段在 20 世纪 20 年代至 20 世纪 70 年代期间。受到 1929 年至 1933 年间美国爆发经济大萧条的影响，纽约商业信用评估公司（Dun and Co.）与布拉斯特信用评估公司（Bradstreet Co.）于 1933 年合并成为邓白氏公司（Dun and Bradstreet）。与此同时期，普尔出版公司（Pool's Publishing）和标准统计公司（Standard Statistics）于 1941 年合并成立标准普尔公司（Standard and Poor's）。两家评级公司相继开始进行市政债券信用评级、债券信用评级以及商业票据信用评级。在这期间，合并浪潮使得评级行业得到长足发展。

第三，普及阶段。20 世纪 70 年代至今，在这期间，评级行业在世界各国得到普及，信用评级公司纷纷成立。例如，1962 年邓白氏公司（Dun and Brad-

street）将穆迪公司兼并，成为其控股母公司；加拿大债券信用评级公司
（CBRS）、汤普森公司（Thomson Bank Watch）以及 DBRS 等信用评级公司分
别于 1972 年至 1974 年间陆续成立；日本债券信用评级公司（JBRI）于 1975
年成立；国际银行评级机构（IBCA）于 1978 年成立；在 1982～1995 年间，
世界各国包括马来西亚、智利、委内瑞拉等亚洲和南美洲的众多国家相继成
立了信用评级机构；2000 年 FitchIBCA 并购了邓白氏公司（Duff and Phelps），
成立了惠誉公司（Fitch），随后惠誉公司（Fitch）又买下了汤普森公司
（Thomson Bank Watch）。目前，三大国际评级公司分别是穆迪（Moody's In-
vestors Service）、标准普尔（Standard and Poor's）以及惠誉国际（Fitch）。
1975 年美国证券交易委员会 SEC 公开认可上述三家公司为"全国认定的评级
组织"（Nationally Recognized Statistical Rating Organization）。

2.2.2　信用评级制度在国内的发展

随着我国证券市场相关交易制度的不断完善，信用评级制度也进入我国
的证券交易市场中。相比较国际评级行业的发展，我国最早的评级机构要追
溯到 1987 年，当时中国人民银行为了规范企业债券发行开始建立信用评级机
构。信用评级制度在我国已经 30 年有余，回顾我国信用评级的发展历程，主
要经历了四个阶段。

第一阶段：起步阶段。1987 年，在中国人民银行和国家发展和改革委员
会组织下，成立了我国第一家信用评级机构——吉林省资信评估公司。接着，
信用评级公司在全国各地纷纷成立，顶峰时期组建的信用评级公司达到 96
家。然而，在 1989 年我国爆发了高通货膨胀，使得证券市场变得很不稳定，
随即中国人民银行将全国银行内部评级公司都予以撤销，并成立了全国信誉
评级委员会来继续开展信用评级。

第二阶段：探索阶段。1993 年，中国人民银行重新恢复支持评级机构建
设，并于 1997 年初步确定了 9 家评级机构包括中诚信、大公国际、联合资信
等评级机构可以为企业发行债券进行信用评级。这标志着信用评级制度在我
国债券市场的地位基本得到确立。

第三阶段，成长阶段。2000 年 4 月 13 日中国人民银行颁布了《企业债券
发行与转让管理办法》，规定企业申请发行企业债券必须提交企业债券信用评

级报告。这标志着我国政府已经越来越重视社会信用体系以及企业信用评级制度的建设与完善。2001 年 4 月，中国证监会发布的《上市公司发行可转换公司债券实施办法》明确指出信用评级的结果可以作为确定有关发行条款的依据并予以披露。同年 6 月，中国证券分析师协会受中国证监会委托，组织信用评级机构和证券界人士对《证券评级业务管理办法（征求意见稿）》进行讨论。该办法对从事证券信用评级业务的信用评级机构审批、证券信用评级人员、证券信用评级业务范围、证券信用评级的结果、证券信用评级机构及其人员的法律责任等都做了明确规定。进一步，中国证监会在 2004 年修订的《证券公司债券管理暂行办法》中明确指出发行人应当聘请证券信用评级机构对本期债券进行信用评级并对跟踪评级做出安排。信用评级制度在中国证券市场中正发挥着越来越重要的作用。

　　第四阶段，快速发展阶段。随着我国经济的快速发展，债券市场也进入了快速扩容的时期。2005 年开始我国信用评级行业进入了快速发展的新时代。信用评级的快速发展主要体现在三个方面。第一方面，从信用评级机构规模来看，目前我国从事信用评级的评级机构超过了 100 家，其中中国诚信、大公国际、联合资信、上海新世纪四家评级公司都已经初具规模，其年收入都已经超过千万元，此外，中国诚信、大公国际、联合资信、上海新世纪四家评级公司在国内已经占据中国评级业务的半壁江山。第二方面，从我国证券市场信用评级对象的类型来看，我国证券市场中信用评级的对象包括发债主体信用评级和债券信用评级，这两方面的评级对象在逐步丰富。例如，发债主体信用评级类型在我国包括借款企业的主体评级、担保公司主体评级和集团企业主体评级等企业或经济主体的信用评级，债券信用评级类型在我国包括各种票据、公司债、企业债、短期融资债券、可转债、金融债等的信用评级。第三方面，从评级行业国际化的角度来看，我国信用评级行业积极进行国际化进程与国际评级公司展开合作。例如，2006 年穆迪评级公司（Moody's Investors Service）入股中诚信国际评级公司 49% 的股份，2007 年惠誉评级公司（Fitch）入股联合资信公司 49% 的股份，2019 年 1 月 31 日，标普全球评级（Standard and Poor's）成为首家获准进入中国国内债券市场的国际评级公司。

2.3　理　论　基　础

2.3.1　信息不对称理论

作为信息经济学领域的经典理论，信息不对称理论指出，在市场经济活动中，由于各方人员掌握的信息程度不同，掌握信息较多的一方往往占据有利的地位，而掌握信息较少的一方则处于不利地位，最终造成交易效率的低下（江世银，2000）。根据信息不对称所涉及的交易对象来划分，信息不对称主要表现为三类：第一类信息不对称存在于买卖双方之间，第二类存在于买方与买方之间，第三类信息不对称则涉及不同的卖方。根据交易双方签订合约的时间节点来划分，信息不对称可以分为签订合约之前的逆向选择和签订之后的道德风险两种类型。逆向选择，一般多为卖方向买方隐藏所售产品的不利信息；道德风险，一般为买方向卖方隐瞒购买产品后的不利行为。

信息不对称理论最初是由乔治·阿克尔洛夫（George A. Akerlof）、迈克尔·斯宾塞（A. Michael Spence）、约瑟夫·斯蒂格利茨（Joseph E. Stiglitz）三位经济学家提出，并因此获得 2001 年的诺贝尔经济学奖。他们分别从商品交易、劳动力和金融市场三个不同领域研究了信息不对称理论。阿克尔洛夫（Akerlof，1970）通过观察二手车交易的"柠檬市场"，发现在旧车市场中，卖主一定比买主掌握更多的信息，随即提出信息市场的概念，并证明了逆向选择问题导致了二手车交易市场失灵，由此产生信息不对称理论。斯宾塞（Spence，1973）以劳动力市场为研究对象，发现用人单位与应聘者之间存在信息不对称情况，为了赢得好的岗位，应聘者会隐藏对自己不利的信息，并夸大自身的优势，应聘者的这种"自我包装"导致雇主良莠难辨。随后，斯蒂格利茨和威斯（Stiglitz and Weiss，1981）将信息不对称理论应用到保险市场，指出正是由于被保人与保险公司之间的信息不对称，才产生了保险公司"赔不胜赔"的现象，并针对此现象正式提出了信贷市场的逆向选择理论，具体而言，让买保者在高自赔率加低保险费及低自赔率加高保险费两种投保方式间做出抉择，以解决保险过程中的逆向选择问题。

　　具体到本书，就是卖空约束下的信息不对称问题。在股票市场中，由于信息不对称的存在，市场中必然有投资者无法了解股票的真实价值。而在限制卖空的情况下，股票市场中不允许对股票进行卖空交易，股票价格无法反映出"悲观交易者"对股价的态度。换言之，信息不对称的情况下，股价很难真实反映市场中所有交易者对股票价格的预期，而限制卖空的情况下，尤其无法反映出不利于股票价格的信息以及不利消息传递到股价的效率。当放松卖空约束以后，证券市场交易者可以利用卖空交易的套利机制，充分挖掘股票价格的相关信息，并及时地体现到股价中，这使得市场上的信息不对称度大大下降，提高了证券市场定价效率。

　　关于信用评级的信息不对称问题。在信贷市场中，贷款方与企业之间普遍存在信息不对称问题，这主要是由于贷款方在贷款之前对企业的偿债能力、盈利能力、营运能力以及未来发展能力等经营和发展状况无法得到足够的信息。在贷款之后，贷款方对其贷向企业的资金同样无法继续监督其使用情况。而企业也无法确定贷款方的资金或者担保资产的来源及准确的价值等，因此造成了贷款方与企业之间的信息不对称。与此同时，不同社会主体之间信息不对称问题也较为普遍。那么金融中介机构即信用评级机构拥有专业的知识和经验，通过实地调研企业、搜集市场相关信息以及对搜集的信息进行处理分析后，可以为贷款方提供较为真实和客观的反映企业整体信用状况的信息，信用评级的这种作用尤其对于相对弱势的经济主体效果更为明显。因此，企业主体信用评级可以缓解市场中普遍存在的信息不对称问题，其作用十分重要。

2.3.2　信号传递理论

　　信号传递理论认为信息是决策过程中的必要因素，准确的信息越多，决策的正确性和科学性就越强。拥有利好信息和利空信息的各方试图通过某种信号向资本市场传递自己的真实信息，但在搜集信息过程中交易双方拥有信息的愿望和强烈程度是不一致的，拥有的信息容量和准确程度也是不一致的，这便造成了信息的不对称性。信息的不对称性会衍生出两类代理问题：逆向选择和道德风险。而信号传递理论可以加快交易双方信息的交换速度，避免交易过程中的不公平现象，成为解决两类代理问题的有力工具（王则柯，2006）。

　　斯宾塞（Spence，1973）在其经典招聘模型中指出，由于信息的不对称性，绝大多数雇主事先并不清楚员工的真实生产能力，教育水平作为衡量员工工作能力的一种信号，可以帮助企业主识别出最合适的员工。随着资本市场的不断发展，信号传递理论被大量应用到金融、财务、产业组织等诸多领域的研究中，理论模型得到极大丰富。在 Spence 招聘模型的基础之上，利兰和派尔（Leland and Pyle，1977）提出了资本结构信号模型，该模型假设投资者对于风险的态度是中性的，认为公司的资本结构可以作为衡量企业价值的准确信号，随后，有研究者对此进行了验证（Hughes，1989；Clarkson et al.，1991；How and Low，1993；Firth et al.，1997）。进一步，巴特查亚（Bhatta-charya，1979）在资本结构信号模型的基础上增加了股利政策信息，进而提出股利信号模型。后续学者还通过使用不同信号变量对资本结构信号模型和股票信号模型进行扩展修正（Titman and Tureman，1986；Allen and Faulhaber，1989；Grinblatt et al.，1989）。鉴于信号传递理论可以有效解决两类代理问题和信息不对称问题，一些国内学者应用该理论做了大量研究。一方面，袁锋等（2004）构建出声誉信号传递模型，并解决了信息不对称企业在研发投资中的逆向选择问题。在此基础上，谢江林（2009）、徐菱芳和陈国宏（2012）通过构建以研发投入信息披露为信号的传递模型，深入探究了造成中小企业融资约束的问题。谭庆美等（2009）建立了中小企业信贷市场信号传递模型，进而解决了信贷市场的信息不对称问题。另一方面，姜文（2012）基于信息传递的模型，研究发现企业之间的知识共享的过程就是企业间有关知识的信息传递过程。

　　具体到本书，限制卖空交易使得企业不利和消极信息无法在市场中体现出来，股票价格只显示了投资者中积极的一面，因而可能造成股票价格虚高，产生股价泡沫。当市场放松卖空限制以后，卖空交易可以激励市场中的"投机者"充分挖掘企业负面消息，进行卖空交易而获利。这不仅可以增加交易量，还可以使大量的投资者反映自己对股票的反应，使得股价更加真实、有效，包含的信息更加客观。而卖空交易作为一种信号，可以向市场传递企业的不利信息，通过加快坏消息的反应速度引起股价下跌从而扩大负向冲击企业的力度。

　　信用评级作为一种信号，其评级的高低向外界传递了企业整体信用风险的高低。企业主要通过信用评级向外界展示自己的信用风险以此来进行融资。

当企业需要进行融资时，为了能够得到市场中贷方机构的信任，降低企业融资成本，企业会进行自愿信息披露，以向外界传递优质企业的信号。由于企业管理者能够拥有更多的关于企业经营发展状况的内部真实信息，在资本市场公开融资前，自愿强化与市场参与者之间的信息交流，比如披露公司相关财务与经营发展信息，成为有再融资需求的各大公司的普遍做法，其目的是通过这些综合信息传递公司发展良好的信号。信号传递理论在资本市场也得到了广泛应用，信号传递理论认为，随着市场竞争的加剧，企业有动机向市场展示企业本身经营状况，特别是高质量的企业希望将其与低质量的企业区分开来，而市场在接收到这些信号以后会及时做出反应，而在企业向市场传递关于自身经营状况的信息时，主体长期信用评级无疑是一种强有力的说服指标。

2.3.3 委托代理理论

自詹森等（Jensen et al.，1976）提出委托代理理论以来，该理论已经成为工商管理领域的核心理论之一。委托代理理论认为，由于契约的不完美性，使得委托人和代理人始终存在利益分歧、交易费用以及信息不对称等问题，这是造成委托代理问题的根本原因。而如何设计出一套完备的契约，使得委托人和代理人之间的利益冲突降低，是委托代理理论研究的重要问题。概括来讲，委托代理理论主要有三种基本的表现形式。

第一类委托代理问题是股东与管理者之间的代理冲突，股东是企业的所有者，以企业长期价值最大化为目标，管理者负责企业的日常经营活动，以短期内自身利益和权力最大化为目标，管理层为了在其任期内迅速建立声誉、保护自身职位，会更加倾向于周期短、收益明确的项目，即使这些项目在未来并不一定有利于企业的长期利益，正是股东与管理者的目标不一致产生了第一类代理问题（Jensen et al.，1976），两权分离最普遍的一种情况便是股东与管理者之间的第一类委托代理问题（Berle and Means，1932）。第二类是大股东与中小股东之间的代理冲突，中小股东出于监督成本的考虑，常常会选择将监督委托权转交给大股东，大股东监督管理者，决定经理层的经营决策，帮助企业获得长期的收益。于是大股东出于自然经济人的利己性，通常和其他中小股东尤其是与小股东的利益并不是完全一致的，大股东通过掏空等方式侵占小股东的利益，形成"隧道效应"，于是在大股东与中小股东之间便产生第二类委托代理问题（Hirschman，1973；Roc，1990）。第三类是股东与债权人之间的代理冲突。债权人对于提供给企业的资金，希望能够及时了解资金的用途，确保资金的安全，以保证债权人的权益。而股东的决策并不一定会有利于债权人，双方诉求的不一致导致股东与债权人之间产生冲突，即第三类代理问题（Fama and Miller，1972；Jensen and Meckling，1976；Myers，1977）。

具体到本书，由于委托代理问题，委托人与代理人之间的目标函数始终无法趋于一致，委托人可能无法全面掌握企业的经营状况，代理人可能存在追求自身最大利益的私利行为，因此委托代理问题会不同程度地影响企业各方利益。而放松卖空约束以后，如果代理方（股东或者管理层）有侵占委托方的私利行为或者可能影响企业长期经营发展等间接影响到相关利益群体的行为，当委托方利益受到损害后，会通过对企业股票卖空的方式使得股价下跌，从而影响代理方（股东或管理层）的利益，当相应股价下跌对代理方（股东或管理层）造成的损失大于其从事满足自己的私利行为所获得的收益时，那么代理方就会停止损害委托方或者相关利益者的行为。因此，放松卖空约束可以有效地抑制代理方（股东或者管理层）的私利行为，提高公司内部治理水平，是一种对企业有效的外部监督方式。

2.3.4 交易成本理论

交易成本分析是由科斯（Coase，1937，1960）、威廉姆森（Williamson，1971，1975，1985，1996，2000，2002）、克莱因（Klein，1980）等人共同构建的跨学科性企业理论，该理论认为企业的存在可以降低市场交易成本，实现利益的最大化，企业是市场的有效替代物。交易成本理论三个最重要的假设为：有限理性、机会主义和资产专用性。所谓有限理性指的是人们的行为不能达到完全理性，只能在一定限制下做到有限程度；机会主义指的是为了达到目的而不择手段，以达到自身利益最大化的行为；资产专用性指的是专用性的资源进行特定用途的投资以后，如果转为其他用途，则会导致其价值损失。自科斯（1937）打开了企业的"黑箱"以来，国外学者针对交易成本相继做了大量关联性研究。里昂和马吕斯（Leon and Marius，2001）、哈依姆

（Haim，2001）从交易成本角度，探究了交易成本的相关问题以及市场价格选择问题。随后，保罗（Paolo，2002）寻找到最小化交易成本风险的方法，布鲁诺（Bruno，2002）找到使得交易成本效用最大化的方法。让－保罗和佐赫拉（Jean－Paul and Zchra，2006）利用交易成本测评了贸易有效性，阿莱和托马斯（Alet and Tomasz，2006）深入探究了价格选择及价格优选公式。潘卡等（Pankaj et al.，2014）在模糊环境下考虑交易成本因素的投融资组合的多重判据优化模型进行了研究。更进一步，舒雅德和伊夫（Souad and Yves，2008）、阿莱等（Alet et al.，2008）确立了交易成本理论的经济管理模型和定价模型。玛丽亚等（Maria et al.，2012）针对交易成本理论定价模型给出了数字解法。交易成本理论在国内被广泛应用于工商管理领域（刘汉民等，2014）。首先，郑志刚（2002）基于制度的有效性，研究了市场与企业之间的交易规制的效率问题。随后，杨小凯（2003）使用劳动交易和中间产品交易为衡量标准，划分了企业与市场之间的界限。更进一步，陆颖馨等（2004）指出了中国情景下影响企业边界的具体要素。

具体到本书，关于信用评级下的交易成本问题。信用评级机构在资本市场交易中本质上也属于企业，作为金融中介机构其本身的存在可以降低交易成本。这是因为，一方面投资者如果需要获取企业的信息，除了亲自调查以外，还可以通过信用评级机构进行调查。但是投资者亲自调查，需要花费大量的人力、物力、财力和精力等，成本较高，并且投资者由于本身专业受限，即使获取了企业较为全面的信息，可能也无法分析得出需要的结果。而专业的信用评级机构可以凭借其较为优势的资源及专业能力储备，帮助投资者节省大量跟踪调查与数据分析成本。另一方面，企业如果需要获取市场的认可，也需要通过信用评级机构向特定的投资者披露其需要了解的企业特定信息，信用评级机构也可以帮助企业节约大量跟踪调查与数据分析成本。并且信用评级机构作为独立的第三方，其出具的评级报告相比较来说具有更强的说服力和可信度。因此，信用评级机构的存可以节省交易成本。

2.4　本章小结

本章综合运用信息不对称理论、信号传递理论、委托代理理论和交易成本理论，明确了卖空交易作为资本市场中重要的套利机制，对于企业信用评级的作用可能体现在两个基本理论之间。一方面，卖空交易能够缓解企业的信息不对称问题以及委托代理问题，提高企业治理水平，有利于降低企业的信用风险；另一方面，卖空交易作为一种信号，也可能会通过信号传递扩大对企业的负向冲击力度，加大企业的信用风险。本章的理论分析为后续部分继续研究卖空机制对于企业信用评级的影响以及这种影响的机制分析奠定了良好的制度背景与理论基础。

第 3 章

文献综述

　　为了建立、健全我国资本市场健康、有序的交易体系，提高我国资本市场的定价效率，证监会于 2010 年 3 月 31 日在我国资本市场推行融资融券交易制度，正式放开了我国股票市场的卖空限制，允许部分企业股票进行卖空交易。放开卖空限制标志着我国资本市场"单边交易"正式结束，意味着我国资本市场正式进入双边交易的新阶段，投资者能够对资本市场进入融券卖空池的部分股票进行卖空交易，逐步完善卖空交易制度的相关内容正成为我国资本市场未来发展的趋势。众多学者对此进行了大量研究，本章首先就放松卖空约束对于市场效率、公司行为的影响以及放松卖空约束的溢出效应进行文献梳理，此外对公司治理、评级机构付费模式以及评级机构特征对企业信用评级的影响进行文献梳理，为下文检验放松卖空约束对企业信用评级的影响、其中机制分析以及不同制度环境和金融中介视角的作用提供文献基础。然后，在梳理前人文献研究的基础上，对相关文献的发展趋势以及研究进行评述。

3.1　放松卖空约束的经济后果

　　卖空交易是资本市场中的重要交易方式，其预期主要发挥以下两个方面的功能：第一，卖空交易可以加强资本市场流动性，提高资本市场定价效率。资本市场放松卖空约束以后，一方面，卖空交易在一定程度上使资金和证券的供求量扩大，证券交易的活跃程度会随之提高，市场流动性会得到增强；另一方面，卖空交易使得股票价格中融入更多的信息，有利于稳定资本市场的内在价格，提高资本市场定价效率。第二，卖空交易的信息效应，有利于加强企业外部监督效应，提高公司治理水平。资本市场放松卖空约束以后，一方面，卖空交易增强了企业外部投机者挖掘企业负面信息的动机，提高了企业外部信息环境透明度；另一方面，企业投资者、中小股东、债权人等企业利益相关方可以通过卖空交易，有效约束大股东和管理层的私利行为。在欧美发达国家的资本市场中，卖空交易作为一种对冲交易机制是资本市场的一种重要的金融交易制度。因此，卖空机制不仅可以影响资本市场的定价效率，还会影响上市公司的公司治理。近年来，国内外学者对卖空机制的市场经济后果做出了广泛的探讨并取得了许多研究成果，对此，本书也主要从卖空机制对市场定价效率、对公司治理效应的影响以及卖空机制的溢出效应三个方面进行文献的梳理。

3.1.1 放松卖空约束对市场效率的影响

Miller（1977）研究了卖空约束对于股价波动的影响，做出了股票价格高于其价值的"股价高估"的猜想，并提出了异质信念（heterogeneous beliefs）的存在，由于市场参与者有着不同的经验和价值观念，他们对于股票价值存在不同的预期，卖空约束可能会限制股票市场的价格调节，导致股票价格虚高，产生泡沫。黛曼德和韦雷基亚（Diamond and Verrecchia，1987）发现，限制卖空交易还会使一些信息交易者离开，导致信息进入股价的速度将放缓，阻碍信息对股票价格的影响，尤其是不利信息反映到股票价格中的效率，由此降低了证券定价效率。Duffie 等（2002）的研究也证实了限制卖空行为会导致信息搜寻成本以及相关交易费用升高，对市场价格效率造成冲击。洪和斯坦（Hong and Stein，2003）进一步研究发现，限制卖空交易使得股价吸收坏消息的速度变慢，市场中的信息尤其是负面消息无法在股价中体现出来，导致负偏度的收益分布（Negatively Skewed Return Distribution），即由于卖空约束的存在，市场中的看跌者无法通过卖空进行套利，在一定程度上隐藏了对企业消极的信息，这样导致对企业不利的信息无法通过卖空交易在市场中表现出来，股票交易中只体现了投资者的积极一面，进而导致股票价格虚高产生泡沫，当股价意外下跌或出现负面信息导火索时，市场中被堆积的负面信息会骤然爆发，进而加速股价下行甚至导致股价崩盘。

后来的一些研究结论大部分都佐证了米勒（Miller，1977）的观点，那就是卖空约束会限制资本市场的内在价格调节，致使股票价格虚高，降低市场的定价效率。例如，布里斯等（Bris et al.，2007）以1990年至2001年期间，40多个国家的股票市场的面板数据，探讨了卖空限制对于市场有效性的影响。研究发现，在放松卖空约束的地区中，不利的消息能及时地反映在股票的价格上，提升证券市场的有效性。张等（Chang et al.，2007）以香港证券市场为研究样本，对放松卖空约束对市场影响的后果进行了研究，同样发现限制卖空交易会导致股票价格虚高。迪特尔等（Dither et al.，2009）进一步使用卖空交易量的数据进行研究，发现卖空交易拥有与价值相关的信息，他们的交易行为能够修正错误定价、降低市场波动性，从而提高市场定价效率。陈等（Chen et al.，2010）以香港证券市场为研究样本，对比能做空和不能做空的股票，发现可以做空的股票对于消息的体现更加显著，价格对消息反应更加敏锐。进一步，张等（Chang et al.，2014）以中国资本市场上市公司为研究样本，对比分析了放松卖空约束政策前后股票价格的走势，研究发现当企业被选为卖空交易标的股票后，企业股票价格超额收益率显著为负，提高了证券市场定价效率。因此，放松卖空约束可以提高股票市场中个股对于市场负面消息的反应速度（Saffi and Sigurdsson，2011），进而消除股价泡沫，提高股票市场定价效率（Sharif et al.，2014）。

关于卖空机制对我国资本市场的研究，大部分也表明限制卖空是一种更为严格的套利限制，卖空约束可能导致股价高估，放松卖空约束降低了股价高估、增强了股票市场的流动性，进而提高了市场的定价效率。李科等（2014）以我国白酒行业上市公司为研究样本，实证检验了卖空限制与股票错误定价之间的关系。研究发现，相对于可以卖空的上市公司的股票价格，限制卖空的股票价格明显被高估，即卖空限制导致股价高估，产生股票泡沫。进一步，肖浩和孔爱国（2014）研究了卖空约束对于股价特质性波动的影响及其机理。研究发现，卖空交易有利于提高股价信息含量，从而降低标的证券股价特质性波动。因比，卖空机制在中国资本市场中也可以起到稳定股票价格的作用（李志生等，2015a），提高股票流动性，改善中国股票价格的发现机制，提高股票市场的定价效率（李志生等，2015b），进而可以抑制股价高估（孟庆斌和黄清华，2018）、防止股票价格大涨大跌，防止股票崩盘（孟庆斌等，2018），从而提高我国证券市场的定价效率。

然而，近年来，特别是 2008 年金融危机后，部分欧美国家监管机构相继推出了完全或部分限制卖空特别是裸卖空措施。有的研究认为卖空套利者的捕食交易策略（Predatory Trading Strategies）以及操纵行为并不总对资本市场定价效率带来益处，也有可能是无效的或是致使股价对负面信息做出过度反应（Brunnermeier and Pedersen，2005），加大股票市场波动性等，对资本市场定价效率带来负面影响，相关文献也证实了这一点。例如，杰诺（Jarrow，1980）对米勒的观点提出质疑，提出由于卖空限制的缺失而导致股价高估时，与之相关的"替代资产"的需求会相应下降，股票价格被低估，在单时间段（1-period）模型中不同的收益率预期值向量的方差矩阵是外生的。因此得出不同预期条件下做空限制的影响，并得出风险资产的价格既可能升高，也可能下降的结论，即卖空约束下的股价高估与否取决于不同经济情况，限制卖空不会使得股价虚高产生泡沫，卖空机制对资产定价的影响是不确定的，即卖空机制对市场效率无效。艾肯特等（Aitken et al.，1998）使用事件研究法对澳大利亚股票市场进行研究，允许卖空可能导致皮革马利翁效应（Pygmalion Effect），特别是在市场下跌时会加剧恐慌，增大崩盘风险，因而不利于市场的稳定和效率。进一步，达乌克和查伦鲁克（Daouk and Charoenrook，2005）通过对全球允许卖空交易的资本市场进行研究，发现放松卖空约束对于降低股票崩盘风险以及抑制股价虚高无明显作用。白等（Bai et al.，2006）研究认为，放松卖空约束会导致"投机者"利用其他渠道信息进行卖空交易，这样会导致股票市场产生巨大波动，造成市场上其他投资者的风险水平上升。因此，放松卖空约束对资本市场的影响并不都是有利的一方面。

国内同样有研究认为放松卖空约束对市场定价效率并不都是有益的，相关文献也证实了这一点。廖士光（2011）针对我国实施卖空交易制度对资本市场股票价格的影响分析，认为卖空交易对于我国融资融券业务发展并不均衡，卖空机制对资本市场价格发现功能作用并不显著，对于股票定价效率的影响微乎其微，即放松卖空约束对于我国资本市场效率的作用并不显著（许红伟和陈欣，2012）。还有研究发现，我国资本市场放松卖空约束以后，增加了股价异质性波动，提高了股价崩盘风险，不利于股票市场效率（陈海强和范云菲，2015；褚剑和方军雄，2016）。但是也有针对中国情景下对放松卖空约束对股票市场定价效率影响的不同作用的研究，认为是由于不同市场态势的作用下，导致卖空机制对股票市场定价效率产生了不同作用（李琛等，

2017；苏冬蔚和倪博，2018）。

3.1.2 放松卖空约束对公司行为的影响

已有对卖空机制的文献探讨大部分都是研究卖空机制对于资本市场定价效率的影响，其逻辑基本上都是放松卖空约束的信息效应，即放松卖空约束的信息效应对于资本市场的影响，如果资本市场对于信息做出有效反应，那么卖空机制就会提高资本市场的定价效率，如果资本市场对于放松卖空约束后的信息效应没有反应或者反应过度，那么对于资本市场的影响就是无效的甚至是不利的。然而，最近的一些研究指出，卖空机制也可以影响到企业的行为。当放松卖空约束以后，卖空机制使得股东或者管理层的利益与股价的联系更加密切，使得股东或者管理层受到来自市场上卖空交易者的压力，从而会改变其经营决策模式，进而对企业短期和长期行为产生影响，包括企业投资、融资以及管理方式等公司层面的行为。

卖空交易者是资本市场中重要的知情交易者，放松卖空约束为资本市场中的投资者提供了使用负面消息套利的工具，激励投资者挖掘关于上市公司的负面信息，形成了对上市公司强力的外部监督效应。卡尔波夫和罗（Karpoff and Lou，2010）以美国证券交易委员会（SEC）对上市公司财务错误而进行处罚的样本进行研究，发现这些公司早在财务错报披露之前就已经被大量卖空，并且卖空交易量与财务错报的严重程度显著正相关，这一结果表明卖空交易者有强烈的动机，并且能够提前发掘上市公司的负面信息，以对上市公司卖空获取巨大利益。相关研究也进一步证明了卖空交易者是资本市场中重要的知情交易者，例如企业出现负向盈余（Christophe et al.，2004）、财务重述（Desai et al.，2006）、不良资产减值损失（Liu et al.，2008）以及信用评级下调（Christophe et al.，2010）等重大事项之前，卖空交易量都会增加。因此，放松卖空约束会给企业造成一个股价向下的压力（Cohen et al.，2007），企业股东和管理层的股票和期权价值可能面临下行风险。另外，放松卖空约束也可能会增大企业被并购的概率，进而造成股东利益受损以及管理层失业（De Angelis et al.，2017）。

放松卖空约束有利于促使上市公司消极消息面的对外发布，消极的负面消息能及时作用于该公司的股票价格，这样一来上市公司的管理层及大股东势必要对消极的消息做出回应，放松卖空约束就能作用于上市公司的高层决策和资本资源的分配了，进而影响企业行为。马萨等（Massa et al.，2015）以 2002～2009 年 33 个国家或地区的企业数据为样本，从卖空机制作为一种有效的外部监督机制的视角进行研究，发现卖空机制会使得企业负面消息能够及时地反映到公司股价中，投资者可以利用卖空交易造成股价下跌，直接影响到大股东或管理层的利益。因此，卖空交易作为一种有效的外部监督机制，能够影响股东和管理层行为，例如抑制管理层的盈余管理（Fang et al.，2016），促进管理层做出正确的收购兼并决策（Chang et al.，2015），使上市公司积极进行研发创新（He and Tian，2014）以及降低企业资本投资（Grullon et al.，2015）等。另外，相关研究也发现，二级市场上的卖空交易活动也会给企业带来相当大的压力。放松卖空约束以后，管理层往往会选择降低盈余预测精确度来应对外部卖空压力，以防止股价下跌，同时当面临增长的卖空压力时，管理层还会进一步对年报的坏消息进行模糊披露，降低年报的可读性（Li and Zhang，2015）。

同样国内对于放松卖空约束后对企业行为影响的研究也并不一致，相关文献也证实了这一点。一方面，大部分研究都认为卖空机制的公司治理效应作为一种外部监督机制，有利于抑制管理层或者大股东的私利行为，提高公司治理水平。例如，陈晖丽和刘峰（2014）从盈余管理的视角研究了卖空制度对上市公司治理行为的影响，结果发现可以被卖空的公司的真实盈余和应计盈余显著降低，即卖空交易制度可以有效抑制管理层盈余管理行为；褚剑和方军雄（2018）从公司高管超额在职消费的角度研究卖空交易制度对标的公司产生的治理效应，研究发现，卖空机制可以有效抑制高管超额在职消费；田利辉和王可第（2019）通过实证分析了卖空交易制度对管理层短视行为的影响，研究发现，卖空交易制度可以提高企业研发支出，有助于改善管理层短视行为；侯青川等（2017）以公司治理问题中的大股东"掏空"为切入点，研究发现放松卖空约束可以有效发挥外部监督约束作用，抑制大股东"掏空"；陈胜蓝和卢锐（2018）进一步研究发现，放松卖空约束以后，控股股东的私利侵占行为减少了 27%，放松卖空约束可以有效抑制大股东私利侵占行为。因此，放松卖空约束作为一种有效的外部监督机制，可以提高公司内部治理水平（李志生等，2017），从而提高公司投资决策效率（靳庆鲁等，2015）、公司现金持有价值（侯青川等，2016）、信息披露质量（张璇等，

2016；李春涛等，2017）、企业创新效率（权小锋和尹洪英，2017；陈怡欣等，2018），并强化企业环境信息披露（郑建明等，2017）以及增加并购绩效（陈胜蓝和马慧，2017）等对公司有利的一方面。但有研究认为，放松卖空约束对企业行为的影响并不都是有利的一方面，张俊瑞等（2016）发现，卖空交易制度可能会引发负面效应，助长内幕交易者的套利行为；倪骁然和朱玉杰（2017）研究发现卖空压力下，企业的风险承担水平降低了，即卖空交易制度降低了企业风险承担水平；郝项超等（2018）研究发现放松卖空约束以后，创新数量与质量同步增加，但是创新效率下降，因此，放松卖空约束整体上阻碍了企业创新。

3.1.3 放松卖空约束的溢出效应

随着研究越来越深入，国内外学者开始关注到卖空机制的溢出效应包括卖空交易制度对债券定价效率、债券评级、分析师行为、审计人员行为等的影响。例如，亨利等（Henry et al.，2014）认为卖空交易量会给企业信用评级一个向下的压力，有助于提高企业信用评级的准确度；马菲特等（Maffett et al.，2015）研究发现，放松卖空约束降低了债券违约风险的预测精确度；盖等（Ke et al.，2016）检验卖空压力对分析师预测质量的影响，发现增加卖空压力提高了分析师的盈利预测质量；Hope 等（2017）考察了卖空威胁对审计人员的影响，发现审计人员对企业面临卖空压力中不断增加的威胁做出了反应，并向试点企业收取更高的审计费用。

在国内同样有学者进行相关卖空交易制度的溢出效应的研究。李丹等（2016）以我国资本市场为研究对象，结合我国放松卖空约束这一外生事件，研究了卖空机制对分析师乐观性偏差的影响，发现我国引入卖空机制显著降低了分析师盈余预测的乐观性偏差；进一步，黄俊等（2018）研究了卖空机制对分析师盈余预测质量的影响，发现卖空机制有助于负面消息及时地体现到股价中，抑制了管理层的私利行为，从而提高了企业的信息透明度，进而降低了分析师盈余预测偏差，提高了分析师盈余预测准确度；王攀娜和罗宏（2017）针对放松卖空约束后对分析师行为的影响做了研究，发现放松卖空约束后，股价面临下行风险，在卖空压力下，券商机构为了自己的利益会干预分析师的行为，促使分析师发布乐观盈余预测；黄超和黄俊（2016）同样以我国资本市场为研究对象，从上市公司面临诉讼风险的角度，考察了卖空机制对于上市公司审计收费的影响，发现在卖空压力下，上市公司面临的诉讼风险提高，因此会计师事务所会要求更高的审计收费；褚剑等（2017）考察了卖空交易制度对我国银行信贷决策的影响，研究发现，放松卖空约束以后会降低标的公司的信息风险和信用风险，因此银行向标的公司发放贷款的额度更大、期限更长。

3.2　企业信用评级的影响因素

信用评级是衡量企业信用风险的重要外部方式，在资本市场中主要起到两个方面的作用。首先，企业信用评级可以缓解发债人、投资者和监管机构之间的信息不对称。根据 MM 定理，有效的资本市场是不可能存在的（Grossman and Stiglitz，1980），资本市场中搜集和处理信息的成本较高，面临严重的信息不对称问题。而信用评级可以降低信息成本，缓解发债人、投资者和监管机构之间的信息不对称问题，降低代理成本，提升资本市场的流动性，增强资本市场的配置效率（Liu and Malatesta，2006）。其次，信用评级可以起到监管作用（Kerwer，2002）。信用评级是衡量企业风险、判断企业违约可能性的重要指标（AI－Najjar and Elgammal，2013）。信用评级可以对企业，尤其是金融机构进行风险评估，起到准监管者的作用（Coffee，2006）。关于企业信用评级的影响因素，相关研究非常广泛，本章主要通过公司治理层面、评级付费模式以及评级机构特征三个方面分析其对企业信用评级的影响。

3.2.1　公司治理对企业信用评级的影响

公司治理对企业信用评级的影响有大量研究关注，本章在梳理公司治理对企业信用评级的影响中，主要通过企业财务信息层面和非财务信息层面两个方面进行回顾。

（1）关于财务信息对企业信用评级的影响作用。一般而言，评级机构主要依赖企业内部的财务信息对企业的信用风险进行判断，企业财务信息是企业获得长期信用评级好坏的决定因素，其中反映企业盈利能力的财务指标如边际利润、资产负债率、资产收益率等对信用评级发挥着关键影响。国内外学者的大量研究也验证了企业财务信息对预测和判断企业信用评级的重要作用，因此理论界和实务界都对此进行了大量关注。霍里根（Horrigan，1966）发现企业财务比率是影响企业长期信用评级的重要指标；波格和索尔多（Pogue and Soldofsky，1969）证实企业财务指标对企业信用评级的影响作用；平奇斯和明戈（Pinches and Mingo，1973）发现企业公开财务数据能够对信用评级具有 60% 以上的解释能力与预测效果；卡普兰和维茨（Kaplan and Vrwitz，1979）发现企业收入、利润和各项费用是影响企业信用评级的重要信息；齐巴特和赖特（Ziebart and Reiter，1992）则从更加全面的财务信息方面进行研究，利用结构方程模型（SEM）检验了企业信用评级与财务信息之间的关系，发现公司规模、利息保障倍数、资产周转率、资本结构以及 Beta 系数等指标都会影响企业的信用评级；博萨达和杨（Bouzouita and Young，1998）认为企业规模经济和市场资源优势等因素将提高评级机构对该公司的评级预期；姜（Jiang，2008）认为企业利润、上一年盈利和分析师预测三个方面突破业绩基准时，企业的信用评级也会越高；迪博斯基和吉莱（DeBoskey and Gillet，2013）认为企业盈利水平越高，企业信用评级也越高。在国内关于企业财务信息对信用评级的影响，近年来也有一定的研究，例如：吴健和朱松（2012）发现，盈利能力、负债水平和规模因素都能在一定程度上反映企业信用评级；朱松（2013）进一步详细分析了企业规模、负债水平等财务指标均能显著影响企业信用评级；施丹和姜国华（2013）发现盈利能力、偿债能力、现金流量等财务指标会显著影响企业的信用评级；武恒光和王守海（2016）同样发现企业财务指标是影响企业信用评级的重要因素。

（2）关于非财务信息对企业信用评级影响的研究，大部分研究都是基于公司治理层面，研究公司治理结构及管理层行为对信用评级的影响。一方面，好的公司治理机制会降低信息不对称导致的违约风险，并监督管理层更加努力地为企业创造价值，从而提高企业的信用评级。波贾等（Bhojraj et al.，2003）研究发现，良好的公司治理有助于降低企业债务违约概率，提高企业信用评级，但股权集中度越高，将越不利于评级等级的提升；阿什堡斯卡夫等（Ashbaugh - Skaife et al.，2006）从更加全面的角度度量了公司治理因素与信用评级之间的关系，他们使用了标准普尔公司治理评判框架的四个维度，构建了综合的公司治理指标进行研究，发现大股东持股比例、CEO 权力与企业信用评级显著负相关，即不利于企业信用评级，财务信息质量、董事会独立性、董事会持股比例以及董事会专业水平与企业信用评级显著正相关，即有利于企业信用评级；沈中华等（2016）研究发现，CAMELS 体系和公司治理因素是影响我国商业银行主体信用评级的主要因素。进一步，布拉德利和陈（Bradley and Chen，2010）研究了董事会独立性与信用评级之间的关系，发现只有在董事会独立性较弱时，提高独立性才能提高企业信用评级；科尔纳贾等（Cornaggia et al.，2017）则针对管理层能力对企业信用评级的影响进行了研究，发现面临财务或竞争压力的公司中，能力强的高管减轻了对包括负收益在内的其他信用风险因素的评级的不利影响。因此，管理能力本身是一个重要的信贷保障，能力更强的管理者获得更高的信用评级（吴育辉等，2017），即企业管理层能力与企业信用评级呈现显著正相关关系。另一方面，格雷厄姆和哈维（Graham and Harvey，2009）通过对财务总监的调查问卷，研究发现管理层非常重视企业信用评级对公司债务总量的影响，公司的管理层有动力提升企业的信用评级。而管理层通常通过操纵盈余管理使得企业获得高的信用评级。例如，德米塔斯等（Demirtas et al.，2013）研究发现，企业在首次信用评级之前，流动性应计项目会出现正向、高额的异常调整；阿里和张（Ali and Zhang，2008）研究发现，企业会通过虚增企业盈余，提高企业信用评级被下调的可能性；阿什堡斯卡夫等（Askbaugh – Skaife et al.，2006）证实了企业应计盈余项目与信用评级之间的正向相关关系；古诺普和范（Gounopoulos and Pham，2017）同样发现，企业在发债时会通过操纵盈余管理而提高主体信用评级；刘娥平和施燕平（2014）用中国上市公司数据发现，企业在获得首次信用评级之前，会通过盈余操纵来提高企业信用评级；马榕和石晓军（2016）认为，公司可以通过操纵盈余管理程度来影响其信用评级水平。但是，也有的研究认为，盈余管理虽然可以短期内迅速提高企业表面业绩，但是会降低企业盈余质量（Lo，2008），引起评级机构对于企业持续长期盈利能力的怀疑，一旦企业因盈余管理过度被信用评级机构识破，反而会被调低信用评级。艾尔斯等（Ayers et al.，2010）以及卡顿等（Caton et al.，2011）研究认为，信用评级机构能够识破企业盈余管理行为，从而加大对其惩罚力度，即盈余管理会导致企业信用评级的下降；李琦等（2011）发现管理层的盈余管理行为会降低企业信用评级。

3.2.2　付费模式对企业信用评级的影响

现代信用评级业务产生于 20 世纪的美国，最初评级制度是评级机构对债券及发行人的偿债能力进行评级，并将结果出售给投资者，即投资者付费模式（Investor Pay Model）. 这促使了评级行业的蓬勃发展，但也导致了评级行业的良莠不齐。因此，为了规范评级行业，美国在 20 世纪 70 年代出台了"全国认可统计评级机构（Nationally Recognized Statistical Rating Organization，NRSRO）"制度[①]。伴随着 NRSRO 制度的出台，评级行业主流付费模式开始从"投资者付费"模式（Investor Pay Model）转变为"发行人付费"模式（Issue Pay Model）。"发行人付费"模式有以下优势：一方面，"发行人付费"模式可以免费向投资者提供信用评级；另一方面，"发行人付费"模式也方便企业获取能够进入信贷市场的评级结果。另外，"发行人付费"模式也给评级机构带来更大的经济收益。然而，"发行人付费"模式也并不是都是有利的一方面，可能会诱导和加剧信贷市场各方的利益冲突。在"发行人付费"模式下，一方面由于是发行人进行付费，信用评级机构需要"取悦"发行人，可能会造成发行人和评级机构"合谋"，造成评级虚高；另一方面，评级机构在对评级对象进行信用评级的同时，还会向评级对象提供诸如产品设计、咨询、预评等附加服务，这方便了发行人进行评级购买活动。此外，"发行人付费"模式下，可能会加剧评级行业竞争，导致评级对象进行评级购买，加剧评级机构利益冲突。

因此，国内外学者针对现行的评级制度"发行人付费"模式对信用评级的影响进行了大量的研究，结论并不一致。有的研究认为发行人付费模式会造成评级购买现象，使得评级机构与评级企业合谋，造成评级虚高，降低评级的有效性。马可和保罗（Marco and Paolo，2009）以美国资本市场为样本，研究发现美国评级市场的"发行人付费"模式不利于评级质量，导致信用评级失信；冈瑟（Gunther，2011）以欧洲国家主权信用评级为研究对象，发现"发行人付费"模式使得评级机构的评级结果失效；姜等（Jiang et al.，2012）

---

① NRSRO 制度本意只是要挑选那些评级准确、客观，获得市场、投资者广泛认可的评级机构的评级结果作为监管依据，适用的范围也仅限于计算经纪人/交易商的净资本要求。

以标准普尔评级机构付费模式的变化为研究背景（1974 年标准普尔从"投资者付费"模式转变为"发行人付费"模式），对 1999～2009 年标准普尔与穆迪评级之间的评级差异进行分析，研究发现标准普尔评级公司在转变为"发行人付费"模式之后，其所给的信用评级显著提高，与穆迪评级的结果无显著差异，并且与发行人利益相关性越高，其信用评级等级越高，即"发行人付费"模式导致了评级虚高；庞斯（Ponce，2012）从信息含量的视角对比分析"发行人付费"模式与"投资者付费"模式下信用评级的信息含量的差异，发现"投资者付费"模式下信用评级的信息含量更高，评级质量更好；科尔纳贾（Cornaggia，2013）从评级的稳定性和评级的信息效应视角进行研究，发现"发行人"付费模式的评级结果较为稳定，并且评级机构通常只是在评级对象即将违约之时才下调评级结果，评级及时性较差；进一步，Xia（2014）对比标准普尔（发行人付费）的评级对象在被伊根－琼斯评级机构（投资者付费）同样评级之后的差异，发现标准普尔评级机构（发行人付费）的评级结果相比较之前的评级，信息含量变得更高，对于市场更有效，因此，"投资者付费"模式有助于提高市场整体的信用评级质量。然而，也有的学者研究认为"发行人付费"模式更有利于信用评级质量，相关文献也证实了这一点。例如，尤柯宝和富尔吉（Chemmanur and Fulghieri，1994）从经济利益的视角分析，研究认为在声誉机制的作用下，"发行人付费"模式使得评级机构与其评级质量显著正相关，即"发行人付费"模式有助于提高信用评级质量；陈和内亚姆（Cheng and Neamtiu，2009）从信息准确度和及时性的视角分析，发现"发行人付费"模式下，信用评级的信息效应更加及时和准确；沃克（Walker，2010）研究则认为相比较"投资人付费"模式，"发行人付费"模式下，评级机构获取的信息渠道更加广泛；巴尔·艾萨克和夏皮罗（Bar－Isaac and Shapiro，2013）研究发现，在"发行人付费"模式下，为了获取收益信用评级机构的评级准确性更强，信用评级质量更高；进一步，邦索尔（Bonsall Ⅳ，2014）研究则直接指出，在"发行人付费"模式下，信用评级的评级质量更高。

我国现行阶段也是主要实行"发行人付费"方式，针对此问题的研究也并不一致。例如：刘辉和周慧文（2003）认为，发行人付费模式导致我国资本市场中存在购买评级的现象，使得信用评级虚高，评级质量降低；杨国宁（2006）从评级市场竞争的视角分析，研究认为当评级市场竞争加剧时，评级机构为了自身的利益，很可能会降低评级质量；李增福（2008）则通过理论分析对比国际三大评级机构的制度，认为我国资本市场中声誉未建立起来，因此发行人付费模式在我国并不适合；刘迎霜（2011）针对我国次贷产品信用评级进行研究，发现"发行人付费"模式不利于信用评级的有效性；黄国平（2012）在评级功能视角下，通过理论分析认为，当前我国"发行人付费"模式造成的利益冲突问题越来越严重，探索多种付费模式下的评级行业发展势在必行；夏芳（2013）同样认为"发行人付费"模式造成了评级机构的利益冲突问题，这直接影响到评级机构的评级质量；申盛和陈言（2017）选取了 2014～2016 年公司债样本，通过对比"投资者付费"模式和"发行人付费"模式下信用评级质量的差异，发现"发行人付费"模式下信用评级的集中度过高，其波动性并不大，即"发行人付费"模式很可能导致信用评级无效；林晚发等（2017）利用 2008～2014 年交易所发行的公司债券数据，以评级收费模式为切入点，分析在"投资者付费"模式压力下，"发行人付费"评级机构后续信用评级的调整情况以及评级质量的变化。实证发现，投资者付费有助于缓解评级虚高进而提升评级质量；管超（2018）以 2010～2017 年中国债券市场短期融资券、中期票据、公司债、企业债四类信用债作为研究样本，实证分析了中债资信这个投资方付费评级机构对评级虚高的抑制作用，发现投资方付费能够有效缓解评级虚高进而提升评级质量；刘琳和查道林（2018）同样利用中债资信对债券发行主体进行主动评级的数据，考察了投资者付费模式的引入对我国债券市场上发行人付费评级机构行为的影响，印证了投资方付费能有效缓解评级虚高进而提升评级质量的观点。

但是也有研究认为，发行人付费模式有助于提高评级质量。应娟与张益新（2006）通过理论分析，研究认为由于我国评级市场发展尚不成熟，评级市场声誉机制无法有效发挥，"投资人付费"模式的执行成本较高，因此我国实行"发行人付费"模式有利于评级质量；顾琴琳（2010）通过比较分析政府免费提供评级服务和市场收费两种情况，针对我国两种付费模式存在的合理性进行分析，研究发现我国目前实行"发行人付费"模式有存在的合理性；刘谐（2013）则直接指出我国当前阶段实行"发行人付费"模式是最优选择，有利于提高评级质量；张帅（2013）认为"投资人付费"模式造成评级机构收益成本不匹配，容易造成评级对象的"搭便车"问题，使得信用评级质量降低，而"发行人付费"模式则更有利于解决评级机构利益冲突问题，提高评级机构评级质量。

3.2.3 评级机构对企业信用评级的影响

评级机构属于第三方中介机构，是企业信用评级的生产者。韦克曼（Wakeman，1984）以及拉马什和塔科尔（Ramalaishnan and Thakor，1984）认为信用评级在信息采集和削减发债成本方面可以起到规模经济的效用。穆迪信用评级公司（Moody's Investors Service）董事托马斯·凯勒（Thomas Keller，2005）[1] 则直接指出，作为独立的第三方金融中介，评级机构的评级报告可以缓解信贷市场中借贷双方的信息不对称问题，并提高信贷市场的信息透明度。因此，评级机构特征对于信用评级有重要影响。关于评级机构对企业信用评级的影响，国内外进行了大量的研究，美国证券交易委员会（SEC，2002）[2] 和证券委员会国际联合组织（IOSCO，2003）[3] 调查发现评级机构的声誉机制和行业竞争模式对于信用评级都有重要影响。因此，本部分主要从评级机构的声誉以及评级机构竞争关系两个方面对相关文献进行相应梳理。

（1）关于评级机构声誉对企业评级的影响，国内外进行了大量研究，但是结论并不统一。一方面，有的研究认为声誉机制起到了约束评级公司的作用，有利于提高企业评级质量。例如，米隆和塔科尔（Millon and Thakor，1985）认为声誉机制可以保证评级机构的评级结果不会偏离其评估标准；史密斯和沃尔特（Smith and Walter，2002）研究发现声誉机制可以有效约束评级机构行为，评级机构的声誉能够显著提高其评级质量，因此声誉机制是影响评级结果的重要因素；科维茨和哈里森（Covitz and Harrison，2003）通过对美国证券市场的研究，发现声誉机制在美国证券市场可以有效发挥作用，能够约束评级机构行为，保证评级质量；王雄元和张春强（2013）研究了评级机构声誉对于信用评级与中期票据融资成本之间关系的调节作用，发现声誉较低的信用评级机构会减弱信用评级的融资成本效应，声誉机制在我国资

---

① Thomas Keller. The Role and Function of Rating Agencies. Speech at the "BIS/PBC Seminar on Developing Corporate Bond Markets in Asia" in Kunming, China, 18 November 2005.

② SEC. Report on the Role and Function of Credit Rating Agencies in the Operation of the Securities Markets. http://ftp.sec.gov/news studies/credratingreport0103.pdf, January 2003.

③ IOSCO. Report on The Activities of Credit Rating Agencies. http://www.iosco.org/library/pubdocs/pdf/IOSCOPD153.pdf. September, 2003.

本市场中发挥了作用；发现声誉较低的信用评级机构会减弱信用评级的融资成本效应；詹明君和邢贺（2016）进一步研究发现，声誉机制在我国证券市场发挥了作用，对于评级机构有约束作用，并提高了评级质量；刘珺和查道林（2018）同样认为声誉机制在我国资本市场中约束了评级公司，提高了评级机构的评级质量。另一方面，也有的学者研究认为声誉机制在评级市场的作用也并不显著，可能无法约束评级公司行为，甚至对评级质量产生负向作用，相关文献也证实了这一点。克莱因和莱夫勒（Klein and Leffler，1981）通过理论分析认为，声誉机制对评级机构的影响可能存在因果关系，即声誉机制并不能完全影响评级机构行为，而评级机构的机会主义行为可能是其本身权衡的结果，即如果破坏声誉的行为得到的收益能够弥补声誉受损所付出的损失，评级机构则会做出损害声誉的行为；马蒂斯等（Mathis et al.，2009）进一步细致地对此问题进行研究，同样发现，当评级机构的收入来自非标准化资产时，评级机构并不会在乎声誉机制的约束作用；博尔顿等（Bolton et al.，2012）同样对此问题进行研究，也认为当评级质量过低造成声誉损失时，如果违约成本较低，声誉机制对评级机构的约束作用并不显著。刘晓剑和张强（2012）利用我国资本市场的数据分析声誉机制在我国资本市场中的作用，认为声誉机制在我国证券市场的作用并不显著，这主要是因为我国评级行业主要是以政府监管为主，不同于美国评级市场的以市场为主；寇宗来等（2015）则认为由于我国现行的发行人付费模式，导致了声誉机制在我国资本市场中得不到有效发挥，国内信用评级不会降低企业发债成本。

（2）竞争理论指出市场主体是以经济利益最大化、竞争地位最优化为目标，夺取稀缺的市场资源，抢占有利市场地位的社会经济状态。竞争成为企业获取核心能力、最大化企业利润的重要方式。竞争战略主要体现为高质量、低成本、差异化、集中优势等类型，竞争不仅给企业带来压力，也赋予企业动力。因此，竞争机制是市场经济健康运行的重要基础。评级机构作为一种金融中介机构，其本质上是市场经济的一方参与者，也是企业。综上可知，竞争机制对于评级机构也起到重要作用，即评级市场竞争对于评级机构起到重要作用。大量学者也对评级市场竞争对评级机构的影响进行了研究。

关于评级市场竞争对评级机构评级质量的影响，有的研究认为评级市场竞争可以有效约束评级机构的机会主义行为，对于评级机构评级质量有正向作用，相关文献也证实了这一点。霍恩（Horne，2002）研究发现，评级市场竞争机制能够有效约束评级机构行为，有利于提高评级机构的评级质量。舒尔达（Purda，2005）以美国证券市场为样本，通过实证具体分析了加拿大债券评级服务公司（CBRS）进入美国证券市场以后，其对于标准普尔评级对象的评级质量的影响，研究发现加拿大债券评级服务公司（CBRS）的进入有利于提高标准普尔评级对象的评级质量，因此国外评级机构的进入有利于提高评级机构的评级质量。不同于舒尔达（Purda，2005）的研究，Doherty 等（2012）则分析了新进入本国的评级机构对于其他评级机构产生的影响，研究发现评级行业的新进入者提高了评级市场的竞争程度，有利于约束评级机构的行为，提高了信用评级质量。然而，许多研究却发现评级机构竞争会加剧评级虚高，带来负面效应。相关文献也证实了这一点。康托尔和帕克（Cantor and Packer，1997）以美国评级市场为研究样本，分析除了穆迪评级（Moody's）和标准普尔（S&P）两家评级公司以外的第三家评级机构的评级对评级市场的影响以及其评级结果的客观性，研究发现评级竞争对于评级市场作用较小，其评级结果偏高，不够客观。博尔顿等（Bolton et al.，2012）研究发现，在声誉成本较低或者不成熟投资者占比较大的条件下，评级行业竞争越激烈，发生评级购买的现象越严重。斯克雷和费尔德（Skreta and Veldkamp，2009）通过理论研究发现，评级机构竞争会使评级虚高，降低评级质量。马蒂斯等（Mathis et al.，2009）通过构建模型的方式进一步分析了评级竞争对评级结果的作用，并得到了同样的结论。进一步，贝克尔和米尔伯（Becker and Milbourn，2011）以美国 1995~2006 年的公司债数据为样本，采用实证研究的方法，对评级行业竞争对评级质量产生的影响进行了较为直接的研究，结果发现评级竞争降低了评级质量。博恩茨等（Bongaerts et al.，2012）对类似的问题进行了更加细致的分析，其研究结果表明评级机构在竞争中出于自身利益的考虑，会降低评级质量，以提高自己的市场占有额。进一步，卡马乔等（Camanho et al.，2010）认为，评级竞争导致评级质量的降低主要是因为其降低评级市场的福利水平，并且这种现象在经济繁荣和投资者对评级结果信任度较高时更加严重（Bolton et al.，2012）。

关于我国资本市场中评级竞争对评级质量的研究还不多见。聂飞舟（2011）通过理论分析对比美国评级市场的经验，认为评级竞争对于我国评级质量是有利的；沈中华等（2016）以 2007~2014 年中国各层次商业银行主体信用评级为研究对象，通过实证分析发现，我国评级市场竞争并没有导致"评级选购"现象，评级市场竞争有利于评级质量的提高。然而，也同样有研究指出，我国资本市场中评级竞争不利于评级质量，相关文献也证实了这一点。邢天才等（2016）以我国 2010～2014 年的企业债和公司债为样本，发现评级机构竞争加剧了评级虚高，降低了债券信用评级质量；进一步，詹明君和邢贺（2016）也得到了同样的结论。

3.3 研 究 评 述

本章首先通过三个方面梳理了放松卖空约束相关文献，包括放松卖空约束对市场效率的影响、放松卖空约束对公司行为的影响以及放松卖空约束的溢出效应。接着，同样从三个方面梳理了影响企业信用评级的相关文献，包括公司治理对企业信用评级的影响、评级制度对企业信用评级的影响以及评级机构对企业信用评级的影响。通过以上文献梳理，本书发现以下几个方面的问题：

（1）关于卖空机制的相关研究，一方面，卖空机制对于市场效率的影响并未形成一致的结论。由于国外放松卖空交易制度实行得较早，且卖空交易量较大，因此国外资本市场对卖空交易的研究较多。我国引入卖空交易制度的时间相对有限，因此相关的实证研究还不够丰富。但是大部分研究都认为放松卖空交易制度对市场效率产生了影响。另一方面，无论国内还是国外，放松卖空约束对企业行为都产生了重要的影响，尤其是对企业形成外部监督，放松卖空约束对企业来说是一种重要的外部治理方式。并且，相关研究进一步发现，卖空交易作为资本市场的一种重要的交易机制，其不仅仅对于资本市场效率以及企业行为产生影响，同样会对评级机构、分析师、审计师以及银行信贷等产生影响。

（2）关于企业信用评级影响因素的相关研究，国外研究较为丰富，而国内的相关研究较为缺乏。首先，国内外研究广泛发现，公司治理包括财务信息和非财务信息都是影响企业信用评级的重要因素，特别是越来越多的学者认识到公司治理结构包括非财务信息对企业信用评级的重要作用。其次，评级收费制度的建设对信用评级的结果有重要的作用，国内外学者对此进行了大量的研究，但是结论并不一致。再次，国内外研究大部分都发现，评级机构对于评级结果具有重要的影响。但是，无论声誉机制还是竞争机制对于评级结果的影响都还不确定。特别是在我国资本市场中，相关研究并不多见。这为本书的研究提供了很好的科研基础。

我国在 2010 年开始放松卖空管制，这一创新性的金融市场交易制度，对资本市场的信息效率提高有很大的作用，而企业信用评级也属于资本市场的一种信息，目前关于卖空机制对企业信用评级的问题研究，国内外还未有发现。因此，以上文献梳理，为本书后续研究奠定了坚实的文献基础。

第 4 章

卖空机制对企业信用评级 影响的实证研究

4.1 问题的提出

信用评级作为衡量企业信用风险的重要外部方式，受到国内外学者的广泛关注。企业信用评级向市场传递了企业信用质量的高低，在发债人、投资者和监管机构之间起到了缓解信息不对称、增加资本市场的透明度和诚信度、提高企业投融资效率、有利于金融监管的作用（谢平等，2001；周小川，2012；Coffee，2006）。因此，总结来看，信用评级的作用包括两个方面。首先，信用评级可以缓解信息不对称（West，1973；Liu and Thakor，1984）。根据 MM 定理，有效的资本市场是不可能存在的（Grossman and Stiglitz，1980），资本市场中搜集和处理信息的成本较高，面临严重的信息不对称问题。而信用评级可以降低信息成本，缓解发债人、投资者和监管机构之间的信息不对称问题，降低代理成本，提升资本市场的流动性，增强资本市场的配置效率（Liu and Malatesta，2006）。其次，信用评级可以起到监管作用（Kerwer，2002）。信用评级是衡量企业风险、判断企业违约可能性的重要指标（Basil and Mohammed，2013）。信用评级可以对企业，尤其是金融机构进行风险评估，起到准监管者的作用（Coffee，2006）。

卖空交易者在资本市场中是重要的知情交易者，其行为对资本市场有重要的影响（Miller，1977；Massa et al.，2015）。卖空交易具有信息挖掘功能（Boehmer and Wu，2013），能够提高负面消息传递到股票价格的效率（Saffi and Sigurdsson，2011）。卖空交易者可以通过挖掘标的公司的负面信息进行做空而获取利益（Karpoff and Lou，2010）。因此，卖空机制引入以后，可以有效监督企业的各种机会主义行为（Massa et al.，2015）。大量实证研究表明，放松卖空约束以后，可以有效抑制管理层私利行为（陈晖丽和刘峰，2014；Massa et al.，2015；Fang et al.，2016）以及大股东的私利行为（侯青川等，2017；陈胜蓝和卢锐，2018），从而提高公司投资决策效率（靳庆鲁等，2015）、提高公司现金持有价值（侯青川等，2016）、提高信息披露质量（张璇等，2016；李春涛等，2017）、强化企业环境信息披露（郑建明等，2017）、提高企业创新效率（He and Tian，2015；权小锋和尹洪英，2017；陈怡欣等，2018）以及并购绩效（陈胜蓝和马慧，2017）等。公司治理的优化以及投资效率和创新效率的提升自然也有助于企业信用风险的降低（褚剑等，2017），进而有助于提高企业信用评级。不过，放松卖空约束也可能会减少市场流动性、放大市场风险（Henry and McKenzie，2006），进而对企业信用风险产生不利影响。研究发现，放松卖空约束之后标的公司空头头寸会显著增加，这会给企业股票价格施加一个向下的压力（Cohen et al.，2007），可能会导致标的公司的股价下跌、加剧市场波动（Chang et al.，2007），导致企业融资约束（杨棉之等，2015）、风险增大（倪骁然和朱玉杰，2017）。这些会进一步恶化企业经营环境，导致企业客户流失、恶化企业信用风险（褚剑等，2017），进而可能降低企业信用评级。放松卖空约束以后对企业信用评级的影响到底如何，是一个重要而有意义的话题。因此，本章研究的主要问题为：卖空机制对企业信用评级的影响。

中国资本市场在 2010 年 3 月开始放松卖空约束，"单边市"正式结束。证监会又分别在 2011 年 11 月、2013 年 1 月和 9 月、2014 年 9 月、2016 年 12 月以及 2017 年 3 月连续六次逐步扩大可卖空股票的范围，最终沪深两市可卖空股票增加至 950 只。自此，投资者可以对卖空股票进行卖空，截至 2018 年 6 月，两市融资融券标的股票扩容至 950 只，占中国 A 股上市公司总数的 27% 左右。与发达国家资本市场不同的是，中国式融资融券制度的实行是逐步放开的，即可卖空交易的标的股票在每年都有不同的实验组和对照组，这为本章的研究创造了一个近似完美的"准自然实验"。为此，本章选取 2008 ~ 2017 年可获得信用评级的上市公司作为研究样本，以中国资本市场 2010 年 3 月 31 日开始实施的融资融券制度这一难得的"准自然实验"契机，采用双重差分模型（DID）以最大限度缓解内生性问题的负面困扰（李志生等，2015；靳庆鲁等，2015；褚剑和方军雄，2016），系统地研究了卖空约束放松对企业长期信用评级的影响。

4.2　理论分析与研究假设

卖空机制作为金融市场中对企业行为的一种有效外部监督机制，一方面，可以有效抑制管理层私利行为（陈晖丽和刘峰，2014；Massa et al.，2015；Fang et al.，2016）。相关文献也分别对此进行了实证研究。例如，卡尔波夫和罗（Karpoff and Lou，2010）研究认为，卖空交易者充分挖掘企业负面信息，对公司进行卖空处理；马萨等（Massa et al.，2015）认为，卖空交易者能够有效地对管理层做出"反对投票"，放大投资者"用脚投票"效应，进一步加重对管理层不当行为的惩罚；张璇等（2016）研究发现，卖空机制可以有效约束公司管理层私利行为，缓解委托代理问题，从而对企业形成有效的外部监督。另一方面，卖空机制同样对大股东有监督作用，可以抑制大股东的私利行为（侯青川等，2017）。由于投资者可以对股票进行卖空，如果大股东存在不当行为损害了投资者的利益，那么投资者就会对企业股票进行卖空处理来直接影响大股东利益，加大对大股东的惩罚力度。例如，靳庆鲁等（2015）研究发现，卖空机制可以增强大股东监督效应的发挥，有利于公司管理层做出最优决策；侯青川等（2017）研究发现，卖空机制可以有效抑制大股东"掏空"行为，提高公司内部治理水平。因此，当放松卖空约束后，企业管理层以及大股东十分忌惮卖空交易者的信息挖掘能力，管理层以及大股东出于自身利益的考虑往往会事前减少其私利行为，降低企业利益被其侵占的程度和概率，提高企业内部治理水平，降低企业可能产生的信用风险，从而提高企业信用评级。

但是，卖空机制也可能会加剧企业信用风险，降低企业信用评级。作为二级市场重要的知情交易者，卖空交易者会通过对标的公司股票做空而获利，这促使了他们利用各种渠道去充分挖掘企业负面信息而获利（Karpoff and Lou，2010）。因此，放松卖空约束以后会给企业股价带来较大的下行压力（Cohen et al.，2007），使得企业外部风险变大，不利于企业信用评级。例如，杨棉之等（2015）研究发现，卖空对企业产生的股价下跌风险导致了企业融资约束问题；褚剑和方军雄（2016）则认为卖空机制恶化了企业股价崩盘风险；倪骁然和朱玉杰（2017）进一步研究发现，卖空机制提高了企业风险承担水平。因此，卖空机制可能会提高企业的信用风险水平，降低企业的信用评级。基于以上分析，本章提出如下对立假设：

假设 4 - 1a：放松卖空约束降低了企业信用风险，提高了企业信用评级。

假设 4 - 1b：放松卖空约束提高了企业信用风险，降低了企业信用评级。

4.3　研　究　设　计

4.3.1　样本选择与数据来源

本书选取了 2008 ~ 2017 年所有在沪市和深市发行信用债券且被第三方评级机构进行主体长期信用评级的上市公司为初始研究样本。研究中所需要的企业信用评级数据主要来自万得（Wind）数据库，对于企业信用评级的搜集的方法，本书参照李琦等（2011）、王雄元和张春强（2013）的研究。具体而言，首先，本书依照万得数据库（Wind）"发债主体历史信用等级"手工整理得到沪深 A 股所有上市公司的主体长期信用评级记录，共 8253 条年度上市公司主体信用评级记录。其次，由于企业在一年内发行的债券存在多个批次、多种类型，因此企业在同年内可能存在多次主体长期信用评级记录，对于这样的情况，本书参照李琦等（2011）、王雄元和张春强（2013）的研究方法，仅取值年末最后一次评级记录，因此本书得到了 4850 条年度观测值。再次，因为金融业公司报表结构与相关指标计算与其他企业有较大差异，本书剔除了样本中金融类行业上市公司 637 个年度观测值，余下 4213 条企业年度观测值。最后，由于企业在 IPO 上市之前可能会发行信用债等企业债券，因此本书的数据样本中同样存在一个企业上市之前的主体长期信用评级，对于这样的情况，本书参照李琦等（2011）的研究方法，将此类的 98 个样本年度观测值进行剔除处理。最终本书得到了 1027 个上市公司的 4111 个年度观测值，如表 4 - 1 所示。另外，本书将所得到的评级结果通过与锐思数据库

（RESSET）"债券信用评级及担保"中的数据进行一一核对，并将评级记录有差异的样本通过媒体（百度搜索、谷歌搜索）披露进行最终确定。本章所使用的相关数据均来自国泰安（CSMAR）数据库或万得（Wind）数据库，部分财务指标通过手工搜集并计算获得，为了克服异常值对实证结果的影响，本书对主要连续变量在 1% 与 99% 分位数上进行了缩尾（winsorize）处理。本书所使用的统计软件为 Stata 14.0。

表 4 – 1　　　　　　　　　　　　　**样本选择过程**

2008 ~ 2017 年 A 股拥有主体长期信用评级的样本量		8253
减去	一年内重复多次评级的上市公司	3403
减去	金融行业上市公司	637
减去	公司上市前和上市当年的企业信用评级	98
减去	相关数据缺失	4
最终样本量		4111

表 4 – 2 报告了最终样本的年度、行业和地区分布情况。在 Panel A 样本年份分布中，各年的样本量呈现合理的递增趋势，实验组样本量在 2011 年呈现加大幅度递增，2015 年、2016 年、2017 年变化不大，这与放松卖空约束调节的企业政策实施时间相符合。在 Panel B 样本行业分布中，制造业样本数量较多，为 2017 家，占比超过 49%，这也符合上市公司总体的行业分布情况；在地区样本分布中，从 Panel C 来看，信用评级的标的企业集中在北京、上海和广东地区，分别为 494、322、603，总占比达到 34.52%。

表 4 – 2　　　　　　　　　　　　**样本量分年度、行业、地区统计**

A 栏：分年度统计										
项目	2008 年	2009 年	2010 年	2011 年	2012 年	2013 年	2014 年	2015 年	2016 年	2017 年	合计
Treated	0	0	30	113	123	256	309	327	372	376	1906
Control	88	149	195	244	330	218	196	244	248	293	2205
样本量	88	149	225	357	453	474	505	571	620	669	4111
占比（%）	2.14	3.62	5.47	8.68	11.02	11.53	12.28	13.89	15.08	16.27	100

续表

B栏：分行业统计					
行业	样本量	占比（%）	行业	样本量	占比（%）
农林牧渔业（A）	48	1.17	信息运输、软件和信息技术服务业（I）	124	3.02
采矿业（B）	193	4.67	房地产业（K）	389	9.46
制造业（C）	2017	49.08	租赁和商务服务业务（L）	80	1.95
电力、热力燃气及水的生产和供应业（D）	339	8.25	科学研究和技术服务业务（M）	15	0.36
建筑业（E）	199	4.84	水利、环境和公共设施管理业（N）	66	1.61
批发和零售业（F）	234	5.69	卫生和社会工作（Q）	6	0.15
交通运输、仓储和邮政业（G）	323	7.86	文化、体育和娱乐业（R）	41	1.00
住宿和餐饮业（H）	6	0.15	综合（S）	31	0.75
			总计	4111	100

C栏：分地区统计								
地区	人数	占比（%）	地区	人数	占比（%）	地区	人数	占比（%）
安徽	119	2.89	湖北	165	4.01	上海	322	7.83
北京	494	12.02	湖南	87	2.12	四川	148	3.60
福建	165	4.01	吉林	68	1.65	西藏	11	0.27
甘肃	37	0.9	江苏	233	5.67	新疆	96	2.34
广东	603	14.6	江西	82	1.99	宁夏	6	0.15
广西	58	1.41	辽宁	136	3.31	云南	75	1.82
贵州	37	0.90	内蒙古	49	1.19	浙江	301	7.32
海南	41	1.00	青海	29	0.71	重庆	66	1.61
河北	104	2.53	山东	217	5.28	天津	81	1.97
河南	129	3.14	山西	74	1.80	总计	4111	100
黑龙江	43	1.05	陕西	35	0.85			

4.3.2　模型构建与变量说明

本章拟检验放松卖空约束对企业主体长期信用评级的影响，本书借鉴伯特兰和穆雷风（Bertrand and Mullainathan，2003）与王会娟和廖理（2014）的研究设计，并采用王贞洁和王竹泉（2013）以及陈等（Chen et al.，2012）的研究模型，分别控制了年份、公司固定效应并去除了公司个体层面的聚类效应（Cluster）来进行 DID（Difference-in-Difference）的研究设计，具体为：

$$Rate = a + \beta_1 Short + \beta_2 \text{Log}(Assets) + \beta_3 Lev + \beta_4 Growth + \beta_5 ROA$$
$$+ \beta_6 Coverage + \beta_7 Current + \sum Year + \sum Firm + \varepsilon \qquad (4.1)$$
$$\text{Log}(Rate) = a + \beta_1 Short + \beta_2 \text{Log}(Assets) + \beta_3 Lev + \beta_4 Growth + \beta_5 ROA$$
$$+ \beta_6 Coverage + \beta_7 Current + \sum Year + \sum Firm + \varepsilon \qquad (4.2)$$

模型（4.1）和（4.2）的因变量均为企业信用评级 [Rate/Log(Rate)]，本章从两个层面进行分析，即企业信用评级等级（Rate）以及量化的企业信用评级等级 [Log(Rate)]，其中：Rate 为企业信用评级等级，按照企业信用评级等级赋分；Log(Rate) 为企业信用评级等级量化，等于企业信用评级的对数值。自变量为企业是否经历了放松卖空约束（Short），并控制了可能影响企业信用评级的公司特征变量。具体如下所述：

1. 因变量

企业信用评级 [Rate/Log(Rate)]。根据中国人民银行 2006 年《信用评级要素、标识及含义》中的相关说明与国内各大信用评级机构信用评级划分方法，主体信用评级的等级，即企业信用等级分为三等九级，即：AAA、AA、A、BBB、BB、B、CCC、CC、C。在中国注册登记，并持有中国人民银行颁发的贷款卡的法人企业，均可申请参加企业长期主体信用评级，每个等级又可以用 +、− 进行微调（毛振华，2007）。在对企业主体评级影响因素研究中，本书参照 Becker and Milbourn（2011）赋值法将信评机构所评结果转换为数字形式，其中，AAA + =21、AAA =20、AAA − =19、AA + =18、AA =17、AA − =16、A + =15、A =14、A − =13、BBB + =12、BBB =11、BBB − =10、BB + =9、BB =8、BB − =7、B + =6、B =5、B − =4、CCC =3、CC =2、C =1。

2. 自变量

放松卖空约束（Short），用来刻画企业是否经历放松卖空。由于中国式融资融券制度是宏观层面的金融制度，上市公司进入卖空标的池是一个相对外生的事件，且可卖空的标的公司是逐步放开，即每年的实验组和对照度都有一定的变化。因此，参照前人的研究（靳庆鲁等，2015；侯青川，2016；郑建明等，2017），本书将企业是否进入卖空标的池设置为一个虚拟变量Short，当上市公司进入可卖空的标的池时及以后年份，取值为1，否则取值0。例如，某一个上市公司在2012年被选入可卖空的标的公司，则该上市公司（Short）在2012～2017年取值为1，2008～2010年取值为0。

3. 控制变量

根据以往的文献（Horrigan，1966；Ziebart and Reiter，1992；Pogue and Soldofsky，1969；Jiang，2008；DeBoskey and Gillet，2013；吕长江和王克敏，2002；方红星等，2013；吴育辉等，2017；林晚发和刘颖斐，2018），本书在模型中加入了对企业信用评级可能造成影响的公司特征、公司治理等如下相关变量：

企业规模（Size），等于企业年末总资产的自然对数值，大量研究认为（Horrigan，1966；Ziebart and Reiter，1992），上市公司的企业规模越大，其可用于抵押的资产也就越多，变现的能力就越强，其违约率也就越低，企业信用评级也就越好。因此，预期企业规模与信用评级正相关。

财务杠杆（Lev），等于年末总负债除以总资产。大量研究（Ziebart and Reiter，1992；Pogue and Soldofsky，1969）认为，企业杠杆越高，企业的负债水平越高，表明其所需要偿还的负债越多，企业财务风险也就越高，更有可能造成企业破产。因此，预期企业杠杆与信用评级负相关。

盈利能力（Roa），等于总资产回报率。通常情况下，企业总资产回报率代表企业的盈利能力，即总资产回报率越高，企业盈利能力越好。即表示企业的经营状况越好，企业的违约概率越低。因此，预期企业盈利能力与信用评级正相关。

企业成长性（Growth），等于企业营业收入增长率。一般情况下，企业处于成长期时，需要进行大量的融资，可能采取较为激进的投融资策略（吕长江和王克敏 2002）。那么企业将会面临较大的违约风险。因此，预期企业成长性与信用评级负相关。

利息保障倍数（Coverage），又称作已获利息倍数，等于企业生产经营所获得的息税前利润与利息费用的比率（企业息税前利润与利息费用之比）。一般情况下，企业利息保障倍数是衡量企业偿还借款利息的能力，即利息保障倍数越高，企业偿债能力越强，违约率越低。因此，预期企业利息保障倍数与信用评级正相关。

流动比率（Current）等于流动资产与流动负债的比值。一般情况下，企业流动比率主要是衡量企业的流动资产对于偿还短期负债的能力，即流动资产的变现能力。那么流动比率越高，说明企业对于偿还负债，特别是短期负债的能力越强，企业违约概率就越低。因此，预期企业流动比率与信用评级正相关。具体变量定义如表 4 - 3 所示。

表 4 - 3   主要变量的定义

变量类型	变量名称	变量符号	变量定义
被解释变量	信用评级	Rate	企业信用评级等级量化值
		Log(Rate)	企业信用评级等级量化值的对数值
解释变量	放松卖空约束	Short	样本期间上市公司是否进入可卖空的标的池，若是则为 1，否则为 0
控制变量	企业规模	Size	年末总资产的自然对数
	财务杠杆	Lev	年末总负债 ÷ 年末总资产
	企业成长性	Growth	（本期营业收入 - 上期营业收入）÷ 上期营业收入
	盈利能力	Roa	息税前利润 ÷ 平均总资产
	利息保障倍数	Coverage	息税前利润 ÷ 利息费用
	流动比率	Current	流动资产与流动负债比率
	公司个体	Firm	公司个体虚拟变量
	年份	Year	虚拟变量，9 年共设置 8 个虚拟变量
	独立董事比例	Ind	独立董事人数 ÷ 董事会人数
	董事会规模	Bod	董事会人数对数值
	评级选购	N_Year	一年内上市公司被评级次数
		N_Firm	一年内上市公司更换评级机构的数量

变量类型	变量名称	变量符号	变量定义
控制变量	股票日换手率	Turnover	股票日换手率的年度均值
	公司市值	Log(MV)	公司市值的自然对数
	股票波动性	Volitality	股票日回报率对市场日回报率回归残差项的标准差
	信用风险	Creditrisk	参照 Vassalou and Xing（2004）、Garlappi and Yan（2011）的研究，基于 KMV 模型计算
	产权性质	State	虚拟变量，按照实际控制人性质分类。实际控制人为政府赋值为 1，否则赋值为 0
	国内评级差异	Dome_Diff	公司年末信用评级与本年最低信用评级的差异
		Log(Dome_Diff)	公司年末信用评级与本年最低信用评级的差异的对数值
	国内外评级差异	Fore_Diff	公司年末信用评级与国外评级机构评级的差异
		Log(Fore_Diff)	公司年末信用评级与国外评级机构评级的差异的对数值

4.4 实证结果与分析

4.4.1 描述性统计

如表 4 - 4 的 Panel A 对信用评级进行的分年度、行业和地区的描述所示，在全部的信用评级样本中，获得过信用评级 AA 级的样本最多，达到 1739 家，占全部样本比重超过 42%；信用评级为 A 级以下的样本最少，只有 42 家公司获得过，占比 1.19%。从信用评级的年度分布来看，样本区间内，发债公司逐年增加。从评级级别来看，A 级以下 2011 年开始呈现下降趋势。从 Panel B 来看，信用评级的行业分布中，制造业发行债券的公司最多，达到 2017 家，占比 49%；最少的是餐饮业和卫生业，为 6 家，有五个行业得到过 A 级以下评级。从 Panel C 来看，信用评级标的公司集中在北京、上海和广东地区，分别为 494、322、603，总占比达到 34.52%。

表 4 - 4　　　　　　　　　　信用评级分年度、行业、地区统计

Panel A：分年度统计

年份	AAA	AA +	AA	AA -	A +	A	A -	BBB +	BBB	B	CC	C
2008	11	13	18	23	13	3	2	0	0	0	0	0
2009	23	23	40	50	10	2	1	0	0	0	0	0
2010	30	35	57	76	18	7	1	0	0	0	0	0
2011	46	51	136	79	40	3	1	1	0	0	0	0
2012	64	75	176	88	46	2	0	2	0	0	0	0
2013	74	77	187	104	27	3	0	1	1	0	0	0
2014	77	97	220	92	15	1	0	1	2	0	0	0
2015	90	103	284	79	12	0	0	1	1	1	0	0
2016	106	125	307	67	10	2	0	0	2	0	1	0
2017	116	147	314	70	17	3	0	0	0	1	0	1
总计	637	752	1739	728	208	26	5	6	6	2	1	1

Panel B：分行业统计

行业	AAA	AA +	AA	AA -	A +	A	A -	BBB +	BBB	B	CC	C
农林牧渔业（A）	2	1	18	19	8							
采矿业（B）	80	58	33	18	3				1			
制造业（C）	187	316	950	408	132	14	2	1	5			1
电力、热力燃气及水的生产和供应业（D）	119	79	105	24	10					1	1	
建筑业（E）	61	25	75	32	6							
批发和零售业（F）	26	31	118	42	16	1						
交通运输、仓储和邮政业（G）	112	111	67	29	4							
住宿和餐饮业（H）	0	0	1	3	2							
信息运输、软件和信息技术服务业（I）	3	12	73	22	8	3		3				
房地产业（K）	42	63	204	69	4	7						
租赁和商务服务业务（L）	1	20	34	17	3		3	2				
科学研究和技术服务业务（M）	0	0	7	8								

续表

Panel B：分行业统计											
行业	AAA	AA +	AA	AA -	A +	A	A -	BBB +	BBB	B	CC	C
水利、环境和公共设施管理业（N）	0	16	24	22	3	1						
卫生和社会工作（Q）	0	0	4	2								
文化、体育和娱乐业（R）	2	10	17	8	4							
综合（S）	2	10	9									

Panel C：分地区统计											
地区	AAA	AA +	AA	AA -	A +	A	A -	BBB +	BBB	B	CC	C
安徽	13	25	51	22	8							
北京	177	77	162	53	18	1			3	3		
福建	15	31	71	31	13	4						
甘肃	2	3	22	9	1							
广东	89	110	235	140	23			3	3			
广西	5	11	28	11	1					1	1	
贵州		2	30	3	2							
海南	3	11	11	14	2							
河北	9	45	37	7	6							
河南	9	16	61	22	17	3	1					
黑龙江	4	7	19	13								
湖北	20	40	76	23	5	1						
湖南	4	23	42	10	6	1	1					
吉林		11	39	14	3	1						
江苏	21	16	126	52	14	1				1	1	1
江西	17	11	35	15	4							
辽宁	25	17	50	41	3							
内蒙古	5	14	16	13	1							
青海	6	7	11	5								
山东	28	48	81	42	17	1						
山西	23	23	20	2	5				1			

续表

Panel C：分地区统计

地区	AAA	AA +	AA	AA –	A +	A	A –	BBB +	BBB	B	CC	C
陕西	2	8	19	3	2	1						
上海	100	84	92	33	6	7						
四川	10	32	71	24	10				1			
西藏			10									
新疆	4	20	54	16	2							
宁夏			6									
云南	4	2	40	25	2	2						
浙江	10	33	167	64	25	2						
重庆	6	6	37	12	5							
天津	26	18	20	9	7	1						

表 4 – 5 列示了相关变量的描述性统计结果。企业信用评级（Rate）的标准差为 1.487，相对于其他控制变量，其标准差较大。说明上市公司的信用评级分布还是存在一定的差异性。进一步对信用评级和其他控制变量进行描述性统计，比较发现，放松卖空约束（Short）的平均值为 0.464，即样本中 46.4% 的企业可以被卖空；公司规模（Size）均值为 23.35，最小值为 20，最大值为 25.83；企业财务杠杆（Lev）平均值为 0.566，最小值为 0.06，最大值为 1.094，说明样本公司总负债占总资产的平均值为 56.6%；公司成长性（Growth）均值为 0.195，最小值为 – 0.658，最大值为 4.655；公司盈利能力（Roa）均值为 0.034，最小值为 – 0.219，最大值为 0.210；利息保障倍数（Coverage）均值为 0.005，最小值为 – 0.093，最大值为 0.106；流动比率（Current）均值为 1.424，最小值为 0.215，最大值为 19.24。

表 4 – 5　　　　　　　　　　主要变量描述性统计

变量	Obs	Mean	Std. Dev.	Min	25%	50%	75%	Max
Rate	4111	17.316	1.487	1	17	17	18	20
Log（Rate）	4111	2.847	0.103	0	2.833	2.833	2.890	2.996

变量	Obs	Mean	Std. Dev.	Min	25%	50%	75%	Max
Short	4111	0.464	0.499	0	0	0	1	1
Size	4111	23.35	1.174	20.00	22.509	23.179	24.093	25.83
Lev	4111	0.566	0.159	0.0603	0.454	0.572	0.681	1.094
Growth	4111	0.195	0.434	−0.658	0.001	0.123	0.289	4.655
Roa	4111	0.034	0.039	−0.219	0.014	0.029	0.512	0.210
Coverage	4111	0.006	0.020	−0.093	0.002	0.004	0.008	0.106
Current	4111	1.424	0.976	0.215	0.851	1.226	1.729	19.24

4.4.2 多元回归分析

对于假设 4 - 1 的验证，表 4 - 6 报告了检验结果。为了缓解异方差问题，本书采用了 White 检验进行修正，分别报告了单变量、加入相关控制变量并控制了固定效应、年度效应以及考虑公司层面聚类（Cluster）效应最小二乘法的检验结果。表 4 - 6 第一列是考虑了公司个体固定效应、年度效应以及去除公司层面聚类（Cluster）效应后的回归结果，第二列是在第一列回归基础上加入控制变量后的回归结果，第三、第四列是对应第一、第二列后变换了因变量后的结果。

回归结果显示 Short 的系数为正，并且在 1% 的水平上显著，随着估计方式的变化，以及控制变量的加入，Short 的系数呈现出合理的降低趋势。从经济意义上分析，在同时控制了时间和公司个体固定效应并考虑了公司层面的聚类效应（Cluster）后，Short 的系数为 0.121，即卖空机制带来的企业评级提高了 12.1%。这验证了假说 4 - 1a，即相对于不可卖空公司，卖空机制可在一定程度上发挥外部监督作用，抑制了大股东或管理层的消极的行为，提高了可卖空公司的内部治理，从而提高企业信用评级等级。

关于控制变量的变化，Size 在 1% 的水平上显著为正，Lev 在 5% 的水平上显著为负，Growth 在 5% 的水平上显著为负，Roa 在 1% 的水平上显著为正，Coverage 在 5% 的水平上显著为负，Current 在 1% 的水平上显著为正。与以往的文献研究基本都保持一致。

表 4 – 6　　　　　　　　　　放松卖空约束与企业信用评级

变量	(1) Rate	(2) Rate	(3) Log(Rate)	(4) Log(Rate)
Short	0.255 *** (4.20)	0.121 ** (2.26)	0.012 *** (4.03)	0.006 * (1.72)
Size		0.895 *** (5.78)		0.040 *** (4.18)
Lev		– 1.351 ** (– 2.43)		– 0.044 * (– 1.66)
Growth		– 0.036 ** (– 2.05)		– 0.002 ** (– 2.07)
Roa		3.010 *** (3.62)		0.426 *** (3.88)
Coverage		– 0.016 ** (– 1.97)		– 0.001 * (– 1.88)
Current		0.073 *** (2.98)		0.003 ** (2.00)
Constant	21.97 *** (187.87)	2.340 (0.73)	3.089 *** (599.34)	2.194 *** (11.13)
Year	控制	控制	控制	控制
Firm	控制	控制	控制	控制
Cluster Firm	控制	控制	控制	控制
NO.	4111	4111	4111	4111
Adj_R^2	0.208	0.372	0.094	0.419

注：*** 、** 、* 依次表示在 1%、5% 和 10% 的水平上显著；回归结果的 T 值经过了异方差处理（White，1980）并考虑了公司层面的聚类效应（Cluster）（Petersen，2009）。

4.5　稳健性检验与内生性检验

4.5.1　稳健性检验

虽然本书从理论上进行了大量的论述，并且在实证层面得到了基本的验证结果，但是本书的回归结果仍然可能存在偏误甚至错误的可能性，因此本书分别从以下几个方面进行稳健性检验。

1. 更换关键变量衡量方式——信用评级衡量方式变换

借鉴黄小琳等（2017）的研究，本书采用中国人民银行《信用评级要素、标识及含义》划分的基本信用等级"三等九级"（AAA、AA、A、BBB、BB、B、CCC、CC、C）代替21级微调式信用等级，按照同样方法依次赋值，重新检验结果。结果如表4-7所示，显示放松卖空约束（Short）与企业信用评级（Rate）仍然呈现显著正相关，即假设4-1a不变。

表4-7　　　　　　更换信用评级衡量方式：放松卖空约束与企业信用评级

变量	(1) Rate	(2) Rate	(3) Log(Rate)	(4) Log(Rate)
Short	0.237 *** (4.20)	0.110 ** (2.48)	0.041 *** (3.66)	0.015 * (1.67)
Size		0.879 *** (8.90)		0.176 *** (6.33)
Lev		-1.415 *** (-4.02)		-0.274 *** (-2.83)
Growth		-0.028 ** (-2.16)		-0.006 * (-1.90)
Roa		-0.002 (-0.01)		0.146 ** (2.12)
Coverage		-0.017 * (-1.94)		-0.003 ** (-2.34)
Current		0.073 *** (4.18)		0.015 *** (2.99)
Constant	3.977 *** (34.09)	-15.16 *** (-7.27)	1.595 *** (70.15)	-2.245 *** (-3.85)
Year	控制	控制	控制	控制
Firm	控制	控制	控制	控制
Cluster Firm	控制	控制	控制	控制
NO.	4111	4111	4111	4111
Adj_R^2	0.301	0.416	0.194	0.319

注：***、**、*依次表示在1%、5%和10%的水平上显著；回归结果的T值经过了异方差处理（White，1980）并考虑了公司层面的聚类效应（Petersen，2009）。

2. 样本偏误问题

考虑到样本偏误对本书实证结果可能产生的影响，本书分别采用扩大研究样本量以及删除股价波动剧烈的年份样本的方法，对结果重新进行检验。中国的债券市场从 2005 年开始才进入快速发展阶段，因此，本书扩大样本区间年份到 2005 年。回归结果见表 4 - 8 的第一、第二列，结果显示放松卖空约束（Short）对企业信用评级（Rate）仍然起到显著促进作用，结果并未发生实质性变化，即假设 4 - 1a 不变。

2015 年 6 月 15 日，沪指震荡下挫、尾盘跳水，当日跌幅 2.00%，险守 5000 点，创业板指暴跌 5.22%。7 月 1 日晚，上交所已经对融资融券细则做了较大幅度的修改，其中第十二条规定，融券卖出的申报价格不得低于该证券的最新成交价；当天没有产生成交的，申报价格不得低于其前收盘价。8 月 3 日上交所发布公告称，将融资融券交易实施细则第十五条修改为："客户融券卖出后，自次一交易日起可通过买券还券，或直接还券的方式向会员偿还融入证券"。同时，深交所也发布通知，对《深圳证券交易所融资融券交易实施细则（2015 年修订）》第二章第 13 条进行修订。修改后的版本增加了"自次一交易日起"，这意味着融券卖出 + 还券的交易闭环从此前的 T + 0 变为 T + 1。8 月 4 日，多家券商宣布暂停卖空交易。直至 2016 年 4 月，券商才陆续开通卖空交易。因此，为了消除 2015 年股市剧烈震荡对结果可能产生的影响，本书将 2015 年样本删除。具体回归结果如表 4 - 8 所示，结果显示放松卖空约束（Short）依然与企业信用评级（Rate）呈现显著正相关关系，即假设 4 - 1a 不变。

表 4 - 8　　扩大样本区间和删除股灾样本：放松卖空约束与企业信用评级

变量	扩大样本		删除股灾	
	（1） Rate	（2） Log（Rate）	（3） Rate	（4） Log（Rate）
Short	0.110 ** （2.02）	0.006 * （1.84）	0.091 ** （2.09）	0.004 ** （2.07）
Size	0.912 *** （6.24）	0.038 *** （3.94）	0.934 *** （6.56）	0.042 *** （5.27）

续表

变量	扩大样本		删除股灾	
	(1) Rate	(2) Log(Rate)	(3) Rate	(4) Log(Rate)
Lev	-1.288** (-2.41)	-0.006 (-0.15)	-1.698*** (-3.23)	-0.079*** (-2.63)
Growth	-0.040** (-2.07)	-0.002** (-2.07)	-0.058 (-1.37)	-0.003 (-1.25)
Roa	3.104*** (4.05)	0.449*** (4.14)	-0.002 (-0.00)	-0.008 (-0.20)
Coverage	-0.016** (-2.03)	-0.001** (-2.02)	-0.019* (-1.82)	-0.001* (-1.91)
Current	0.078*** (3.29)	0.004*** (2.90)	0.075*** (3.44)	0.003*** (3.00)
Constant	2.899 (0.97)	2.219*** (11.19)	1.764 (0.59)	2.187*** (13.34)
Year	控制	控制	控制	控制
Firm	控制	控制	控制	控制
Cluster Firm	控制	控制	控制	控制
NO.	4237	4237	3540	3540
Adj_R^2	0.427	0.417	0.374	0.319

注：***、**、*依次表示在1%、5%和10%的水平上显著；回归结果的 T 值经过了异方差处理（White，1980）并考虑了公司层面的聚类效应（Petersen，2009）。

3. 考虑蓝筹股的影响

由于上海和深圳证券交易所对融资融券标的上市公司并不是随机选取的，即按照一定的标准，具体是根据上市公司的换手率、个股波动性以及公司市值等综合考虑上市公司是否可以进行可卖空交易。而被选入标的池的可卖空的上市公司，本身的公司治理水平就较好，自身发生信用违约的概率较低，即信用风险水平较低，显然其信用评级可能本身就较高。那么，为了更好地解决模型识别问题，借鉴李志生等（2015）、张璇等（2016）以及李春涛等（2017）的研究，本书分别使用剔除沪深300样本、剔除第一批标的样本、剔除前两批标的样本进行重新估计。结果如表4-9所示，第一列和第二列为删除沪深 300 样本后的回归结果，第三列和第四列为删除第一次扩大标的公司的样本，第五列和第六列为删除第二次标的公司的样本，结果显示放松卖空约束（Short）与企业信用评级（Rate）仍然显著正相关。即假设 4 - 1a 不变。

表 4 - 9　　　　　　　考虑蓝筹股影响：放松卖空约束与企业信用评级

变量	删除沪深 300		删除第一次标的		删除第二次标的	
	（1）Rate	（2）Log（Rate）	（3）Rate	（4）Log（Rate）	（5）Rate	（6）Log（Rate）
Short	0. 194 *** (2. 92)	0. 010 ** (2. 51)	0. 132 ** (2. 30)	0. 006 * (1. 74)	0. 201 *** (2. 78)	0. 009 ** (2. 07)
Size	0. 696 *** (3. 14)	0. 030 ** (2. 09)	0. 902 *** (5. 44)	0. 040 *** (3. 92)	0. 805 *** (4. 30)	0. 035 *** (3. 00)
Lev	- 0. 949 (- 1. 26)	- 0. 038 (- 0. 79)	- 1. 385 ** (- 2. 38)	- 0. 045 (- 1. 22)	- 0. 855 (- 1. 28)	- 0. 014 (- 0. 34)
Growth	- 0. 0233 * (- 1. 91)	- 0. 001 * (- 1. 96)	- 0. 036 ** (- 2. 05)	- 0. 002 ** (- 2. 07)	- 0. 033 ** (- 1. 97)	- 0. 002 ** (- 2. 05)
Roa	0. 278 (0. 49)	- 0. 012 (- 0. 37)	3. 065 *** (3. 84)	0. 432 *** (4. 06)	3. 583 *** (5. 18)	0. 484 *** (5. 64)
Coverage	- 0. 010 ** (- 2. 14)	- 0. 001 ** (- 2. 19)	- 0. 014 * (- 1. 90)	- 0. 001 * (- 1. 69)	- 0. 013 * (- 1. 69)	- 0. 001 (- 1. 53)
Current	0. 084 *** (3. 40)	0. 005 *** (2. 60)	0. 069 *** (2. 77)	0. 003 * (1. 87)	0. 074 *** (2. 97)	0. 004 ** (2. 14)
Constant	6. 289 (1. 40)	2. 416 *** (8. 47)	2. 094 (0. 61)	2. 184 *** (10. 39)	3. 939 (1. 03)	2. 284 *** (9. 60)
Year	控制	控制	控制	控制	控制	控制
Firm	控制	控制	控制	控制	控制	控制
Cluster Firm	控制	控制	控制	控制	控制	控制
NO.	2875	2875	3849	3849	3221	3221
Adj_R^2	0. 223	0. 123	0. 377	0. 426	0. 360	0. 445

注：*** 、** 、* 依次表示在 1%、5% 和 10% 的水平上显著；回归结果的 T 值经过了异方差处理（White，1980）并考虑了公司层面的聚类效应（Petersen，2009）。

4. 排除可能的解释

阿什堡斯卡夫等（Ashbaugh - Skaife et al. ，2006）研究发现，董事会独

立性越强、董事会持股比例越大、董事的专业性水平越高，则企业的信用评级也就越高。科尔纳贾等（Cornaggia et al.，2017）的研究也显示，董事会治理对企业信用评级有正向作用。因此借鉴科尔纳贾等（Cornaggia et al.，2017）的研究，本书在回归结果中进一步控制董事会规模（Board）以及独立董事比例（Indepent），以此排除董事会治理对本书回归结果可能产生的影响，回归结果如表 4 - 10 所示，结果显示 Short 系数并未发生实质性变化，仍然显著为正，即假设 4 - 1a 仍然成立。

表 4 - 10　　　　　排除董事会治理作用：放松卖空约束与企业信用评级

变量	(1) Rate	(2) Rate	(3) Log(Rate)	(4) Log(Rate)
Short	0. 248 *** (4. 10)	0. 116 ** (2. 18)	0. 011 *** (3. 94)	0. 005 * (1. 68)
Size		0. 882 *** (5. 65)		0. 040 *** (4. 12)
Lev		- 1. 329 ** (- 2. 37)		- 0. 043 * (- 1. 72)
Growth		- 0. 036 ** (- 2. 06)		- 0. 002 ** (- 2. 08)
Roa		3. 020 *** (3. 61)		0. 426 *** (3. 88)
Coverage		- 0. 016 * (- 1. 93)		- 0. 001 * (- 1. 86)
Current		0. 073 *** (3. 01)		0. 003 ** (2. 02)
Board		0. 180 (1. 09)		0. 004 (0. 44)
Indepent		- 0. 261 (- 0. 65)		- 0. 021 (- 0. 98)
Constant	21. 95 *** (187. 99)	2. 273 *** (10. 71)	3. 088 *** (599. 00)	2. 201 *** (11. 22)
Year	控制	控制	控制	控制
Firm	控制	控制	控制	控制
Cluster Firm	控制	控制	控制	控制

续表

变量	(1) Rate	(2) Rate	(3) Log(Rate)	(4) Log(Rate)
NO.	4105	4105	4105	4105
Adj_R^2	0.210	0.371	0.095	0.419

注：***、**、* 依次表示在 1%、5% 和 10% 的水平上显著；回归结果的 T 值经过了异方差处理（White，1980）并考虑了公司层面的聚类效应（Petersen，2009）。

在我国，大部分评级公司信用评级都是采用"发行人付费"模式，这种方式给评级机构造成了利益冲突（Mathis et al.，2009；Bolton et al.，2012；Opp et al.，2013）。由于评级公司的主要业务收入来自于发行人，而使用评级的外部投资者却没有支付费用，因此，发行人可能会存在"评级选购"行为（Sangiorgi and Spatt，2012），而评级机构也有动机给予发行人较高评级，以迎合发行人。基于以上分析，为了控制可能存在的"评级选购"对本书回归结果产生的影响，本书在回归结果中加入一年内上市公司被评级次数（N_Year）以及一年内上市公司更换评级机构的数量（N_Firm），以控制可能出现的上市公司的信用评级选购行为对回归结果造成的影响。回归如表 4 – 11 所示，结果显示 Short 系数并未发生实质性变化，因此假设 4 – 1a 仍然成立。

表 4 – 11　　　　　考虑评级购买：放松卖空约束与企业信用评级

变量	(1) Rate	(2) Rate	(3) Rate	(4) Rate	(5) Log(Rate)	(6) Log(Rate)	(7) Log(Rate)	(8) Log(Rate)
Short	0.255 *** (4.20)	0.121 ** (2.26)	0.120 ** (2.26)	0.119 ** (2.25)	0.012 *** (4.03)	0.006 * (1.72)	0.005 * (1.71)	0.005 * (1.71)
Size		0.888 *** (5.66)	0.909 *** (6.00)	0.897 *** (5.83)		0.040 *** (4.06)	0.041 *** (4.46)	0.040 *** (4.26)
Lev		– 1.357 ** (– 2.45)	– 1.344 ** (– 2.42)	– 1.356 ** (– 2.45)		– 0.044 (– 1.27)	– 0.044 (– 1.24)	– 0.044 (– 1.27)
Growth		– 0.036 ** (– 2.02)	– 0.037 ** (– 2.07)	– 0.036 ** (– 2.03)		– 0.002 ** (– 2.06)	– 0.002 ** (– 2.10)	– 0.002 ** (– 2.07)
Roa		3.022 *** (3.63)	3.002 *** (3.60)	3.028 *** (3.62)		0.426 *** (3.88)	0.425 *** (3.86)	0.426 *** (3.87)
Coverage		– 0.016 ** (– 1.97)	– 0.017 * (– 1.90)	– 0.017 * (– 1.90)		– 0.001 * (– 1.88)	– 0.001 * (– 1.78)	– 0.001 * (– 1.77)

续表

变量	(1) Rate	(2) Rate	(3) Rate	(4) Rate	(5) Log(Rate)	(6) Log(Rate)	(7) Log(Rate)	(8) Log(Rate)
Current		0.073 *** (2.98)	0.074 *** (3.01)	0.074 *** (3.02)		0.003 ** (2.00)	0.003 ** (2.02)	0.003 ** (2.03)
N_Year		0.010 (0.85)		0.023 (1.44)		0.0004 (0.69)		0.001 (1.26)
N_Firm			− 0.099 (− 1.06)	− 0.126 (− 1.20)			− 0.007 (− 1.18)	− 0.008 (− 1.24)
Constant	21.97 *** (187.87)	2.490 (0.76)	2.104 (0.67)	2.384 (0.74)	3.089 *** (599.34)	2.200 *** (10.91)	2.177 *** (11.43)	2.193 *** (11.10)
Year	控制	控制	控制	控制	控制	控制	控制	控制
Firm	控制	控制	控制	控制	控制	控制	控制	控制
Cluster Firm	控制	控制	控制	控制	控制	控制	控制	控制
NO.	4111	4111	4111	4111	4111	4111	4111	4111
Adj_R^2	0.208	0.372	0.373	0.374	0.094	0.419	0.421	0.421

注：***、**、*依次表示在 1%、5% 和 10% 的水平上显著；回归结果的 T 值经过了异方差处理（White，1980）并考虑了公司层面的聚类效应（Petersen，2009）。

4.5.2 内生性检验

1. 变换回归模型

对于目前的实证结果，本书使用了线性概率模型，通过固定效应模型估计和计算相应系数。使用具有二元相关变量的线性概率模型的一个主要优点是因变量的系数（包括交互项的系数）更容易解释（Wooldridge，2005）。然而，这其中可能也存在非线性的情况（Ai and Norton，2003），并且线性概率模型存在一些缺点，包括：（1）预测概率可能在（0，1）的范围之外；（2）虽然可以去除异方差，但是可能使估计系数的标准误差失效。此外，由于信用评级是离散变量，在对企业信用评级取对数值以后，可以在一定程度上降低离散程度。因此，为了缓解这些问题对模型回归结果造成的内生影响，本书分别使用非线性概率模型（ologit model）以及最小二乘法（ordinary least squares，OLS）分别重新估计模型（4.1）和模型（4.2），表 4 - 12 给出了结果。结果显示在所有列中，Short 系数仍然显著为正，这些结果与使用固定效应模型（fixed effects model）回归的结果一致，因此假设 4 - 1a 仍然得到验证。

表 4 - 12　　　　　　　　改变模型：放松卖空约束与企业信用评级

变量	Ologit 模型			OLS 模型		
	(1) Rate	(2) Rate	(3) Rate	(4) Log(Rate)	(5) Log(Rate)	(6) Log(Rate)
Short	0.117 * (1.73)	0.350 *** (4.43)	0.313 *** (3.82)	0.005 * (1.76)	0.008 *** (3.15)	0.007 ** (2.49)
Size	2.481 *** (44.89)	2.542 *** (42.97)	2.611 *** (42.46)	0.041 *** (22.19)	0.039 *** (21.11)	0.040 *** (19.67)
Lev	-7.251 *** (-21.63)	-5.770 *** (-15.92)	-5.781 *** (-16.12)	-0.121 *** (-11.78)	-0.098 *** (-7.45)	-0.098 *** (-6.86)
Growth	-0.143 ** (-2.11)	-0.137 *** (-2.83)	-0.136 *** (-2.97)	-0.003 ** (-2.44)	-0.002 ** (-2.41)	-0.002 ** (-2.47)
Roa	4.255 *** (3.81)	5.177 *** (4.43)	5.174 *** (4.25)	0.150 * (1.65)	0.155 * (1.73)	0.155 * (1.68)
Coverage	-0.002 * (-1.64)	-0.001 * (-1.72)	-0.001 * (-1.97)	-0.00004 ** (-2.57)	-0.00003 ** (-2.11)	-0.00003 * (-1.95)
Current	-0.218 *** (-3.87)	0.0581 * (1.64)	0.0683 *** (1.96)	-0.002 ** (-2.15)	0.001 * (1.87)	0.001 ** (2.02)
Constant				2.231 *** (54.56)	2.234 *** (57.77)	2.240 *** (51.68)
Year	控制	控制	控制	控制	控制	控制
Industry	未控制	控制	控制	未控制	控制	控制
Region	未控制	未控制	控制	未控制	未控制	控制
NO.	4111	4111	4111	4111	4111	4111
Pseudo R^2/ Adj_R^2	0.349	0.384	0.396	0.411	0.425	0.431

注：***、**、* 依次表示在 1%、5% 和 10% 的水平上显著；回归结果的 T 值经过了异方差处理（White，1980）并考虑了公司层面的聚类效应（Petersen，2009）；Ologit 模型常数项有 11 个，由于篇幅限制，在此未汇报结果。

2. 内生性检验：倾向得分匹配法（PSM）

进一步，本书运用倾向得分匹配法（Propensity Score Matching，PSM）以

解决实验组并非完全随机的内生性问题。根据上海和深证证券交易所发布的
《融资融券交易实施细则》①，可以知道交易所是根据上市公司的换手率、个
股波动性以及公司市值等综合考虑上市公司是否可以进行卖空交易。参照靳
庆鲁等（2015）的研究，本书进一步运用 PSM 法，按照可卖空上市公司的市
值、转手率、波动率的前一年分别进行了一比一匹配、半径匹配以及核匹配，
以求在结果上保持稳健。由于上市公司市值、转手率、波动率为日交易数据，
每年共 256 个交易数据，因此，本书采用市值和波动率 256 个交易日的均值
作为其年度效应取值，转手率的 256 个交易日的方差作为其年度效应取值。
回归结果如表 4 - 13 所示，结果显示 Short 系数并未发生实质性变化，仍然显
著为正，即假设 4 - 1a 不变。

表 4 - 13　　　　　　　　**倾向得分匹配法：放松卖空约束与企业信用评级**

变量	一比一匹配		半径匹配		核匹配	
	（1） Rate	（2） Log（Rate）	（3） Rate	（4） Log（Rate）	（5） Rate	（6） Log（Rate）
Short	0.083 ** （2.19）	0.004 * （1.93）	0.091 ** （2.01）	0.005 ** （2.11）	0.085 ** （2.14）	0.004 * （1.85）
Size	0.908 *** （18.90）	0.044 *** （17.37）	0.905 *** （15.37）	0.046 *** （14.35）	0.859 *** （16.87）	0.043 *** （15.72）
Lev	- 1.104 *** （- 5.67）	- 0.038 *** （- 3.72）	- 0.896 *** （- 3.86）	- 0.034 *** （- 2.74）	- 0.882 *** （- 4.29）	- 0.031 *** （- 2.80）
Growth	- 0.034 ** （- 2.45）	- 0.002 *** （- 3.08）	- 0.038 *** （- 2.69）	- 0.002 *** （- 2.78）	- 0.037 *** （- 2.71）	- 0.002 *** （- 3.07）
Roa	3.419 *** （17.58）	0.469 *** （46.11）	3.624 *** （17.57）	0.493 *** （44.29）	3.576 *** （18.40）	0.483 *** （46.80）
Coverage	- 0.074 （- 1.25）	- 0.003 （- 0.96）	- 0.157 （- 0.82）	- 0.011 （- 1.06）	0.0001 （0.01）	- 0.001 （- 0.24）
Current	0.071 *** （4.39）	0.003 *** （3.50）	0.072 *** （4.21）	0.003 *** （3.45）	0.072 *** （4.45）	0.003 *** （3.59）
Constant	1.834 * （1.72）	2.104 *** （37.70）	2.032 （1.54）	2.063 *** （28.99）	3.235 *** （2.83）	2.137 *** （35.20）

---

① 《融资融券交易实施细则》中规定，作为融券卖出的标的证券在过去 3 个月内没有出现下列情形
之一：日均换手率低于基准指数日均换手率的 15%，且日均成交金额小于 5000 万元；日均涨跌幅平均值
与基准指数涨跌幅平均值的偏离值超过 4%；波动幅度达到基准指数波动幅度的 5 倍以上。

续表

变量	一比一匹配		半径匹配		核匹配	
	(1) Rate	(2) Log(Rate)	(3) Rate	(4) Log(Rate)	(5) Rate	(6) Log(Rate)
Year	控制	控制	控制	控制	控制	控制
Firm	控制	控制	控制	控制	控制	控制
Cluster Firm	控制	控制	控制	控制	控制	控制
NO.	2841	2841	2099	2099	2605	2605
Adj_R^2	0.304	0.566	0.191	0.603	0.190	0.567

注：＊＊＊ 、＊＊ 、＊依次表示在 1%、5% 和 10% 的水平上显著；回归结果的 T 值经过了异方差处理（White，1980）并考虑了公司层面的聚类效应（Petersen，2009）。

3. 内生性检验：安慰剂检验

根据前述内生性检验的分析，外生事件同样可能不具有唯一性，放松卖空约束对企业信用评级的影响或许是一个"假事实"，即并不存在特殊时间点会导致企业信用评级的提高。参照伯特兰和穆雷风（Bertrand and Mullainathan，2003）、陈等（Chen et al.，2012）、倪骁然和朱玉杰（2017）以及郑建明和许晨曦（2018）的研究，本书通过安慰剂检验来识别放松卖空约束对企业主体长期信用评级影响的唯一性，具体的，本书将放松卖空约束实施的时间点分别设定提前和滞后两年，即分别为 2008 年、2009 年和 2011 年、2012 年为政策实施点，重新进行回归检验。具体如以下模型所示：

$$Rate/Log(Rate) = a + \beta_1 Short\_Year + \beta_2 Log(Assets) + \beta_3 Lev +$$
$$\beta_4 Growth + \beta_5 ROA + \beta_6 Coverage + \beta_7 Current +$$
$$\sum Year + \sum Firm + \varepsilon \qquad (4.3)$$

模型（4.3）中的变量定义如下：Short_Year 为冲击点分别提前一年、两年以及滞后一年、两年，即为 Short_2008、Short_2009、Short_2011、Short_2012，具体的，对于 Short_2008 来说，当企业处于 2008 ~ 2017 年时取 1，否则取 0；Short_2009 在企业处于 2009 ~ 2017 年时取 1，否则取 0；Short_2011 在企业处于 2011 ~ 2017 年时取 1，否则取 0；Short_2012 在企业处于 2012 ~ 2017 年时取 1，否则取 0。本书最为关心的是 Short_Year 的回归系数，如果这一系数显著，则说明在企业进入卖空标的池之前，其主体长期信用评级就发生了显著变化，那么潜在的反向因果关系就有可能存在。这一检验的结果如表 4 - 14 所示，分别控制了年度、企业个体效应以及去除了企业层面的聚类效应（Cluster）以后，可以看出，在表 4 - 14 中，Short_2008 和 Short_2009 的回归系数均不显著，说明在企业进入卖空标的池的前一年和两年，企业主体长期信用评级并未发生显著变化，即可以排除潜在的反向因果问题。同理，在表 4 - 14 中，Short_2011 和 Short_2012 的回归系数同样也不显著，说明在企业进入卖空标的池的后一年和两年，企业主体长期信用评级并未发生显著变化，上述结果表明，安慰剂检验结果表明放松卖空约束的实施具有唯一性，说明本书构建的外生冲击是准确的，假设 4 - 1a 的结论是可靠的。

表 4 - 14   **变换时间发生点：放松卖空约束与企业信用评级**

变量	（1）Rate	（2）Log(Rate)	（3）Rate	（4）Log(Rate)	（5）Rate	（6）Log(Rate)	（7）Rate	（8）Log(Rate)
Short_2008	0.033 (0.60)	− 0.002 (− 0.58)						
Short_2009			0.052 (1.17)	0.0001 (0.05)				
Short_2011					0.030 (0.63)	0.004 (1.25)		
Short_2012							0.0004 (0.01)	0.003 (0.91)
Size	0.912 *** (5.95)	0.0410 *** (4.40)	0.908 *** (5.86)	0.041 *** (4.28)	0.910 *** (5.83)	0.040 *** (4.20)	0.915 *** (5.87)	0.041 *** (4.25)
Lev	− 1.385 ** (− 2.47)	− 0.0459 (− 1.31)	− 1.377 ** (− 2.45)	− 0.046 (− 1.30)	− 1.378 ** (− 2.45)	− 0.044 (− 1.26)	− 1.389 ** (− 2.46)	− 0.045 (− 1.26)
Growth	− 0.039 ** (− 2.16)	− 0.002 ** (− 2.13)	− 0.039 ** (− 2.15)	− 0.002 ** (− 2.13)	− 0.038 ** (− 2.14)	− 0.002 ** (− 2.11)	− 0.038 ** (− 2.14)	− 0.002 ** (− 2.15)
Roa	2.984 *** (3.57)	0.425 *** (3.88)	2.992 *** (3.56)	0.425 *** (3.87)	3.000 *** (3.62)	0.426 *** (3.89)	2.988 *** (3.58)	0.426 *** (3.89)
Coverage	− 0.016 ** (− 1.98)	− 0.001 ** (− 2.01)	− 0.016 ** (− 1.98)	− 0.001 * (− 1.96)	− 0.016 ** (− 2.02)	− 0.001 * (− 1.92)	− 0.016 ** (− 2.02)	− 0.001 * (− 1.92)
Current	0.073 *** (2.91)	0.003 * (1.96)	0.073 *** (2.93)	0.003 * (1.96)	0.073 *** (2.93)	0.003 ** (1.99)	0.073 *** (2.91)	0.003 ** (1.98)
Constant	1.926 (0.61)	2.170 *** (11.32)	2.030 (0.63)	2.173 *** (11.07)	1.985 (0.61)	2.186 *** (11.07)	1.876 (0.58)	2.180 *** (11.08)

变量	(1) Rate	(2) Log(Rate)	(3) Rate	(4) Log(Rate)	(5) Rate	(6) Log(Rate)	(7) Rate	(8) Log(Rate)
Year	控制	控制	控制	控制	控制	控制	控制	控制
Firm	控制	控制	控制	控制	控制	控制	控制	控制
Cluster Firm	控制	控制	控制	控制	控制	控制	控制	控制
NO.	4111	4111	4111	4111	4111	4111	4111	4111
Adj_R²	0.371	0.419	0.371	0.418	0.371	0.419	0.370	0.419

注：***、**、*依次表示在1%、5%和10%的水平上显著；回归结果的 T 值经过了异方差处理（White，1980）并考虑了公司层面的聚类效应（Petersen，2009）。

4.6 拓展性研究

4.6.1 信用风险

根据前文论证，卖空机制对企业信用评级的影响主要是通过降低企业面临的信用风险，从而提高信用评级。进一步，本书参照瓦萨卢和刑（Vassalou and Xing，2004）、加拉皮和闫（Garlappi and Yan，2011）的研究，依照基于 Merton 模型进行优化的 KMV 模型来对企业信用风险进行衡量。具体如下所示：

$$\begin{cases} DPT_T - STD_T + \lambda LTD_T, \ 0 \leqslant \lambda \leqslant 1 \\ \delta_E = N\left(\dfrac{Ln\left(\dfrac{V}{DPT_T}\right) + \left(r_f + \dfrac{\delta_V^2}{2}\right)}{\delta_v \sqrt{T}}\right)\dfrac{V}{E}\delta_v \\ E = VN\left(\dfrac{Ln\left(\dfrac{V}{DPT_T}\right) + \left(r_f + \dfrac{\delta_V^2}{2}\right)}{\delta_v \sqrt{T}}\right) \\ \quad - DPT_T e^{-r_f T}N\left(\dfrac{Ln\left(\dfrac{V}{DPT_T}\right) + \left(r_f + \dfrac{\delta_V^2}{2}\right)}{\delta_v \sqrt{T}} - \delta_v\right) \end{cases} \tag{4.4}$$

模型中，DPT_T 表示企业违约触发点，STD_T 表示企业短期债务，LTD_T 表示企业长期债务，T 为债务到期时间，δ_E 为企业股权价值波动率，r_f 为无风险利率，δ_v 为企业资产价值波动率，V 为企业期末总资产，E 为企业股权价值。

$$\begin{cases} DD = \dfrac{V - DPT_T}{V\delta_v} \\[4mm] EDF = N - DD = N\left(\dfrac{\mathrm{Ln}\left(\dfrac{V}{DPT_T}\right) + \left(r - \dfrac{\delta_v^2}{2}\right)T}{\delta_v \sqrt{T}} \right) \end{cases} \quad (4.5)$$

据期权定价定理，根据模型（4.4）计算出的企业股权价值波动率和企业股权价值，进一步根据模型（4.5）可以计算出企业的信用风险（Credit-risk）。将企业信用风险代入模型（4.1）中，分别进行最小二乘法（ordinary least squares，OLS）回归以及控制公司个体效应的固定效应（fixed effects model）回归，结果如表 4-15 所示，Short 系数显著为负。即假设 4-1a 的基本逻辑无误，卖空机制的引入可以降低企业面临的信用风险水平。

表 4-15　　　　　　　　　　放松卖空约束与企业信用风险

变量	(1) Creditrisk	(2) Creditrisk	(3) Creditrisk	(4) Creditrisk
Short	-0.396 *** (-5.13)	-0.201 *** (-3.15)	-0.192 *** (-3.02)	-0.015 ** (-2.12)
Size		0.905 *** (6.21)		0.102 *** (3.18)
Lev		-1.932 ** (-3.10)		-0.092 * (-1.66)
Growth		-0.047 ** (-2.13)		-0.007 ** (-1.92)
Roa		3.510 *** (4.01)		1.217 *** (2.90)
Coverage		-0.051 ** (-2.07)		-0.002 * (-1.79)
Current		0.101 *** (3.01)		0.011 ** (2.12)

续表

变量	(1) Creditrisk	(2) Creditrisk	(3) Creditrisk	(4) Creditrisk
Constant	32.69 *** (199.05)	3.241 *** (3.73)	2.166 *** (90.21)	1.099 *** (10.22)
Year	控制	控制	控制	控制
Firm	未控制	未控制	控制	控制
Cluster Firm	控制	控制	控制	控制
NO.	4111	4111	4111	4111
Adj_R^2	0.192	0.301	0.210	0.436

注：*** 、** 、* 依次表示在 1% 、5% 和 10% 的水平上显著；回归结果的 T 值经过了异方差处理（White，1980）并考虑了公司层面的聚类效应（Petersen，2009）。

4.6.2 评级差异

近年来，中国企业发行债券数量不断增加。这意味着发行主体债务清偿能力的范围扩大，其中高信用风险的企业自然增多，一个佐证是债务违约数量显著增加。与此同时，国内评级机构对大多数企业的评级仍然处于 AA 到 AAA 的高评级等级。相比之下，国外评级机构对中国企业的评级等级要低得多，平均低 6 – 7 个等级（notch）。这引致很多人怀疑国内外评级机构评级的可比性。因此，本书进一步选取了拥有共同评级的上市公司 2008 ~ 2017 年的数据，共获得了 187 个观测值，借鉴蒋贤锋和弗兰克·帕克（Frank Packer，2017）的方式，算出共同评级上市公司的评级，量化处理后相减，得到国内外评级差异。相同的本书以年末评级为标准，计算年内评级差异最大值，得到国内评级差异。回归结果如表 4 – 16 所示，结果发现，国内评级差异及国内外评级差异均呈现出显著负相关。即放松卖空约束减少了国内评级差异及国内外评级差异。

表 4 – 16　　　　　　放松卖空约束、评级差异与企业信用评级

变量	国内差距		国内外差距	
	(1) Dome_Diff	(2) Log(Dome_Diff)	(3) Fore_Diff	(4) Log(Fore_Diff)
Short	– 0.046 * (– 1.72)	– 0.026 * (– 1.65)	– 1.222 * (– 1.74)	– 0.115 * (– 1.73)

续表

变量	国内差距		国内外差距	
	（1） Dome_Diff	（2） Log（Dome_Diff）	（3） Fore_Diff	（4） Log（Fore_Diff）
Size	0.133 *** （4.00）	0.078 *** （4.22）	0.319 （1.21）	0.035 （1.32）
Lev	−0.163 （−1.52）	−0.077 （−1.16）	−2.257 * （−1.76）	−0.209 （−1.52）
Growth	0.005 （0.49）	0.0002 （0.04）	−0.145 （−0.53）	−0.016 （−0.64）
Roa	−1.128 *** （−4.94）	−0.324 *** （−4.68）	−2.751 （−0.75）	−0.158 （−0.50）
Coverage	−0.003 （−0.61）	−0.001 （−0.53）	1.643 （0.56）	0.143 （0.54）
Current	0.005 （0.63）	0.003 （0.70）	0.171 （0.56）	0.00380 （0.13）
Constant	−2.868 *** （−3.88）	−1.702 *** （−4.09）	5.330 （0.80）	1.751 *** （2.71）
Year	控制	控制	控制	控制
Firm	控制	控制	控制	控制
Cluster Firm	控制	控制	控制	控制
NO.	4111	4111	187	187
Adj_R^2	0.040	0.040	0.416	0.399

注：***、**、* 依次表示在1%、5%和10%的水平上显著；回归结果的 T 值经过了异方差处理（White，1980）并考虑了公司层面的聚类效应（Petersen，2009）。

4.6.3 产权性质

由于我国特殊的制度环境，国有企业长期以来占据着国民经济的主导地位，并承担着我国战略性和社会性的政策负担（林毅夫和李志赟，2004）。国有企业在国民经济中的特殊地位一方面可以让其轻松地获取资本市场低成本的信贷资金，另一方面也造就了国企的"预算软约束"问题。政府无形当中充当了国企的隐形担保人，一旦国企发生经营困难、资金链断裂等信用危机，政府很可能会为其追加投资、增加贷款、减少税收，并提供财政补贴等，甚至为其直接"买单"。因此，当国有企业陷入债务风险时，其更容易获得政府的帮助，国企的违约风险明显也比民营企业的要低很多（方红星等，2013），相比来说，民营企业的信用风险则要高很多。

根据本章前述基本假设 4 - 1，可以知道，卖空机制对于企业信用评级的影响主要存在以下两个路径：一是，放松机制完善企业内部公司治理，降低企业信用风险，因此提高企业的信用评级等级；二是，放松卖空约束提高了企业外部风险，增加了企业信用风险，导致企业信用评级下降。因此，按照本书前述假设 4 - 1 的推导，依照企业产权性质将样本分为两组，即国有企业和非国有企业进行检验，检验结果如表 4 - 17 所示。本书对这两组进行了Bootstrap 组间系数检验（1000 次抽样）发现，在非国有企业中放松卖空约束（Short）的系数更显著。即放松卖空约束对于提高企业信用评级的影响主要体现在非国有企业中。

表 4 - 17　　　　　　　　**放松卖空约束、产权性质与企业信用评级**

变量	非国有企业	国有企业	非国有企业	国有企业
	(1) Rate	(2) Rate	(3) Log(Rate)	(4) Log(Rate)
Short	0.143 * (1.95)	0.041 (0.65)	0.008 * (1.73)	0.001 (0.41)
Size	1.001 *** (3.27)	0.656 *** (6.10)	0.0386 * (1.92)	0.031 *** (5.61)
Lev	-2.059 ** (-2.21)	-0.522 (-1.43)	-0.086 (-1.46)	-0.017 (-0.93)
Growth	-0.141 (-1.46)	-0.022 ** (-2.31)	-0.006 (-1.38)	-0.001 ** (-2.19)
Roa	-0.473 (-0.60)	4.149 *** (11.36)	-0.047 (-1.24)	0.528 *** (10.97)
Coverage	-0.018 *** (-3.91)	-0.173 *** (-3.09)	-0.001 *** (-4.20)	-0.010 *** (-2.60)
Current	0.103 ** (2.57)	0.051 (1.52)	0.005 ** (2.11)	0.002 (0.90)
Constant	0.623 (0.10)	6.636 *** (2.88)	2.272 *** (5.28)	2.345 *** (19.69)
Short 系数比较	P - Value = 0.001 ***		P - Value = 0.001 ***	

续表

变量	非国有企业	国有企业	非国有企业	国有企业
	(1) Rate	(2) Rate	(3) Log(Rate)	(4) Log(Rate)
Year	控制	控制	控制	控制
Firm	控制	控制	控制	控制
Cluster Firm	控制	控制	控制	控制
NO.	2308	1803	2308	1803
Adj_R^2	0.282	0.554	0.153	0.774

注：***、**、*依次表示在1%、5%和10%的水平上显著；回归结果的 T 值经过了异方差处理（White，1980）并考虑了公司层面的聚类效应（Petersen，2009）。

4.7 本 章 小 结

放松卖空约束作为我国金融市场一项重要的创新制度，其执行已经近八年，其是否会影响企业的信用风险呢？本章以 2008～2017 年的中国沪深 A 股上市公司为研究样本，实证检验了放松卖空约束对企业信用风险的影响作用。本章研究取得如下结论：（1）放松卖空约束降低了企业信用风险，提高了企业信用评级。放松卖空约束与企业信用评级呈现显著的正相关关系，在排除了模型偏误、样本偏误、其他可能的解释以及采用变换估计模型、倾向得分匹配法（PSM）和安慰剂检验来考虑内生性问题后，结论依然成立；（2）进一步验证了卖空机制对于企业信用风险的作用，并考虑了企业产权性质以及国内评级差异和国内外评级差异的不同情境，研究发现，卖空机制对企业主体长期信用评级的信用风向具有正向降低作用，以此提高了企业信用评级，并且卖空机制对企业信用评级的正向作用在民营企业中更为显著，且放松卖空约束后企业国内评级差异以及国内外评级差异都呈现降低的趋势。

第 5 章

卖空机制的公司治理效应的实证研究
——基于高管薪酬契约的视角

5.1 问题的提出

在现代企业制度中，由于企业所有权和经营权的分离，导致公司委托代理问题（Jensen and Murphy，1976）。股东为了约束高管自利行为、实现利益趋同、降低代理成本，而选择将高管薪酬与企业业绩相联系（Jensen and Murphy，1990）。高管薪酬业绩敏感性作为降低代理成本、提升业绩的有效措施，其敏感性的高低被广泛用于衡量高管薪酬契约以及公司治理有效性（卢锐，2014）。然而大量研究表明，高管薪酬业绩敏感性并不高，高管薪酬契约有效性并未达到其制定的目标（魏刚，2000；吴育辉和吴世农，2010）。我国相继出台了一系列高管薪酬管制制度①，高管薪酬问题已经引起了社会公众和政府部门的广泛关注（方红星、刘鼎嵋，2015）。习近平总书记在 2014 年 8 月 18 日主持召开中央全面深化改革领导小组第四次会议并发表重要讲话，指出要逐步规范国有企业收入分配秩序，实现薪酬"水平适当、结构合理、管理规范、监督有效"。那么如何构建合理的高管薪酬

---

① 自 2003 年，国资委先后出台了《中央企业负责人经营业绩考核暂行办法》、《中央企业负责人薪酬管理暂行办法》、《中央企业综合绩效评价管理暂行办法》、《关于规范中央企业负责人薪酬管理暂行办法》。证监会于 2001 年发布了《关于在上市公司建立独立董事制度的指导意见》，并规定 2003 年 6 月 30 日前上市公司董事会成员中应当至少包括三分之一独立董事。中共中央政治局于 2014 年 8 月 29 日审议通过《中央管理企业负责人薪酬制度改革方案》《关于合力确定并严格规范中央企业负责人履职待遇、业务支出的意见》。

契约，提高薪酬业绩敏感性，成为学术界讨论的热点问题（罗宏等，2014；林钟高等，2014）。

目前，关于我国上市公司高管薪酬业绩敏感性的研究，主要考察了公司特征（Tosi and Gomez – Mejia，2000；Firth et al.，2006；方军雄，2009；谢获宝、惠丽丽，2017）、股票回报率以及信息含量（Murphy，1985；陈胜蓝、卢锐，2012；苏冬蔚、熊家财，2013）、股权结构（Core et al.，1999；Ang et al.，2000；张敏、姜付秀，2010；刘慧龙，2017）、董事会特征（Daily et al.，1998；Core et al.，1999；谢德仁等，2012）、内部控制（卢锐等，2011）、信息质量（徐经长、曾雪云，2010）、高管权力（Bebchuk et al.，2003；Bebchuk et al.，2010；权小峰等，2010；吴育辉、吴世农，2010；方军雄，2011；张炳发、修浩鑫，2017）、高管特征（Hill and Phan，1991；刘慧龙等，2010；李四海等，2015）、交易结构（Wang and Xiao，2011；潘红波、余明桂，2014）、投资行为（卢锐，2014）、政府行为（刘凤委，2007；张敏等，2013；罗宏等，2014）、市场竞争（Joskow et al.，1996；辛清泉、谭伟强，2009；王昌荣、王元月，2015）等因素对高管薪酬业绩敏感性的影响。

经验证据表明，内外部监督机制能完善薪酬契约，外部监管环境的改善在很大程度上影响薪酬契约的制定和执行（林浚清等，2003）。外部治理机制可在一定程度上缓解代理冲突，提高高管薪酬定价效率（苏冬蔚、熊家财，2013），从而提高高管薪酬业绩敏感性（陈震、李艳辉，2011；卢锐等，2011）。王昌荣和王元月（2015）发现，市场治理机制对于提高薪酬业绩敏感性有重要作用。

我国资本市场长期处于"单边市"状态，负面消息无法及时反映到股价中，因此利益相关者无法对企业负面消息做出及时、有力的应对措施，更无法有效应对大股东或高管的私利行为。这种情况会导致企业大股东或管理层"有恃无恐"损害甚至侵蚀利益相关者的利益。中国证监会于 2010 年 3 月正式放开上市公司股票的卖空管制。放松卖空管制作为一种金融创新制度，被普遍认为是市场重要的定价手段，放松卖空管制可以提高股票市场定价效率，使坏消息能够及时地反映到股价中（黄超、黄俊，2016）。这同样也为利益相关者提供了约束大股东或者高管的有利措施。因此，卖空机制作为一种外部治理机制，可以有效地起到公司治理的作用（Massa et al.，2015）。事实上，近年来很多学者也验证了卖空机制的公司治理作用。马萨等（Massa et al.，2015）发现，卖空机制能有效抑制管理层盈余管理；张璇等（2016）发现，放松卖空管制可以有效约束高管行为，减少财务重述，缓解代理问题；侯青川等（2017）发现，放松卖空管制可以有效抑制大股东掏空行为。为此，本书尝试从外部监督机制的视角分析放松卖空管制对于公司高管薪酬业绩敏感性的影响，并分析其影响机制。

　　本书的贡献体现在三个方面。（1）对于卖空的公司治理作用，现有的研究主要从卖空机制提高的信息披露治理作用论证（陈晖丽、刘峰，2014；张璇等，2016），虽然相关研究都提出卖空对于高管私利行为的抑制作用，但均未给予实证证明。本书首次对卖空机制对高管行为的作用进行了实证分析，揭开卖空机制发挥公司治理作用的机制，拓展了相关文献研究。（2）现有研究基本从公司内外部监督机制方面，研究了影响高管薪酬业绩敏感性的各方面原因，然而高管薪酬业绩敏感性问题是一个复杂的问题，仅仅一方面可能无法解决，因为这不仅涉及高管利益，还可能涉及大股东的利益。卖空制度作为我国资本市场的一项重要创新，为本书考察大股东与高管行为提供了很好的"自然实验场景"，为已有关于大股东及高管行为的文献提供了更好的实证依据。（3）卖空机制作为一种有效的外部监督机制，可以有效抑制大股东以及高管行为。本书利用放松卖空管制这一"准自然试验"，将卖空机制的影响引入公司治理层面，发现卖空机制主要是通过抑制高管私利行为以及大股东"掏空"，从而提高高管薪酬业绩敏感性。本书的研究为深入揭开卖空机制的公司治理作用提供了经验证据，为未来的研究提供了新视角。同时，也为评估卖空机制的经济后果提供了经验证据。

5.2　理论分析与研究假设

　　现代企业的运行是建立在所有权与经营权相互分离的基础上的，由此便产生了委托代理关系（Jensen and Murphy，1976）。委托代理问题分为两种：第一种委托代理问题主要关注的是股东和管理层之间的代理问题；第二类委托代理问题关注的是大股东和中小股东的代理问题。基于两类代理问题来分析企业薪酬业绩敏感性问题，主要存在于两个方面。首先由于信息不对称等多方面原因，股东不能完全掌控高管薪酬契约的设计，高管有能力影响自己的薪酬契约（Bebchuk and Fried，2003；2004；吕长江、赵宇恒，2008），而高管基于自身利益最大化有可能做出损害企业业绩的私利行为（Jensen，1986；Shleifer and Vishny，1989；Burrough and Helyar，2010；Hartzell et al.，2004），进而使得薪酬业绩敏感性降低（Duffhues and Kabir，2008；李维安、孙林，2014）。其次，由于大股东掏空行为——大股东为了自身利益通过利润转移等方式而侵害中小股东的利益（Shleifer et al.，1997；La Porta et al.，1999；Claessens et al.，2002；Bae et al.，2012），使得公司的业绩在大股东掏空之后无法准确度量（苏冬蔚和熊家财，2013），很难客观反映公司高管的努力程度（Wang and Xiao，2011）。以业绩为基础对高管进行考核激励是不公平的，高管出于自身利益的考虑必定会要求大股东重新进行薪酬定价，降低自己在业绩下降中承担的责任，争取有利于维护自身利益的薪酬契约（孙园园等，2017）。因此，大股东掏空削弱了公司高管薪酬业绩敏感性（刘善敏和林斌，2011；李文洲等，2014；赵国宇，2017；孙园园等，2017）。

卖空使得投资者可以通过卖空股票而获利，这大大激励了投资者挖掘上市公司和经理人负面消息的动力。卖空机制的引入，使得投资者可以通过挖掘公司负面消息进行股票卖空以套利（Krpoff and Lou，2010），这加快了股价匹配其内在价值的速度（Saffi and Sigurdsson，2011），从而使得股票价格能够更真实地反映股票价值，提高股价的信息含量和定价效率（Saffi and Sigurdsson，2011；靳庆鲁等，2015）。近年来，一些学者研究发现，卖空机制能有效地约束大股东和高管行为、缓解委托代理问题，具有一定的公司治理作用（Massa et al.，2015；陈晖丽、刘峰，2014；张璇等，2016）。那么，卖空机制如何影响企业高管薪酬业绩敏感性，本书认为其主要机制分为以下两个部分。

1. 抑制高管私利行为

卖空交易会向股价施加一个向下压力（Cohen et al.，2007），导致高管所持股票或期权的市值下降，这将直接影响高管利益（张璇等，2016）。Karpoff and Lou（2010）研究发现，卖空者有能力挖掘出公司的负面消息，并发现公司高管的私利行为；He and Tian（2014）认为，卖空机制可以有效抑制高管的短时行为,从而提高企业创新效率;Massa et al.(2015)认为,卖空机制作为一种事后惩罚措施,可以通过卖空股票加大对高管私利行为的惩罚。因此,卖空机制的价格发现功能可以有效评价高管行为,抑制高管的私利行为(Fang et al.,2016),从而提高高管薪酬业绩敏感性。另外,卖空机制的信息传导作用同样可以为股东提供更为全面的信息,使得股东制定更为合理的薪酬契约,提高薪酬业绩敏感性。De Angelis et al.(2015)研究发现,上市公司会给高管发放更多的股票或者期权,以激励高管应对卖空带来的股价下降风险。

2. 抑制大股东掏空动机

现代公司治理理论认为,对大股东实施有效监督是抑制"大股东掏空动机"的有效措施。卖空机制的引入,使得中小股东能够通过卖空抑制大股东行为(Massa et al.,2015,侯青川,2016)。如果大股东在卖空机制下继续进行"掏空"行为,中小股东就会通过卖空股票使大股东利益受到直接损失,那么当相应股价下跌对大股东造成的损失大于"掏空"带来的收益时,大股东就会停止掏空行为。侯青川等(2017)研究发现,卖空机制的引入,可以通过形成一种有效的市场监督机制,对大股东行为实行有效的外部监督,抑制大股东"掏空"。

总之,不管是加重对高管不当行为的惩罚,激励合约变得更有效,抑或是通过抑制大股东"掏空"提高薪酬业绩敏感性,卖空都能够提高薪酬业绩敏感性,改善上市高管薪酬契约有效性。由此本书提出如下假设:

假设 5-1:放松卖空约束提高了高管薪酬业绩敏感性。

5.3 研 究 设 计

5.3.1 样本选择与数据来源

本书以 2008~2017 年在上海和深圳两个证券交易所上市的公司为研究样本。使用以下原则对样本进行筛选:(1)剔除 ST、*ST 类公司;(2)剔除金融业上市公司；（3）剔除财务数据异常和数据缺失的上市公司。本书根据中国证券市场可卖空标的股票调整时间来确定年度可卖空股票，并根据锐思数据库（RESSET）实际控制人性质将企业分为国有企业和非国有企业；本书数据来源主要为国泰安数据库（CSMAR）和锐思数据库（RESSET）；为了克服异常值对研究结论的影响，对主要连续性变量的极端值（首尾1%）采取了Winsorize处理。本书所用数据处理软件为Stata 14.0。

5.3.2 模型构建与变量定义

本书采用双重差分模型（DID），在模型中控制了年度效应和个体效应，并且考虑了公司层面的聚类效应（Cluster）。为了验证假设，模型设计如下：

$$Salary = a + \beta_1 Short \times Tunnel + \beta_2 Perf + \beta_3 Short$$
$$+ \sum Control + \sum Year + \sum Firm + \varepsilon \qquad (5.1)$$

模型中的变量定义如下。

（1）被解释变量。高管薪酬，参照陈胜蓝和卢锐（2012），本书使用上市公司年报中披露的前三名高管薪酬的总额的对数值来衡量企业高管薪酬。

（2）解释变量。企业业绩，参照Firth et al.（2006），本书使用上市公司的资产回报率（Roa）、公司股东权益回报率（Roe）来衡量。

（3）控制变量。依据已有研究，对可能影响企业高管薪酬业绩敏感性的其他相关变量进行控制，具体选取了现金持有水平（Cashhold）、第一大股东持股比例（Top1）、高管持股比例（Exeshare）、董事会规模（Boardsize）、独立董事比例（Indep）、企业成长能力（Growth）、企业风险（Risk）、公司规模（Size）、资产负债率（Lev）、公司上市年龄（Age）、市场化水平（Mkt）等。全部变量的定义及其说明见表5-1。

表5-1　　　　　　　　　　　　主要变量的定义

变量类型	变量名称	变量符号	变量定义
被解释变量	高管薪酬	Salary	高管前三名薪酬总额的对数值

续表

变量类型	变量名称	变量符号	变量定义
解释变量	企业业绩	Roa	资产回报率（净利润/期末总资产）
		Roe	股东权益回报率（净利润/净资产）
	放松卖空约束	Short	在样本期间内是否为卖空股票，若是则为 1，否则为 0
	"掏空"程度	TunnelDummy	其他应收款/总资产，若其他应收款比例高于年度中位数则取 1，否则为 0
分组变量	产权性质	State	参照锐思数据库（RESSET）实际控制人性质，将企业分为国有企业和非国有企业
	信息环境	DA	采用修正的 Jones 模型（Dechow et al.，1995）来估计企业信息不对称程度
控制变量	企业规模	Size	年末总资产的自然对数
	财务杠杆	Lev	年末总负债/年末总资产
	企业成长性	Growth	（本期营业收入 – 上期营业收入）/上期营业收入
	企业风险	Risk	公司当年月度股票回报率的标准差
	上市年龄	Age	上市年龄
	现金持有	Cashhold	货币资金/期末总资产
	股权集中度	Top1	第一大股东持股比例
	高管持股比例	Exeshare	高管持股/总股数
	董事会规模	Boardsize	董事会人数的对数值
	独立董事比例	Indep	独立董事人数/董事会总人数
	市场化程度	Mkt	市场化指数（樊纲等，2016）
	股票换手率	Turnover	股票日换手率的年度均值
	上市公司市值	Log(MV)	公司市值的自然对数
	个股波动性	Volatility	股票波动性，等于公司股票日回报率对市场日回报率回归残差项的标准差
	个体	FIRM	公司个体固定效应虚拟变量
	年份	YEAR	公司年度效应虚拟变量

5.4 实证结果与分析

5.4.1 描述性统计

主要变量的描述性统计结果如表 5 – 2 所示。比较发现，我国上市公司的高管薪酬均值为 14.18，中位数为 14.177，最小值为 12.14，最大值为 14.619，这表明我国高管薪酬分布较为平衡，差异并不是很大。而在企业业绩最小值与最大值之间（Roa、Roe）则呈较大差异，说明我国高管薪酬定价效率并不高。可卖空虚拟变量（Short）均值为 0.199，表明可卖空样本占总样本的 19.9%。

表 5 – 2 　　　　　　　　　主要变量的描述性统计

变量	观测值	均值	标准差	最小值	25%分位数	中位数	75%分位数	最大值
Salary	17491	14.18	0.716	12.14	13.740	14.177	14.619	16.10
Roa	17491	0.038	0.055	−0.209	0.013	0.035	0.064	0.219
Roe	17490	0.066	0.121	−0.627	0.029	0.068	0.115	0.459
Short × Roa	17491	0.009	0.030	−0.209	0	0	0	0.219
Short × Roe	17490	0.016	0.058	−0.627	0	0	0	0.459
Short	17491	0.199	0.399	0	0	0	0	1
Cashhold	17491	0.189	0.139	0.011	0.092	0.150	0.247	0.743
Top1	17491	35.29	15.11	8.810	23.24	33.32	45.69	75.92
Exeshare	17491	0.057	0.128	0	0	0.0001	0.025	0.615
Boardsize	17491	2.268	0.177	1.792	2.197	2.303	2.303	2.773
Indep	17491	0.371	0.053	0.308	0.333	0.333	0.4	0.571
Growth	17491	0.489	1.527	−0.725	−0.040	0.133	0.443	11.86
Risk	17491	0.145	0.066	0.055	0.101	0.130	0.169	0.524
Size	17491	21.95	1.269	19.08	21.054	21.793	22.674	25.80

续表

变量	观测值	均值	标准差	最小值	25%分位数	中位数	75%分位数	最大值
Lev	17491	0.447	0.218	0.045	0.274	0.444	0.615	1.025
Age	17491	2.120	0.766	0	2.303	2.773	2.944	3.296
Mkt	17491	7.777	1.850	-0.300	6.53	7.91	9.35	10.86
DA	17491	0.063	0.068	0	0.019	0.042	0.081	0.581

5.4.2　多元回归分析

对于假设 5-1 的验证，表 5-3 报告了检验结果。在回归结果中，本书加入相关控制变量并控制了公司固定效应、年度效应和同时考虑公司层面聚类（Cluster）效应的结果，为了缓解异方差问题，本书采用了 White 检验进行修正。本书分别报告了资产回报率（Roa）与股东权益回报率（Roe）两种方式下企业业绩与高管薪酬的关系以及放松卖空管制对高管薪酬业绩敏感性的作用（Short × Roa 以及 Short × Roe）。表中第（1）列和第（3）列显示企业业绩（Perf）的系数都为正且在 1% 的水平上显著，这与以往相关文献一致。第（2）列和第（4）列显示，交互项（Short × Perf）系数为正，且在 1% 的水平上显著，表明放松卖空管制可以提高企业薪酬业绩敏感性，这验证了假设 5-1。即相对于不可卖空公司，可卖空公司的高管薪酬定价更为合理、有效，薪酬业绩敏感性更高。其他控制变量的系数与以往文献基本相符。

表 5-3　　　　　放松卖空约束与企业高管薪酬业绩敏感性

变量	(1) Salary	(2) Salary	(3) Salary	(4) Salary
	Perf = Roa		Perf = Roe	
Short × Perf		0.578 *** (2.84)		0.336 *** (3.63)
Perf	1.150 *** (11.47)	1.065 *** (10.10)	0.365 *** (10.01)	0.321 *** (8.27)

续表

变量	(1) Salary	(2) Salary	(3) Salary	(4) Salary
Short	-0.008 (-0.52)	-0.034* (-1.91)	-0.010 (-0.68)	-0.038** (-2.22)
Cashhold	-0.048 (-1.05)	-0.044 (-0.96)	-0.028 (-0.59)	-0.025 (-0.54)
Top1	-0.001 (-1.43)	-0.001 (-1.44)	-0.001 (-1.13)	-0.001 (-1.13)
Exeshare	-0.092 (-1.21)	-0.089 (-1.17)	-0.071 (-0.92)	-0.068 (-0.88)
Boardsize	0.107* (1.95)	0.106* (1.95)	0.116** (2.12)	0.115** (2.10)
Indep	0.146 (1.09)	0.146 (1.08)	0.154 (1.15)	0.150 (1.12)
Growth	-0.009*** (-2.72)	-0.008*** (-2.69)	-0.008** (-2.51)	-0.008** (-2.47)
Risk	0.034 (0.57)	0.030 (0.51)	0.032 (0.53)	0.027 (0.46)
Size	0.246*** (15.94)	0.245*** (15.81)	0.254*** (16.44)	0.251*** (16.20)
Lev	-0.119** (-2.18)	-0.117** (-2.14)	-0.211*** (-3.84)	-0.206*** (-3.77)
Age	-0.081*** (-3.67)	-0.086*** (-3.87)	-0.082*** (-3.69)	-0.086*** (-3.84)
Mkt	0.007 (0.59)	0.007 (0.55)	0.009 (0.73)	0.008 (0.64)
Constant	8.301*** (23.16)	8.337*** (23.21)	8.157*** (22.82)	8.229*** (23.00)
Firm FEs	Yes	Yes	Yes	Yes
Year FEs	Yes	Yes	Yes	Yes

变量	(1) Salary	(2) Salary	(3) Salary	(4) Salary
Cluster Firm	Yes	Yes	Yes	Yes
Observations	17491	17491	17490	17490
Adj_R^2	0.420	0.421	0.416	0.417
F	133.3	133.8	135.4	129.8

注：***、**、* 依次表示在 1%、5% 和 10% 的水平上显著；回归结果的 T 值经过了异方差处理（White，1980）并考虑了公司层面的聚类效应（Petersen，2009）。

5.5　稳健性检验与内生性检验

5.5.1　稳健性检验

为了结果的稳健性，本书还进行了如下稳健性检验。

（1）参照黎文靖和胡玉明（2012）的研究，将高管前三名薪酬总额替换成董监高前三名薪酬总额，并取对数值后重新回归。回归结果如表 5-4 所示，结果显示主要结论并未发生变化。

（2）参照侯青川等（2017）的研究，将其他应收款与企业总资产的比值替换为关联交易与企业期初资产比值，并经过行业中位数调整，按照中位数设置为虚拟变量（高于中位数取值为 1，低于中位数取值为 0），并且同样进行分组检验，回归结果如表 5-5 所示，结果显示主要结论并未发生变化。

表 5-4　　　　　　　　　　　稳健性检验 1

变量	(1) Salary1	(2) Salary1	(3) Salary1	(4) Salary1
	Perf = Roa		Perf = Roe	
Short × Perf		0.674 *** (3.33)		0.374 *** (4.14)

续表

变量	（1） Salary1	（2） Salary1	（3） Salary1	（4） Salary1
Perf	1. 185 *** （11. 89）	1. 085 *** （10. 43）	0. 368 *** （9. 99）	0. 319 *** （8. 34）
Short	0. 003 （0. 20）	− 0. 028 （− 1. 57）	0. 0003 （0. 02）	− 0. 031 * （− 1. 83）
Cashhold	− 0. 016 （− 0. 36）	− 0. 012 （− 0. 26）	0. 002 （0. 03）	0. 005 （0. 10）
Top1	− 0. 001 （− 1. 31）	− 0. 001 （− 1. 32）	− 0. 001 （− 0. 98）	− 0. 001 （− 0. 99）
Exeshare	0. 176 ** （2. 25）	0. 179 ** （2. 29）	0. 198 ** （2. 51）	0. 201 ** （2. 54）
Growth	− 0. 010 *** （− 3. 35）	− 0. 010 *** （− 3. 30）	− 0. 009 *** （− 3. 12）	− 0. 009 *** （− 3. 07）
Risk	0. 047 （0. 79）	0. 042 （0. 72）	0. 046 （0. 77）	0. 041 （0. 68）
Boardsize	0. 101 * （1. 85）	0. 100 * （1. 84）	0. 111 ** （2. 03）	0. 110 ** （2. 00）
Indep	0. 152 （1. 18）	0. 152 （1. 18）	0. 160 （1. 24）	0. 155 （1. 21）
Size	0. 239 *** （15. 40）	0. 237 *** （15. 25）	0. 246 *** （16. 01）	0. 244 *** （15. 75）
Lev	− 0. 120 ** （− 2. 28）	− 0. 118 ** （− 2. 23）	− 0. 217 *** （− 4. 16）	− 0. 213 *** （− 4. 07）
Age	− 0. 070 *** （− 3. 17）	− 0. 075 *** （− 3. 39）	− 0. 072 *** （− 3. 22）	− 0. 075 *** （− 3. 38）
Mkt	0. 011 （0. 89）	0. 010 （0. 85）	0. 012 （1. 03）	0. 011 （0. 94）
Constant	8. 296 *** （23. 22）	8. 338 *** （23. 25）	8. 142 *** （22. 87）	8. 222 *** （23. 02）

续表

变量	(1) Salary1	(2) Salary1	(3) Salary1	(4) Salary1
Firm FEs	Yes	Yes	Yes	Yes
Year FEs	Yes	Yes	Yes	Yes
Cluster firms	Yes	Yes	Yes	Yes
NO.	17478	17478	17477	17477
Adj_R^2	0.431	0.432	0.427	0.428
F	144.5***	139.2***	140.5***	134.8***

注：***、**、* 依次表示在 1%、5% 和 10% 的水平上显著；回归结果的 T 值经过了异方差处理（White, 1980）并考虑了公司层面的聚类效应（Petersen, 2009）。

表 5 – 5　　　　　　　　　　　稳健性检验 2

变量	全样本 (1) Salary	掏空高 (2) Salary	掏空低 (3) Salary	全样本 (4) Salary	掏空高 (5) Salary	掏空低 (6) Salary
	Perf = Roa			Perf = Roe		
Short × Perf × RPTDummy	0.650* (1.84)			0.264* (1.64)		
Short × Perf	0.193 (0.70)	0.759*** (2.77)	0.303 (0.96)	0.144 (1.17)	0.352*** (3.03)	0.200 (1.41)
Perf × RPTDummy	−0.336* (−1.90)			−0.157** (−2.02)		
Short × RPTDummy	−0.039* (−1.65)			−0.038* (−1.70)		
RPTDummy	0.019* (1.71)			0.020* (1.83)		
Perf	1.254*** (8.32)	0.814*** (4.81)	1.269*** (7.50)			
Short	−0.003 (−0.13)	−0.040* (−1.67)	−0.013 (−0.47)	−0.007 (−0.33)	−0.042* (−1.80)	−0.016 (−0.62)

续表

变量	全样本	掏空高	掏空低	全样本	掏空高	掏空低
	(1) Salary	(2) Salary	(3) Salary	(4) Salary	(5) Salary	(6) Salary
Cashhold	-0.014 (-0.27)	-0.112 (-1.42)	0.066 (0.95)	0.012 (0.22)	-0.079 (-1.00)	0.063 (0.91)
Top1	-0.002* (-1.67)	-0.002* (-1.93)	-0.001 (-0.41)	-0.001 (-1.42)	-0.002* (-1.82)	-0.0004 (-0.24)
Exeshare	-0.001 (-0.01)	-0.004 (-0.02)	0.002 (0.02)	0.020 (0.19)	0.019 (0.10)	0.018 (0.16)
Boardsize	0.102* (1.68)	0.077 (0.92)	0.063 (0.79)	0.111* (1.83)	0.086 (1.02)	0.063 (0.79)
Indep	0.156 (1.07)	0.131 (0.63)	0.102 (0.55)	0.165 (1.13)	0.152 (0.74)	0.087 (0.46)
Growth	-0.010*** (-2.91)	-0.010** (-2.32)	-0.007 (-1.32)	-0.009*** (-2.75)	-0.010** (-2.18)	-0.007 (-1.30)
Risk	0.061 (0.96)	0.081 (0.94)	0.101 (0.94)	0.053 (0.83)	0.069 (0.80)	0.098 (0.91)
Size	0.244*** (15.43)	0.237*** (11.10)	0.258*** (11.23)	0.246*** (15.60)	0.240*** (11.22)	0.260*** (11.24)
Lev	-0.149*** (-2.83)	-0.220*** (-3.10)	-0.057 (-0.72)	-0.230*** (-4.43)	-0.289*** (-4.14)	-0.150* (-1.92)
Age	-0.088*** (-3.48)	-0.086** (-2.09)	-0.087*** (-2.91)	-0.088*** (-3.48)	-0.083** (-2.00)	-0.095*** (-3.15)
Mkt	0.006 (0.52)	0.029* (1.76)	-0.011 (-0.65)	0.009 (0.69)	0.032* (1.88)	-0.012 (-0.68)
Observations	8.380*** (22.39)	8.493*** (16.88)	8.232*** (15.13)	8.336*** (22.38)	8.415*** (16.84)	8.260*** (15.13)
Firm FEs	Yes	Yes	Yes	Yes	Yes	Yes
Year FEs	Yes	Yes	Yes	Yes	Yes	Yes
Cluster Firm	Yes	Yes	Yes	Yes	Yes	Yes

续表

变量	全样本	掏空高	掏空低	全样本	掏空高	掏空低
	(1) Salary	(2) Salary	(3) Salary	(4) Salary	(5) Salary	(6) Salary
Observations	14818	7373	7445	14817	7373	7444
Adj_R^2	0.418	0.409	0.403	0.415	0.407	0.402
F	101.7 ***	60.72 ***	62.34 ***	97.79 ***	58.53 ***	60.22 ***

注：***、**、* 依次表示在 1%、5% 和 10% 的水平上显著；回归结果的 T 值经过了异方差处理（White，1980）并考虑了公司层面的聚类效应（Petersen，2009）。

5.5.2　内生性检验

前文中本书论述了卖空机制可以抑制大股东掏空行为，从而提高企业高管薪酬业绩敏感性。但是公司是否可被卖空并不一定是全外生的事件，可能存在某些影响企业高管薪酬业绩敏感性的因素使得企业被标记为融资融券企业。因此，参照靳庆鲁等（2015）和张璇等（2016）的方法，本书运用 PSM（Propensity Score Matching）法，按照可卖空上市公司的市值、转手率、波动率的前一年进行一比一匹配①。回归结果如表 5 - 6 所示，显示主要结论并未发生变化。

表 5 - 6　　　　　　　　　　　内生性问题

变量	(1) Salary1	(2) Salary1	(3) Salary1	(4) Salary1
	Perf = Roa		Perf = Roe	
Short × Perf		0.474 ** (2.32)		0.258 *** (3.15)
Perf	1.289 *** (11.48)	1.200 *** (9.97)	0.411 *** (9.13)	0.360 *** (7.49)

① 由于上市公司市值、转手率、波动率为日交易数据，每年共 256 个交易数据。本书采月市值和波动率 256 个交易日的均值作为其年度效应取值，转手率的 256 个交易日的方差作为其年度效应取值。

续表

变量	(1) Salary1	(2) Salary1	(3) Salary1	(4) Salary1
Short	0.001 (0.04)	−0.021 (−1.15)	−0.003 (−0.16)	−0.028 (−1.58)
Cashhold	−0.059 (−1.13)	−0.055 (−1.06)	−0.033 (−0.62)	−0.029 (−0.55)
Top1	−0.001 (−1.31)	−0.001 (−1.31)	−0.001 (−1.05)	−0.001 (−1.04)
Exeshare	−0.101 (−1.21)	−0.100 (−1.19)	−0.084 (−0.99)	−0.082 (−0.96)
Boardsize	0.108 * (1.78)	0.108 * (1.78)	0.119 ** (1.96)	0.118 ** (1.96)
Indep	0.172 (1.15)	0.172 (1.15)	0.171 (1.13)	0.169 (1.12)
Growth	−0.008 ** (−2.27)	−0.008 ** (−2.25)	−0.008 ** (−2.21)	−0.008 ** (−2.18)
Risk	0.005 (0.07)	−0.001 (−0.02)	−0.006 (−0.09)	−0.013 (−0.20)
Size	0.251 *** (14.82)	0.250 *** (14.75)	0.258 *** (15.33)	0.256 *** (15.16)
Lev	−0.134 ** (−2.30)	−0.133 ** (−2.28)	−0.228 *** (−3.96)	−0.225 *** (−3.91)
Age	−0.085 *** (−2.93)	−0.090 *** (−3.09)	−0.091 *** (−3.12)	−0.095 *** (−3.26)
Mkt	0.011 (0.91)	0.011 (0.88)	0.011 (0.91)	0.010 (0.84)
Constant	8.191 *** (20.59)	8.223 *** (20.65)	8.085 *** (20.35)	8.148 *** (20.53)
Firm FEs	Yes	Yes	Yes	Yes
Year FEs	Yes	Yes	Yes	Yes

变量	(1) Salary1	(2) Salary1	(3) Salary1	(4) Salary1
Cluster Firm	Yes	Yes	Yes	Yes
Observations	13517	13517	13517	13517
Adj_R^2	0.452	0.453	0.448	0.449
F	126.6 ***	121.6 ***	121.7 ***	116.8 ***

注：*** 、** 、* 依次表示在 1% 、5% 和 10% 的水平上显著；回归结果的 T 值经过了异方差处理（White，1980）并考虑了公司层面的聚类效应（Petersen，2009）。

5.6　机　制　检　验

虽然前文的分析支持了假设 5 - 1，但这背后的机理尚不清晰，因为放松卖空管制对于高管薪酬业绩敏感性的提升作用，存在两种可能的机制。根据前述分析，机制之一是抑制"高管私利行为"，即卖空机制可以通过卖空股票以及增加股票信息含量抑制高管私利行为。机制之二是抑制"大股东掏空行为"，即卖空机制可以通过卖空股票抑制大股东"掏空"行为。为此，本书进一步考察放松卖空管制对于这两种机制的作用。

5.6.1　高管私利行为

"抑制高管私利行为"指出，卖空机制可以通过卖空股票以及增加股票信息含量抑制高管私利行为。卖空机制引入后，卖空者若发现管理层存在私利行为，可通过卖空公司股票导致股价下跌，而股价下跌会使高管承担相应的损失或受到惩罚。因此，卖空机制可以抑制高管私利为，提高高管薪酬业绩敏感性。在我国，上市公司高管权力过大，高管具有较强的话语权，这使得高管有能力为了攫取个人利益做出不当行为（卢锐等，2008；权小锋等，2010；王清刚、胡亚君 2011；王雄元、何捷，2012）。因此，本书借鉴吴育辉和吴世农（2010）、权小锋等（2010）的研究，采用高管持股比例、独立董事比例来衡量高管权力。具体的，本书分别按照高管持股比例、独立董事比例的中位数将其分为两组（大于50%为高一组，小于50%为低一组）。然后，本书重新在分组中回归模型，并对比回归系数差异。本书预期在高管权力较高的一组，高管私利行为可能更多，卖空机制对薪酬业绩敏感性的正面作用应当更为显著。

回归结果如表5-7所示，在验证假设机制一的过程中，为了更好地呈现结果的稳健性，本书分别报告了放松卖空管制在两种企业业绩衡量方式下的作用结果。结果显示，相比较高管持股比例较低的一组，在高管持股比例较高的一组交互项（Short × Perf）的系数更为显著①，这说明在管理层权力较大时，卖空机制对于高管薪酬业绩敏感性的提升作用更为显著。另外，本书进一步采用独立董事持股比例指标来衡量高管权力，分组检验结果同样表明在高管权力较大时（独立董事比例低的一组），卖空机制对于高管薪酬业绩敏感性的提升作用更为显著。这符合本书的预期，并验证了传导机制一。即放松卖空管制通过抑制高管私利行为从而提高企业高管薪酬业绩敏感性。

表5-7　　　　　　放松卖空约束、高管行为与企业高管薪酬业绩敏感性

变量	管理层持股比例高	管理层持股比例低	管理层持股比例高	管理层持股比例低	独立董事比例高	独立董事比例低	独立董事比例高	独立董事比例低
	(1) Salary	(2) Salary	(3) Salary	(4) Salary	(5) Salary	(6) Salary	(7) Salary	(8) Salary
	Perf = Roa		Perf = Roe		Perf = Roa		Perf = Roe	
Short × Perf	0.592 ** (2.04)	0.359 (1.57)	0.457 *** (3.19)	0.237 ** (2.39)	0.806 * (1.86)	0.481 ** (2.15)	0.411 ** (2.12)	0.333 *** (3.17)
Perf	1.278 *** (8.59)	0.743 *** (5.61)	0.404 *** (6.12)	0.184 *** (4.50)	0.785 *** (5.18)	1.162 *** (8.75)	0.291 *** (4.86)	0.302 *** (6.37)
Short	−0.033 (−1.27)	−0.017 (−0.80)	−0.049 * (−1.94)	−0.022 (−1.05)	−0.043 (−1.46)	−0.034 (−1.55)	−0.042 (−1.41)	−0.042 ** (−2.05)
Cashhold	0.0403 (0.75)	−0.090 (−1.32)	0.040 (0.74)	−0.058 (−0.85)	−0.140 * (−1.96)	0.002 (0.04)	−0.127 * (−1.78)	0.0257 (0.44)
Top1	−0.001 (−0.99)	−0.001 (−0.95)	−0.001 (−0.79)	−0.001 (−0.74)	−0.001 (−1.01)	−0.001 (−0.42)	−0.001 (−0.80)	−0.0001 (−0.13)

---

① 本书同样通过Bootstrap进行组间系数检验（1000次抽样）。

续表

变量	管理层持股比例高	管理层持股比例低	管理层持股比例高	管理层持股比例低	独立董事比例高	独立董事比例低	独立董事比例高	独立董事比例低
	(1) Salary	(2) Salary	(3) Salary	(4) Salary	(5) Salary	(6) Salary	(7) Salary	(8) Salary
Exeshare					-0.148* (-1.82)	-0.0840 (-0.72)	-0.137* (-1.67)	-0.0514 (-0.43)
Growth	-0.015*** (-2.75)	-0.014 (-1.19)	-0.015*** (-2.67)	-0.003 (-0.93)	-0.005 (-1.19)	-0.011*** (-2.58)	-0.005 (-1.26)	-0.010** (-2.33)
Risk	0.011 (0.14)	0.073 (0.88)	0.019 (0.25)	0.072 (0.87)	-0.036 (-0.37)	0.060 (0.76)	-0.045 (-0.46)	0.064 (0.81)
Boardsize	0.211*** (3.01)	0.102 (1.41)	0.212*** (3.02)	0.107 (1.46)	0.178** (2.33)	0.088 (0.90)	0.189** (2.49)	0.101 (1.04)
Indep	0.052 (0.29)	0.172 (1.03)	0.067 (0.37)	0.174 (1.01)				
Size	0.178*** (9.53)	0.234*** (12.59)	0.185*** (9.68)	0.238*** (12.71)	0.248*** (10.58)	0.245*** (12.79)	0.253*** (10.70)	0.253*** (13.05)
Lev	0.067 (1.05)	-0.248*** (-3.47)	-0.036 (-0.54)	-0.324*** (-4.42)	-0.180** (-2.16)	-0.0957 (-1.46)	-0.241*** (-2.96)	-0.196*** (-2.92)
Age	-0.054** (-2.08)	-0.111*** (-2.57)	-0.062** (-2.36)	-0.110*** (-2.94)	-0.077** (-2.28)	-0.088*** (-3.25)	-0.077** (-2.28)	-0.089*** (-3.22)
Mkt	-0.003 (-0.18)	0.023* (1.74)	-0.002 (-0.10)	0.028* (1.74)	0.003 (0.17)	0.006 (0.39)	0.006 (0.28)	0.005 (0.37)
Constant	9.552*** (20.63)	8.486** (18.35)	9.448*** (20.08)	8.405*** (18.14)	8.504*** (18.16)	8.398*** (13.47)	8.442*** (17.96)	8.207*** (13.20)
Group Comparison	高于50%	低于50%	高于50%	低于50%	高于50%	低于50%	高于50%	低于50%
Short × Perf 系数比较	实证 p 值: p-value = 0.000		实证 p 值: p-value = 0.001		实证 p 值: p-value = -0.000		实证 F 值: p-value = -0.001	
Firm FEs	Yes	Yes	Yes	Yes	Yes	Yes	Yes	Yes
Year FEs	Yes	Yes	Yes	Yes	Yes	Yes	Yes	Yes
Cluster firms	Yes	Yes	Yes	Yes	Yes	Yes	Yes	Yes
Observations	9582	8710	9581	8709	6613	10879	6613	10878
Adj_R^2	0.386	0.412	0.380	0.400	(0.379)	(0.305)	(0.337)	(0.392)
F	70.80	72.56	68.46	71.13	88.25	78.36	79.32	68.21

注: ***、**、*依次表示在1%、5%和10%的水平上显著; 回归结果的 T 值经过了异方差处理 (White, 1980) 并考虑了公司层面的聚类效应 (Petersen, 2009)。

5.6.2　大股东私利行为

"抑制大股东掏空行为"指出，大股东"掏空"行为会导致企业经营业绩下降，损害企业价值，不利于企业可持续发展（Cheung et al.，2006；Jiang et al.，2010；姜国华和岳衡，2005）。根据前文可知，以公司业绩为基础的薪酬契约会随着大股东"掏空行为"而失效，即大股东"掏空"会削弱高管薪酬业绩敏感性。随着卖空机制的引入，中小股东若发现大股东存在"掏空"行为，则会通过卖空股票导致股价下跌，如果股价下跌使大股东的损失超过"掏空"获得的收益，那么大股东会停止"掏空"。因此，卖空机制可以抑制"大股东掏空"，提高高管薪酬业绩敏感性。经典代理理论认为，控制权是大股东摄取私人利益的重要工具，控制权越大，大股东越有条件进行"掏空"（Bebchuk，1999；Johonson et al.，2000；Ameida and Wolfenzon，2006）。控制权和现金流权分离越大，大股东摄取私人利益所需要的成本越低，即两权分离度越大，大股东掏空动机越强（Friedman et al.，2003；Jiang et al.，2010）。本书借鉴李维安和钱先航（2010）、王化成等（2015）的研究，采用两权分离度、机构投资者持股比例来衡量大股东"掏空"动机。

具体的本书分别按照两权分离度、关联交易的中位数将其分为两组（大于50%为高一组，小于50%为低一组）。然后，本书重新在分组中进行回归，并对比回归系数差异。本书预期在大股东掏空动机较高的一组，"大股东掏空行为"可能更多，卖空机制对薪酬业绩敏感性的正面作用应当更为显著。

表5-8报告了检验结果。在验证假设2的过程中，为了更好地呈现结果的稳健性，本书分别报告了放松卖空管制在两种企业业绩衡量方式下的作用结果。为了验证卖空提高企业高管薪酬业绩敏感性的机制，本书依照企业两权分离度以及关联交易的中位数分组（高于50%设置为1，低于50%设置为0）。结果显示，相比较两权分离度较低的一组，两权分离度较高的一组，交互项（Short × Perf）的系数更为显著，这说明在两权分离度较大时，卖空机制对于高管薪酬业绩敏感性的提升作用更为显著。另外，本书进一步采用机构投资者持股比例衡量大股东掏空动机，分组检验结果同样表明在大股东"掏空"动机较大时，卖空机制对于高管薪酬业绩敏感性的提升作用更为显著。这符合本书的预期，并验证了传导机制二。即放松卖空管制通过抑制大

股东"掏空"从而提高企业高管薪酬业绩敏感性。

表 5 - 8　　　　　　放松卖空约束、大股东行为与企业高管薪酬业绩敏感性

变量	两权分离度高	两权分离度低	两权分离度高	两权分离度低	机构投资者持股比例低	机构投资者持股比例高	机构投资者持股比例低	机构投资者持股比例低
	(1) Salary	(2) Salary	(3) Salary	(4) Salary	(5) Salary	(6) Salary	(7) Salary	(8) Salary
	Perf = Roa		Perf = Roe		Perf = Roa		Perf = Roe	
Short × Perf	0.679 ** (2.53)	0.188 (0.59)	0.344 *** (2.61)	0.322 ** (2.03)	0.868 *** (3.06)	0.346 (1.31)	0.394 *** (3.26)	0.189 (1.37)
Perf	0.668 *** (5.02)	1.356 *** (8.02)	0.213 *** (4.25)	0.407 *** (6.16)	0.787 *** (5.42)	1.109 *** (7.42)	0.221 *** (5.18)	0.456 *** (5.99)
Short	− 0.025 (− 0.91)	− 0.049 * (− 1.33)	− 0.0251 (− 0.96)	− 0.069 *** (− 2.74)	− 0.050 ** (− 2.08)	− 0.026 (− 1.03)	− 0.050 ** (− 2.14)	− 0.025 (− 1.06)
Cashhold	− 0.083 (− 1.22)	− 0.107 * (− 1.73)	− 0.072 (− 1.04)	− 0.010 (− 1.52)	− 0.089 (− 1.15)	− 0.040 (− 0.72)	− 0.060 (− 0.77)	− 0.040 (− 0.72)
Top1	− 0.001 (− 0.73)	− 0.002 (− 1.57)	− 0.001 (− 0.64)	− 0.002 (− 1.47)	− 0.003 ** (− 2.37)	0.001 (0.62)	− 0.003 ** (− 2.27)	0.001 (0.75)
Exeshare	0.152 (0.90)	− 0.139 (− 1.53)	0.152 (0.90)	− 0.112 (− 1.29)	0.062 (0.39)	− 0.161 ** (− 2.20)	0.082 (0.51)	− 0.167 ** (− 2.01)
Growth	− 0.009 ** (− 1.98)	− 0.008 (− 1.49)	− 0.009 * (− 1.94)	− 0.007 (− 1.24)	− 0.009 ** (− 2.34)	− 0.001 (− 0.11)	− 0.008 ** (− 2.20)	− 0.0003 (− 0.07)
Risk	− 0.031 (− 0.32)	− 0.023 (− 0.31)	− 0.034 (− 0.36)	− 0.023 (− 0.31)	− 0.014 (− 0.17)	0.097 (1.26)	− 0.016 (− 0.20)	0.092 (1.17)
Boardsize	0.127 (1.42)	0.113 * (1.67)	0.132 (1.49)	0.121 * (1.76)	0.037 (0.45)	0.156 ** (2.24)	0.049 (0.59)	0.150 ** (2.14)
Indep	0.233 (1.08)	0.108 (0.63)	0.232 (1.08)	0.107 (0.62)	− 0.001 (− 0.00)	0.142 (0.85)	0.017 (0.08)	0.125 (0.75)
Size	0.247 *** (10.96)	0.235 *** (9.46)	0.249 *** (11.12)	0.242 *** (9.91)	0.254 *** (13.05)	0.224 *** (9.41)	0.255 *** (13.18)	0.230 *** (9.71)
Lev	− 0.026 (− 0.35)	− 0.187 ** (− 1.98)	− 0.070 (− 0.96)	− 0.309 *** (− 3.27)	− 0.144 ** (− 2.16)	− 0.154 * (− 1.82)	− 0.211 *** (− 3.26)	− 0.250 *** (− 3.03)
Age	− 0.138 *** (− 4.06)	− 0.091 (− 1.30)	− 0.139 *** (− 4.06)	− 0.045 (− 1.50)	− 0.126 *** (− 3.35)	− 0.062 ** (− 2.41)	− 0.126 *** (− 3.31)	− 0.067 *** (− 2.60)

续表

变量	两权分离度高	两权分离度低	两权分离度高	两权分离度低	机构投资者持股比例低	机构投资者持股比例高	机构投资者持股比例低	机构投资者持股比例低
	(1) Salary	(2) Salary	(3) Salary	(4) Salary	(5) Salary	(6) Salary	(7) Salary	(8) Salary
Mkt	0.007 (0.43)	−0.003 (−0.14)	0.008 (0.51)	−0.001 (−0.07)	0.024 (1.55)	−0.004 (−0.21)	0.027 * (1.68)	−0.004 (−0.25)
Constant	8.276 *** (15.18)	8.618 *** (15.70)	8.234 *** (15.16)	8.525 *** (15.78)	8.368 *** (17.74)	8.700 *** (15.72)	8.324 *** (17.82)	8.649 *** (15.64)
Group Comparison	高于50%	低于50%	高于50%	低于50%	低于50%	高于50%	低于50%	高于50%
Short × Perf 系数比较	实证 p 值： p-value = 0.000		实证 p 值： p-value = 0.003		实证 p 值： p-value = 0.000		实证 p 值： p-value = 0.000	
Firm FEs	Yes	Yes	Yes	Yes	Yes	Yes	Yes	Yes
Year FEs	Yes	Yes	Yes	Yes	Yes	Yes	Yes	Yes
Cluster firms	Yes	Yes	Yes	Yes	Yes	Yes	Yes	Yes
Observations	7474	8350	7473	8350	8680	8811	8680	8810
Adj_R²	0.428	0.367	0.427	0.361	0.425	0.370	0.424	0.369
F	61.75	55.87	58.93	54.07	72.52	58.63	70.74	56.46

注：*** 、** 、* 依次表示在1%、5%和10%的水平上显著；回归结果的 T 值经过了异方差处理（White，1980）并考虑了公司层面的聚类效应（Petersen，2009）。

5.7 拓展性研究

5.7.1 产权性质

目前，关于国有企业代理问题的研究已经较为成熟，理论界普遍认为国有企业代理问题是国有企业长期存在的严重问题（Shleifer and Vishny，1994；Lin et al.，1998），且相对于民营企业，国有企业代理成本要显著更高（韩朝华，2003；李寿喜，2007）。这主要是因为，国有企业往往承担政策性负担，加大了大股东与中小股东之间的代理问题，削弱了国有企业公司治理的有效性（Lin and Tian，1999；林毅夫和李志赟，2005；廖冠民和沈红波，2014）。李增泉等（2004，2005）指出，控股股东和地方政府为了维持母公司的存续或当地政府的经济与社会发展，天生具有从上市公司转移资源的"掏空"动机。然而，国有企业往往存在严重的薪酬管制（沈艺峰和李培功，2010；刘星和徐光伟，2012），政府薪酬的管制干预一定程度上降低了高管薪酬业绩敏感性（刘慧龙等，2010，唐松和孙铮，2014）。因此，在非国有企业中，卖空机制对于大股东"掏空"的抑制作用可能更为明显，即卖空机制对高管薪酬业绩敏感性的正面影响主要体现在非国有企业样本之中。

因此，本书按照锐思数据库（RESSET）企业实际控制人性质，将企业分为国有企业和非国有企业。回归结果如表 5–9 所示，相比较国有企业一组，在非国有企业一组，交互项（Short×Perf）的系数显著性明显更高[①]。这说明卖空机制对高管薪酬业绩敏感性的正向作用在非国有企业中更为显著。

表 5–9　　　　　放松卖空约束、产权性质与企业高管薪酬业绩敏感性

变量	非国有	国有	非国有	国有
	（1） Salary	（2） Salary	（3） Salary	（4） Salary
	Perf = Roa		Perf = Roe	
Short×Perf	0.526 ** （2.25）	0.577 （1.50）	0.317 *** （2.62）	0.340 ** （2.38）
Perf	0.838 *** （6.77）	1.263 *** （7.44）	0.302 *** （5.74）	0.305 *** （5.72）
Short	−0.031 （−1.35）	−0.037 （−1.29）	−0.034 （−1.57）	−0.043 （−1.53）
Cashhold	−0.035 （−0.66）	0.010 （0.11）	−0.025 （−0.46）	0.072 （0.78）

---

①　对于 Perf = Roe 一组，交互项系数都是呈现显著正相关，那么仅仅根据显著程度无法比较两组系数差异，所以本书通过 Bootstrap 进行组间系数检验（1000 次抽样），发现相比国有企业一组，非国有企业一组交互项（Short×Perf）更为显著（P-value = 0.003 ***）。

续表

变量	非国有	国有	非国有	国有
	(1) Salary	(2) Salary	(3) Salary	(4) Salary
Top1	-0.001 (-0.72)	-0.001 (-0.98)	-0.001 (-0.59)	-0.001 (-0.65)
Exeshare	-0.0876 (-1.14)	1.628** (2.57)	-0.0714 (-0.92)	1.675** (2.57)
Boardsize	0.145** (2.20)	0.077 (0.82)	0.150** (2.28)	0.087 (0.90)
Indep	0.244 (1.38)	-0.0110 (-0.05)	0.240 (1.36)	0.00152 (0.01)
Growth	-0.006 (-1.62)	-0.011** (-2.19)	-0.005 (-1.48)	-0.011** (-2.02)
Risk	-0.028 (-0.41)	0.094 (0.79)	-0.035 (-0.50)	0.096 (0.81)
Size	0.253*** (12.52)	0.216*** (10.22)	0.257*** (12.90)	0.221*** (10.10)
Lev	-0.050 (-0.74)	-0.228*** (-2.65)	-0.117* (-1.77)	-0.359*** (-3.97)
Age	-0.110*** (-4.10)	-0.186*** (-3.79)	-0.111*** (-4.10)	-0.190*** (-3.83)
Mkt	-0.011 (-0.76)	0.024 (1.28)	-0.010 (-0.65)	0.025 (1.31)
Constant	8.180*** (17.95)	9.204*** (16.71)	8.104*** (17.97)	9.126*** (16.28)
Firm FEs	Yes	Yes	Yes	Yes
Year FEs	Yes	Yes	Yes	Yes
Cluster Firm	Yes	Yes	Yes	Yes
Observations	11818	5673	11818	5672
Adj_R^2	0.440	0.402	0.438	0.395
F	95.06***	48.60***	91.85***	47.31***

注：***、**、*依次表示在1%、5%和10%的水平上显著；回归结果的 T 值经过了异方差处理（White，1980）并考虑了公司层面的聚类效应（Petersen，2009）。

5.7.2　信息环境

前文分析表明，无论是"高管私利行为"抑或"大股东掏空行为"，负面消息的隐藏是影响薪酬业绩敏感性的重要原因。而公司内部人（高管与大股东）拥有的企业经营状况的内部私有信息在企业之间存在较大的差异。例如，信息透明度高的公司，管理层隐藏负面消息十分困难，外部人较容易掌握公司实际经营情况，卖空机制通过抑制高管私利行为提高薪酬业绩敏感性的作用有限。另外，信息透明度高的公司，大股东"掏空"上市公司的难度也会加大。相反，在信息透明度低的公司中，高管和大股东寻租较为容易，更可能隐藏负面消息，这时，卖空机制的"抑制高管私利行为"和"抑制大股东掏空"对抑制负面消息管理行为的作用应当更加明显。因此，本书认为在信息不对称程度较高的公司中，卖空机制对薪酬业绩敏感性的正面作用也更加显著。

参照哈顿等（Hutton et al.，2009），本书采用修正的 Jones 模型（Dechow et al.，1995）来估计企业信息不对称程度，记为 DA。然后按照 DA 的中位数样本分为信息不对称程度高与低的两组（高于 50% 为信息不对称高组，低于 50% 为信息不对称低组）。表 5 – 10 报告的回归结果表明，在信息不对称程度较高的组中，交互项（Short × Perf）的系数在 1% 的水平上显著为正，且显著性水平高于在信息不对称程度较低的组中[①]。这说明在信息不对称程度较高时，卖空机制对于薪酬业绩敏感性的提升作用更加明显。

表 5 – 10　　　　　　　　放松卖空约束、高管行为与企业高管薪酬业绩敏感性

变量	信息不对称程度高	信息不对称程度低	信息不对称程度高	信息不对称程度低
	（1）Salary	（2）Salary	（3）Salary	（4）Salary
	Perf = Roa		Perf = Roe	
Short × Perf	0.610 ** （2.53）	0.573 * （1.66）	0.317 *** （3.11）	0.362 ** （1.98）

[①]　两组系数都是呈现显著正相关，仅仅根据显著程度无法比较两组系数差异，所以本书通过 Bootstrap 进行组间系数检验（1000 次抽样）。

变量	信息不对称程度高	信息不对称程度低	信息不对称程度高	信息不对称程度低
	（1） Salary	（2） Salary	（3） Salary	（4） Salary
Perf	0.873 *** (6.84)	1.721 *** (8.74)	0.265 *** (5.77)	0.548 *** (6.82)
Short	− 0.028 (− 1.14)	− 0.037 (− 1.48)	− 0.0301 (− 1.31)	− 0.039 (− 1.58)
Cashhold	− 0.058 (− 0.90)	− 0.019 (− 0.32)	− 0.030 (− 0.47)	0.0004 (0.01)
Top1	− 0.0002 (− 0.19)	− 0.003 ** (− 2.54)	0.00001 (0.01)	− 0.003 ** (− 2.50)
Exeshare	− 0.140 (− 1.32)	− 0.101 (− 1.03)	− 0.123 (− 1.14)	− 0.067 (− 0.68)
Growth	− 0.007 * (− 1.95)	− 0.004 (− 0.80)	− 0.006 * (− 1.75)	− 0.003 (− 0.50)
Risk	− 0.110 (− 1.22)	0.178 ** (1.99)	− 0.115 (− 1.26)	0.172 * (1.91)
Boardsize	0.196 ** (2.54)	0.006 (0.08)	0.209 *** (2.67)	0.013 (0.20)
Indep	0.389 ** (2.00)	− 0.156 (− 0.94)	0.394 ** (2.04)	− 0.167 (− 1.00)
Size	0.230 *** (12.32)	0.257 *** (11.53)	0.236 *** (12.75)	0.255 *** (11.36)
Lev	− 0.136 ** (− 1.96)	− 0.0738 (− 1.01)	− 0.225 *** (− 3.17)	− 0.151 ** (− 2.11)
Age	− 0.096 *** (− 3.03)	− 0.081 *** (− 2.83)	− 0.092 *** (− 2.89)	− 0.088 *** (− 3.06)
Mkt	0.008 (0.47)	0.005 (0.37)	0.010 (0.61)	0.003 (0.23)

续表

变量	信息不对称程度高	信息不对称程度低	信息不对称程度高	信息不对称程度低
	（1） Salary	（2） Salary	（3） Salary	（4） Salary
Constant	8.336 *** （18.70）	8.414 *** （16.38）	8.233 *** （18.57）	8.550 *** （16.64）
Group Comparison	高于 50%	低于 50%	高于 50%	低于 50%
Short × Perf 系数比较	实证 p 值：p-value = 0.000		实证 p 值：p-value = 0.000	
Firm FEs	Yes	Yes	Yes	Yes
Year FEs	Yes	Yes	Yes	Yes
Cluster firms	Yes	Yes	Yes	Yes
Observations	8525	8966	8524	8966
Adj_R^2	0.427	0.414	0.424	0.410
F	74.76	76.04	72.70	74.45

注：***、**、*依次表示在 1%、5% 和 10% 的水平上显著；回归结果的 T 值经过了异方差处理（White，1980）并考虑了公司层面的聚类效应（Petersen，2009）。

5.8 本 章 小 结

高管薪酬业绩敏感性作为高管薪酬契约合理性的核心研究问题，研究其有效性具有重要的理论贡献和现实意义，而卖空制度作为我国资本市场实施的一项重要的创新措施，研究其对企业行为的影响尤其是在发挥监督企业的行为上的作用不容忽视。在理论上，本书从高管薪酬业绩敏感性这一重要的视角探讨了卖空机制在公司治理中的重要作用，丰富了卖空机制在公司治理方面的文献。现实意义上，本书的研究表明卖空机制有利于提高高管薪酬业绩敏感性，这对完善上市公司治理以及相关部门评估卖空机制的市场经济后果，具有重要的参考意义。

本书选取在中国沪、深两市 A 股 2008～2017 年上市的公司为样本，采用双重差分法（DID）研究了卖空机制对于企业高管薪酬定价效率的作用。研究发现，卖空机制可以有效抑制"高管私利"和"大股东掏空"行为，从而提高高管薪酬业绩敏感性，使得高管薪酬更为合理、薪酬契约更为有效；在采用了 PSM 解决内生性问题，以及进行了稳健性检验后，结论依然成立。进一步，本书深入检验两种机制的发生，发现在高管持股比例较高以及独立董事持股比例较低一组，放松卖空管制对高管薪酬业绩敏感性的正面影响更为显著，即卖空机制对高管薪酬业绩敏感性的正面作用在高管"更可能发生私利行为"的一组更为显著，这说明卖空机制可以通过抑制"高管私利"行为，提高薪酬业绩敏感性；而在检验卖空机制抑制"大股东掏空"行为时，同样发现在两权分离度以及机构投资者持股比例较高的一组，卖空机制对高管薪酬业绩敏感性的正面作用更为显著，即在"更可能发生掏空行为"的一组，卖空机制的作用更为显著，这同样验证了卖空机制对于高管薪酬业绩敏感性作用的第二个机制。

本章的研究结果说明，放松卖空管制这一资本市场创新制度的实施有一定的外部公司治理效应，且卖空机制的实施有助于提高企业高管薪酬定价效率，本章的研究逐步打开了卖空机制影响公司治理机制的黑匣子。因此，逐步放开对卖空的管制有利于强化公司的外部监督机制，促进公司内部治理，从而加强对投资者利益的保护。

第 6 章

卖空机制、公司治理与企业信用评级的实证研究

6.1 问题的提出

公司治理是影响企业信用评级的关键因素，评级机构对此十分关注。大量国内外评级机构都公布了其关注的公司治理内容，其中标准普尔（Standard and Poor's）在评级过程中主要关注的公司治理内容包括以下几个方面：（1）所有者结构和影响；（2）财务利益相关者权利和关系；（3）财务透明度和信息披露；（4）董事会结构和运作；而惠誉国际（Fitch Ratings）针对公司治理的框架也有四个方面：（1）董事会治理效率；（2）管理层治理效率；（3）财务信息透明度；（4）关联交易；国内评级机构中诚信也公布了其关注的公司治理内容：（1）股权结构与股东权利；（2）控股股东行为与公司独立性；（3）董事会结构及其运作；（4）董事和管理层激励与绩效评价；（5）信息披露与透明度；（6）商业行为与道德操守。而相关文献也证实公司治理是影响企业信用评级的关键因素（Ayers et al.，2010；Alali et al.，2012），如企业财务信息包括企业规模（Bottazzi and Secchi，2006）、财务杠杆比率（Pottier and Sommer，1999；赵静和方兆本，2011）、企业盈利能力（Horrigan，1966；Kaplan and Urwitz，1979；Adams et al.，2003）等，以及公司治理中的非财务信息包括股权集中度（Bhojraj et al.，2003）、董事会特征（Ashbaugh‑Skaife et al.，2006）、管理层能力（Cornaggia et al.，2017；吴育辉等，2017）以及内部控制（敖小波等，2017）等。因此，公司治理是影响企业信用评级的关键因素，

评级机构对于影响企业信用评级的公司内部治理的因素十分重视（Graham and Harvey，2001；Bhojraj et al.，2003；Cornaggia et al.，2017）。

卖空使得投资者可以通过卖空股票而获利，这大大激励了投资者挖掘上市公司和经理人负面消息的动力。卖空机制的引入，使得投资者可以通过挖掘公司负面消息进行股票卖空以套利（Krpoff and Lou，2010），这加快了股价匹配其内在价值的速度（Saffi and Sigurdsson，2011），从而使得股票价格能够更真实地反映其价值，提高股价的信息含量和定价效率（Saffi and Sigurdsson，2011；靳庆鲁等，2015）。近年来，一些学者研究发现，卖空机制能有效地约束大股东和管理层的私利行为，缓解委托代理问题，具有一定的公司治理作用（Massa et al.，2015；陈晖丽和刘峰，2014；张璇等，2016）。那么，卖空机制如何影响企业公司治理，进而影响企业信用评级，本书认为其主要机制分为以下两个部分。第一，监督管理层私利行为。卖空交易会向股价施加一个向下压力（Cohen et al.，2007），导致高管所持股票或期权的市值下降，这将直接影响高管利益（张璇等，2016）。卡尔波夫和罗（Karpoff and Lou，2010）研究发现，卖空者有能力挖掘出公司的负面消息，并发现公司高管的私利行为；马萨等（Massa et al.，2015）认为，卖空机制作为一种事后惩罚措施，可以通过卖空股票加大对高管私利行为的惩罚。因此，卖空机制的价格发现功能可以有效评价高管行为，抑制高管的私利行为（Fang et al.，2016），从而提高公司治理。第二，监督大股东私利行为。现代公司治理理论认为，对大股东实施有效监督是抑制大股东"掏空"动机的有效措施。卖空机制的引入，使得中小股东能够通过卖空抑制大股东行为（Massa et al.，2015，侯青川等，2016）。如果大股东在卖空机制下继续进行"掏空"行为，中小股东就会通过卖空股票使大股东利益受到直接损失，那么当相应股价下跌对大股东造成的损失大于"掏空"带来的收益时，大股东就会停止掏空行为。侯青川等（2017）研究发现，卖空机制的引入，可以通过形成一种有效的市场监督机制，对大股东行为实行有效的外部监督，抑制大股东掏空，从而提高公司治理水平。总之，不管是加重对高管不当行为的惩罚，抑或是通过抑制大股东"掏空"，卖空都能够提高企业内部治理水平，改善上市公司治理，进而提高企业信用评级。因此，本章研究的主要问题为：卖空机制、公司治理与企业信用评级。

我国资本市场长期处于"单边市"状态，负面消息无法及时反映到股价中，因此利益相关者无法对企业负面消息做出及时、有力的应对措施，更无法有效应对大股东或高管的私利行为。这种情况下会导致企业大股东或管理层"有恃无恐"地损害甚至侵蚀利益相关者的利益。中国证监会于 2010 年 3 月正式放松了卖空限制，放开上市公司股票的卖空管制。卖空交易机制作为一项金融创新制度，被普遍认为是市场重要的定价手段，放松卖空管制可以提高股票市场定价效率，使坏消息能够及时地反映到股价中（黄超和黄俊，2016）。这同样也为利益相关者提供了约束大股东或者高管的有利措施。因此，卖空机制作为一种外部治理机制，可以有效地起到公司治理的作用。事实上，近年来很多学者也验证了卖空机制的公司治理作用，马萨等（Massa et al.，2015）发现，卖空机制能有效抑制管理层盈余管理；张璇等（2016）发现，放松卖空约束可以有效约束高管行为，减少财务重述，缓解代理问题；侯青川等（2017）发现，放松卖空约束可以有效抑制大股东"掏空"行为。基于以上分析，本章尝试从公司治理角度，深入分析放松卖空约束对企业信用评级的影响机制。

6.2　理 论 分 析 与 研 究 假 设

企业经营业绩是企业偿还债务成本和利息的保障，因此，企业的经营业绩会影响企业信用评级（Horrigan，1966；Kaplan and Urwitz，1979）。相关文献也证实了这一点，例如，齐巴特和赖特（Ziebart and Reiter，1992）利用结构方程模型（SEM）检验了企业信用评级与财务信息之间的关系，研究发现公司规模、利息保障倍数、资产周转率、资本结构以及 Beta 系数等指标都会影响企业的信用评级。然而，大量研究发现，大股东"掏空"行为会导致企业经营业绩下降，损害企业价值，不利于企业可持续发展（Cheung et al.，2006；Jiang et al.，2010；姜国华和岳衡，2005）。因此，大股东"掏空"会影响企业信用评级。

在卖空制度实施之前，上市公司股票无法被卖空，大股东"掏空"作为一种负面消息难以及时反映到股价之中，且中小股东缺乏有效措施遏制大股东的"掏空"行为（郑国坚等，2013），大股东所承受的侵占中小股东利益带来的损失相对较小（侯青川等，2016）；而在放松卖空约束后，大股东的

"掏空"行为会及时反映到股价中（靳庆鲁等，2015），从而使中小股东可以利用对上市公司股票进行卖空这一机制有效遏制大股东"掏空"行为（靳庆鲁等，2017），这会导致大股东和管理层的利益损失。如果"掏空"行为获得的收益小于股价下跌可能带来的损失，则放松卖空管制可以在一定程度上缓解大股东的"掏空"行为（侯青川等，2016）。因此，卖空机制的引入，使得中小股东能够通过卖空抑制大股东"掏空"行为（Massa et al.，2015；侯青川等，2016）。如果大股东在卖空机制下继续进行"掏空"，中小股东就会通过卖空股票使大股东利益受到直接损失，卖空交易会向股价施加向下的压力科恩等（Cohen et al.，2007），那么当相应股价下跌对大股东造成的损失大于"掏空"带来的收益时，大股东就会停止"掏空"行为。马萨等（Massa et al.，2015）认为，卖空机制作为一种事后惩罚措施，可以通过卖空股票加大对大股东不当行为的惩罚。侯青川等（2017）研究发现，卖空机制的引入，可以通过形成一种有效的市场监督机制，对大股东行为实行有效的外部监督，抑制大股东"掏空"行为。基于以上分析，本书提出本章第一个假设：

假设6-1：放松卖空约束抑制大股东掏空，提高了企业信用评级。

企业盈利能力（营业收入、营业利润、三费占比等）是影响企业信用评级的重要因素（Pinches and Mingo，1973；Kaplan and Urwitz，1979）。国际三大评级机构发布的评级报告中显示，盈利能力是评级机构关注的重点部分，相关理论研究也都对此进行了大量证明。Jiang（2008）认为企业利润、上一年盈利和分析师预测三个方面突破业绩基准时，企业的信用评级也会越高；DeBoskey and Gillet（2013）研究认为企业盈利水平越高，企业信用评级也越高；吴健和朱松（2012）研究发现，盈利能力、负债水平和规模因素都能在一定程度上反映企业信用评级；施丹和姜国华（2013）发现盈利能力、偿债能力、现金流量等财务指标会显著影响企业的信用评级。

但是，提高企业盈利能力并不容易。一般来说，企业的盈利能力是较为稳定的，盈利能力的改变不仅需要企业对其经营方式进行改进，还需要外部市场环境的变化。而管理层往往具有很强的动机去提高企业盈利能力，而获得较高的信用评级：一方面，为了在信贷市场中获取投资者或贷款方的认可（Graham and Harvey，2001）而获得融资；另一方面，由于业绩压力或者出于私利动机，管理层也需要提高企业信用评级而获得相应的薪酬利益。因此，管理层通常会通过操纵盈余，进行盈余管理来获取较高的信用评级，相关文献也验证了这一点。例如，德米塔斯等（Demirtas et al.，2013）研究发现，企业在首次信用评级之前，流动性应计项目会出现正向、高额的异常调整；阿里和张（Ali and Zhang，2008）研究发现，企业会通过虚增企业盈余，提高企业信用评级被下调的可能性；阿什堡斯卡夫等（Ashbaugh – Skaife et al.，2006）通过实证，直接证实了企业应计盈余项目与信用评级之间的正向相关关系；古诺普和范（Gounopoulos and Pham，2017）同样发现，企业在发债时会通过操纵盈余管理而提高主体信用评级；刘娥平和施燕平（2014）研究发现企业在获得首次信用评级之前，会通过盈余操纵来提高企业信用评级；马榕和石晓军（2016）认为，公司可以通过操纵盈余管理程度来影响其信用评级水平。

　　虽然企业有动机去提高盈余管理水平以增加其表面盈利状况，但是随着盈余管理的提高，其盈余质量会持续下降（Dechow et al.，2010）。即企业过度进行盈余管理会降低企业盈余质量（Lo，2008；申慧慧等，2009；徐浩萍和陈超，2009；罗炜和饶品贵，2010；王克敏和廉鹏，2010）。而随着卖空机制的引入，会抑制企业盈余管理行为（Massa et al.，2015；陈晖丽和刘峰，2014）。相关文献也证实了这一点，卖空机制会使得企业面临更加严厉的监管，企业财务错报被发现的概率加大（Karpoff and Lou，2010；Fang et al.，2016），同样也会增加企业退市风险（Desai et al.，2002）。并且卖空交易者通常会重点关注企业盈余质量，盈余管理会增加企业股票被卖空的概率（Massa et al.，2015；陈晖丽和刘峰，2014），而这将直接影响股东或管理层的利益（侯青川等，2016；张璇等，2016）。卡尔波夫和罗（Karpoff and Lou，2010）研究发现，卖空者有能力挖掘出企业财务错报等负面消息，并发现公司管理层的私利行为。赫舒拉等（Hirshleifer et al.，2011）指出，卖空交易者十分重视上市公司的应计盈余水平，会通过观察上市公司的应计盈余水平的高低来识别目标公司。马萨等（Massa et al.，2015）认为，卖空机制作为一种事后惩罚措施，可以通过卖空股票加大对高管私利行为的惩罚。综上分析，引入卖空机制将会对企业产生事前震慑作用迫使企业的行为更加谨慎，可以有效监督管理层的私利行为，抑制管理层进行利润操纵的动机，进一步抑制管理层的盈余管理行为，从而有利于提高企业信用评级。基于此分析，本书提出本章的第二个假设：

　　假设 6 – 2：放松卖空约束抑制盈余管理，提高了企业信用评级。

6.3 研 究 设 计

6.3.1 样本选择与数据来源

本书选取了 2008～2017 年所有在沪市和深市发行信用债券且被第三方评级机构进行主体长期信用评级的上市公司为初始研究样本。研究中所需要的企业信用评级数据主要来自万得（Wind）数据库，对于企业信用评级的搜集的方法，本书参照李琦等（2011）、王雄元和张春强（2013）的研究，首先，本书依据万得数据库（Wind）"发债主体历史信用等级"手工整理得到沪深 A 股所有上市公司的主体长期信用评级记录，共 8253 条年度上市公司主体信用评级记录。其次，由于企业在一年内发行的债券存在多个批次、多种类型，因此企业在同年内可能存在多次主体长期信用评级记录，对于这样的情况，本书参照李琦等（2011）、王雄元和张春强（2013）的研究方法，仅取值年末最后一次评级记录，因此本书得到了 4850 条年度观测值。再次，因为金融业公司报表结构与相关指标计算与其他企业有较大差异，本书剔除了样本中金融类行业上市公司 637 个年度观测值，余下 4213 条企业年度观测值。最后，由于企业在 IPO 上市之前可能会发行信用债等企业债券，因此本书的数据样本中同样存在一个企业上市之前的主体长期信用评级，对于这样的情况，本书参照李琦等（2011）的研究方法，将此类的 98 个样本年度观测值进行剔除处理。最终本书得到了 1027 个上市公司，4111 个年度观测值，如表 6－1 所示。另外，本书将所得到的评级结果通过与锐思数据库（RESSET）"债券信用评级及担保"进行一一核对，并将评级记录有差异的样本通过媒体（百度搜索、谷歌搜索）披露进行最终确定。本章所使用的相关数据均来自国泰安（CSMAR）数据库或万得（Wind）数据库，部分财务指标通过手工搜集并计算获得，为了克服异常值对实证结果的影响，本书对主要连续变量在 1% 与 99% 分位数上进行了缩尾（winsorize）处理，本书所使用的统计软件为 Stata 14.0。

表 6 – 1　　　　　　　　　　　　　样本选择过程

2008 ~ 2017 年 A 股拥有主体长期信用评级的样本量		8253
减去	一年内重复多次评级的上市公司	3403
减去	金融行业上市公司	637
减去	公司上市前和上市当年的企业信用评级	98
减去	相关数据缺失	4
最终样本量		4111

6.3.2　模型构建与变量定义

借鉴研究模型采用福克纳和王（Faulkender and Wang, 2006）与高等（Gao et al., 2019）的研究设计，并借鉴陈等（Chen et al., 2012）与侯青川等（2016）的研究模型，本书采用固定效应方式进行回归估计，并同时控制年度效应、公司个体效应以及在公司个体层面去除聚类效应进行 DID（Difference-in – Difference）的研究设计，具体为：

$$Rate/\text{Log}(Rate) = a + \beta_1 Short \times Tunnel + \beta_2 Tunnel + \beta_3 Short + \beta_4 \text{Log}(Assets)$$
$$+ \beta_5 Leverage + \beta_6 Growth + \beta_7 ROA + \beta_8 Coverage + \beta_9 Current$$
$$+ \sum Year + \sum Firm + \varepsilon \qquad (6.1)$$

$$Rate/\text{Log}(Rate) = a + \beta_1 Short \times DA + \beta_2 DA + \beta_3 Short + \beta_4 \text{Log}(Assets)$$
$$+ \beta_5 Leverage + \beta_6 Growth + \beta_7 ROA + \beta_8 Coverage$$
$$+ \beta_9 Current + \sum Year + \sum Firm + \varepsilon \qquad (6.2)$$

模型（6.1）和模型（6.2）的因变量均为企业信用评级 ［Rate/Log(Rate)］，本章从两个层面进行分析，即企业信用评级等级（Rate）以及量化的企业信用评级等级 ［Log(Rate)］，其中 Rate 为企业信用评级等级，按照企业信用评级等级赋分；Log(Rate) 为企业信用评级等级量化，等于企业信用评级的对数值。自变量为企业是否经历了放松卖空约束（Short）以及大股东掏空（Tunnel）和盈余管理（DA）。交互项为 Short × Tunnel 和 Short × DA，代表卖空效应是否通过扣制大股东掏空及盈余管理的作用增强公司治理水平，从而提高企业信用评级。具体如下。

1. 因变量

因变量为企业信用评级。参照 Becker and Milbourn (2011) 赋值法，本章将信评机构所评结果转换为数字形式，其中，AAA + =21、AAA = 20、AAA − = 19、AA + = 18、AA = 17、AA − = 16、A + = 15、A = 14、A − = 13、BBB + = 12、BBB = 11、BBB − = 10、BB + = 9、BB = 8、BB − = 7、B + = 6、B = 5、B − = 4、CCC = 3、CC = 2、C = 1。

2. 自变量

（1）放松卖空约束（Short），用来刻画企业是否经历放松卖空。由于中国式融资融券制度是宏观层面的金融制度，上市公司进入卖空标的池是一个相对外生的事件，且可卖空的标的公司是逐步放开，即每年的实验组和对照度都有一定的变化。因此，参照前人的研究（靳庆鲁等，2015；侯青川，2016；郑建明等，2017），本书将企业是否进入卖空标的池设置为一个虚拟变量 Short，当上市公司进入可卖空的标的池时及以后年份，取值为 1，否则取值 0。例如，某一个上市公司在 2012 年被选入可卖空的标的公司，则该上市公司（Short）在 2012～2017 年取值为 1，2008～2010 年取值为 0。

（2）大股东"掏空"（Tunnel）。通常情况下，上市公司占绝对控制权大股东会通过"掏空"的方式获取其控制权私利，大股东"掏空"行为作为衡量大股东私利行为的重要指标，在过去的文献中得到广泛运用。比如，Shleifer and Vishny（1986）、La Porta et al.（1999）、Johnson et al.（2000）、叶康涛等（2007）、郝云宏等（2013）、郑国坚等（2013）、姜付秀等（2015）、侯青川等（2017）以及陈胜蓝和卢锐（2018）等人在分析大股东私利行为的影响时都使用了大股东"掏空"指标。而大股东在对资金占用时，通常会选择非经营性资金（郑国坚等，2013）。因此，本章参照叶康涛等（2007）、郑国坚等（2013）的研究，使用非经营性资金与企业总资产的比率，即其他应收款占总资产的比值作为衡量大股东"掏空"的指标。

（3）盈余管理（Discretionary Accruals，DA）。盈余管理是度量管理层私利行为的重要指标，在过去的文献中得到广泛运用（Arya et al.，1998；Healy and Wahlen，1998；Cohen and Paul，2010；Massa et al.，2015；Fang et al.，2016；王克敏和刘博，2014；陈晖丽和刘峰，2014；张璇等，2016；俞红海

等，2017）。在分析管理层私利行为的影响时都使用了盈余管理指标。因此，本书首先采用盈余管理作为管理层私利行为的代理变量，并借鉴已有研究（Dechow et al.，1995；Caramanis and Lennox，2008；Gunny and Zhang，2013；Wang and Dou，2015），采用可操控应计额作为盈余管理的度量指标。具体计算方式如下。

首先，本书使用修正的琼斯模型来衡量操纵性应计利润（Discretionary Accruals），本书利用模型（6.3）估计以下横截面回归，以获得行业和年份特定的参数：

$$TA_t/Asset_{t-1} = \alpha_1(1/Asset_{t-1}) + \alpha_2(\Delta REV_t/Asset_{t-1}) + \alpha_3(PPE_t/Asset_{t-1}) + \varepsilon$$

$$(6.3)$$

式（6.3）中：TA_t 代表总应计利润（total accruals，TA），通过公司的经营利润减去经营活动产生的净现金流获得；$Asset_{t-1}$ 代表公司上期期末的资产总额；ΔREV_t 代表销售收入增加额，通过公司本期销售收入减去上期销售收入获得；PPE_t 代表公司本期固定资产原值；ε 为残差，通过分行业、分年度回归以上模型，获得其残差项作为可操控应计项目（discretional accruals，DA）。

模型（6.3）是在每个行业年度进行的横断面估计。根据中国证监会行业分类方案，本书使用制造业的两位数代码和其他行业的一位数代码，并要求在一个行业年度至少有 10 个观察值来估计回归。然后在下面的模型（6.4）中使用从模型（6.3）中导出的系数 α_1、α_2 和 α_3 的估计值，得到公司特定的正常应计项目（non discretional accruals，NDA）。

$$NA_t = \hat{\alpha}_1(1/Asset_{t-1}) + \hat{\alpha}_2(\Delta REV_t/Asset_{t-1} - \Delta REC_t/Asset_{t-1})$$
$$+ \hat{\alpha}_3(PPE_t/Asset_{t-1}) + \varepsilon \qquad (6.4)$$

其中 ΔREC 为应收账款变动，可操控应计项目按比例 TA 的实际值减去 NA 的预测值计算。可自由支配应计项目的绝对值（ABSDA）是本书应计项目质量的代表，ABSDA 值越大，应计项目质量越差。

交互项为 Short × Tunnel 和 Short × DA，表示卖空效应是否通过抑制大股东"掏空"及盈余管理的作用增强公司治理水平，从而提高企业信用评级。

3. 控制变量

根据以往的文献（Horrigan，1966；Ziebart and Reiter，1992；Jiang，2008；

DeBoskey and Gillet，2013；吕长江和王克敏，2002；方红星等，2013；吴育辉等，2017；林晚发和刘颖斐，2018），本书在模型中加入了对企业信用评级可能造成影响的公司特征、公司治理等相关控制变量。具体包括：企业规模（Size）、财务杠杆（Lev）、盈利能力（ROA）、企业成长性（Growth）、利息保障倍数（Coverage）、流动比率（Current）。最后，本书还在模型（6.1）和模型（6.2）中加入了年度和行业虚拟变量来控制年度和个体效应，并在企业层面去除聚类效应。具体如表 6 - 2 所示：

表 6 - 2 主要变量的定义

变量类型	变量名称	变量符号	变量定义
被解释变量	信用评级	Rate	企业信用评级等级量化值
		Log（Rate）	企业信用评级等级量化值的对数值
解释变量	放松卖空约束	Short	样本期间上市公司是否进入可卖空的标的池，若是则为1，否则为0
	盈余管理	DA	根据修正的琼斯模型计算得到
	大股东"掏空"	Tunnel	其他应收款/总资产
控制变量	企业规模	Size	年末总资产的自然对数
	财务杠杆	Lev	年末总负债/年末资产
	企业成长性	Growth	（本期营业收入 - 上期营业收入）/上期营业收入
	盈利能力	Roa	息税前利润/平均总资产
	利息保障倍数	Coverage	税前利润/利息费用
	流动比率	Current	流动资产与期末资产比率
	公司个体	Firm	公司个体虚拟变量
	年份	Year	虚拟变量，9 年共设置 8 个虚拟变量
	大股东"掏空"	RPT1	年度关联交易总和/期初总资产，并经过行业中位数调整
		RPT2	采用剔除合作项目、许可协议、研究与开发成果、关键管理人员报酬、其他事项五类交易类别的年度关联交易之和/期初总资产，并经过行业中位数调整
		RPT3	年度商品交易和提供或接受劳务两项关联交易之和/期初总资产，并经过行业中位数调整
	股票日换手率	Turnover	股票日换手率的年度均值

续表

变量类型	变量名称	变量符号	变量定义
控制 变量	公司市值	Log(MV)	公司市值的自然对数
	股票波动性	Volatility	股票日回报率对市场日回报率回归残差项的标准差
	公司治理指数	CG	白重恩等（2005）使用的主成分分析法构造公司治理指数（CG）
	股权集中度	First_Dummy	第一大股东持股比例高低哑变量，按照是否高于年度第一大股东持股比例中位数分为高低两组，高于中位数则为1，否则为0
	管理层是否持股	Eex_dummy	高管持股比例高低哑变量，按照高管持股比例中位数分为高低两组，高于中位数则为1，否则为0

6.4　实证结果与分析

6.4.1　描述性统计

表 6-3 列示了相关变量的描述性统计结果。从中可以看出，信用评级的标准差为 1.510，相对于其他控制变量，其标准差较大。说明上市公司的信用评级分布还是存在一定的差异性。进一步对信用评级和其他控制变量进行描述性统计。比较发现，Short 的平均值为 0.464，即样本中 46.4% 的企业可以被卖空；大股东"掏空"的平均值为 0.09，标准差为 0.100，最小值为 0.0001，最大值为 0.462，这说明样本公司存在不同程度的"掏空"，且差距较大，其他应收款占总资产最大的达到 46.2%；盈余管理平均值为 0.062，标准差为 0.061，最小值为 0.001，最大值为 0.293，这说明样本公司存在不同程度的盈余管理，且差距较大，盈余管理程度最大的公司达到了总资产规模的 29.3%。

表 6-3　　　　　　　　　　　主要变量描述性统计

变量	观测值	均值	标准差	最小值	25% 分位数	中位数	75% 分位数	最大值
Rate	4111	23.31	1.510	2	23	23	24	26
Log(Rate)	4111	3.147	0.077	0.693	3.135	3.135	3.178	3.258

续表

变量	观测值	均值	标准差	最小值	25%分位数	中位数	75%分位数	最大值
Short	4111	0.464	0.499	0	0	0	1	1
Size	4111	23.35	1.174	20.00	22.509	23.179	24.093	25.83
Lev	4111	0.566	0.159	0.0603	0.454	0.572	0.681	1.094
Growth	4111	0.195	0.434	-0.658	0.001	0.123	0.289	4.655
Roa	4111	0.0335	0.0387	-0.219	0.014	0.029	0.512	0.210
Coverage	4111	0.006	0.020	-0.093	0.002	0.004	0.008	0.106
Current	4111	1.424	0.976	0.215	0.851	1.226	1.729	19.24
Tunnel	4105	0.090	0.100	0.0001	0.018	0.052	0.130	0.462
DA	4075	0.062	0.061	0.001	0.020	0.045	0.084	0.293

6.4.2 多元回归分析

对于假设6-1和假设6-2的验证，表6-4和表6-5分别报告了检验结果。为了缓解异方差问题，本书采用了White检验进行修正。本书分别报告了单变量以及同时控制了公司固定效应、年度效应和考虑公司层面聚类效应的结果。表6-4和表6-5的第一列是考虑了公司个体固定效应、年度效应以及考虑公司层面聚类效应后的回归结果，第二列是在第一列回归基础上加入控制变量后的回归结果，第三、四列是对应一、二列后变换了因变量后的结果。

在表6-4中，回归结果显示交互项Short×Tunnel的系数为正，并且至少在5%的水平上显著，随着估计方式的变化，以及控制变量的加入，交互项Short×Tunnel的系数呈现出合理的降低趋势。具体的，在同时控制了时间和公司个体固定效应并同时考虑了公司层面的聚类效应后，交互项Short×Tunnel的系数显著为正，即放松卖空约束抑制了大股东"掏空"行为，从而促进了企业主体信用评级的提高。这验证了本书的假设6-1。

在表6-5中，回归结果显示交互项Short×DA的系数为正，并且至少在5%的水平上显著，随着估计方式的变化，以及控制变量的加入，交互项Short×DA的系数呈现出合理的降低趋势。具体的，在同时控制了时间和公司个体固定效应并同时考虑了公司层面的聚类效应后，交互项Short×DA的系数显著为正，即放松卖空约束抑制了高管盈余管理，从而促进了企业主体信用评级的提高。这验证了本书的假设 6 – 2。

表 6 – 4　　　　　　　放松卖空约束、大股东"掏空"与企业信用评级

变量	（1） Rate	（2） Rate	（3） Log(Rate)	（4） Log(Rate)
Short × Tunnel	1.342 *** (2.58)	0.989 ** (2.16)	0.084 ** (2.28)	0.075 *** (2.68)
Short	0.144 ** (2.12)	0.097 (1.60)	0.005 (1.23)	0.003 (0.90)
Tunnel	– 1.906 * (– 1.88)	– 1.918 *** (– 2.74)	– 0.146 (– 1.58)	– 0.123 *** (– 3.08)
Size		0.440 *** (3.55)		0.012 (1.49)
Lev		– 0.739 (– 1.44)		– 0.012 (– 0.36)
Growth		– 0.041 * (– 1.88)		– 0.002 ** (– 2.05)
Roa		3.294 *** (3.17)		0.446 *** (3.80)
Coverage		– 0.017 * (– 1.71)		– 0.001 (– 1.45)
Current		0.093 *** (4.44)		0.004 *** (2.82)
Constant	22.11 *** (152.43)	12.65 *** (5.05)	3.100 *** (353.89)	2.819 *** (17.22)
Year	控制	控制	控制	控制
Firm	控制	控制	控制	控制
Cluster Firm	控制	控制	控制	控制
NO.	4105	4105	4105	4105
Adj_R^2	0.212	0.333	0.099	0.393

注：*** 、** 、* 依次表示在 1%、5% 和 10% 的水平上显著；回归结果的 T 值经过了异方差处理（White，1980）并考虑了公司层面的聚类效应（Petersen，2009）。

表 6 – 5   放松卖空约束、盈余管理与企业信用评级

变量	(1) Rate	(2) Rate	(3) Log(Rate)	(4) Log(Rate)
Short × DA	1.461 ** (2.54)	1.297 ** (2.37)	0.071 ** (2.17)	0.071 ** (2.02)
Short	0.163 ** (2.41)	0.096 (1.43)	0.007 ** (2.06)	0.005 (1.16)
DA	– 0.573 (– 1.17)	– 0.708 (– 1.49)	– 0.031 (– 1.01)	– 0.052 * (– 1.72)
Size		0.445 *** (3.60)		0.012 (1.47)
Lev		– 0.773 (– 1.50)		– 0.013 (– 0.40)
Growth		– 0.042 * (– 1.87)		– 0.002 ** (– 2.01)
Growth		– 0.042 * (– 1.87)		– 0.002 ** (– 2.01)
Roa		3.303 *** (3.09)		0.447 *** (3.76)
Coverage		– 0.018 * (– 1.80)		– 0.001 (– 1.63)
Current		0.092 *** (4.49)		0.004 *** (2.87)
Constant	22.01 *** (182.18)	12.49 *** (5.04)	3.092 *** (556.22)	2.815 *** (17.15)
Year	控制	控制	控制	控制
Firm	控制	控制	控制	控制
Cluster Firm	控制	控制	控制	控制
NO.	4075	4075	4075	4075
Adj_R^2	0.208	0.330	0.093	0.390

注：*** 、** 、* 依次表示在 1% 、5% 和 10% 的水平上显著；回归结果的 T 值经过了异方差处理（White，1980）并考虑了公司层面的聚类效应（Petersen，2009）。

6.5 稳健性检验与内生性检验

6.5.1 稳健性检验

1. 更换关键变量衡量方式

（1）信用评级衡量方式变换。

本章同样借鉴黄小琳等（2017）的研究，采用中国人民银行《信用评级更换关键变量衡量方式——信用评级衡量方式变换要素、标识及含义》划分的基本信用等级"三等九级"（AAA、AA、A、BBB、BB、B、CCC、CC、C）代替21级微调式信用等级，按照同样方法依次赋值，重新检验，回归结果如表6-6和6-7所示，结果显示并未发生实质性变化。因此假设6-1和假设6-2仍然成立。

表6-6 更换信用评级衡量方式：放松卖空约束、大股东"掏空"与企业信用评级

变量	（1） Rate	（2） Rate	（3） Log(Rate)	（4） Log(Rate)
Short × Tunnel	1.141 ** (2.56)	0.718 * (1.83)	0.314 *** (3.28)	0.236 *** (2.72)
Short	0.142 ** (2.37)	0.095 * (1.73)	0.015 (1.21)	0.006 (0.50)
Tunnel	−1.276 * (−1.84)	−1.538 ** (−2.51)	−0.430 ** (−2.27)	−0.468 *** (−2.71)
Size		0.524 *** (6.54)		0.097 *** (4.65)
Lev		−0.875 *** (−2.61)		−0.160 * (−1.79)

续表

变量	(1) Rate	(2) Rate	(3) Log(Rate)	(4) Log(Rate)
Growth		-0.036^* (-1.82)		-0.007^* (-1.71)
Roa		0.187 (0.61)		0.190^* (1.89)
Coverage		-0.018^* (-1.81)		-0.003^{**} (-2.12)
Current		0.096^{***} (5.94)		0.019^{***} (4.36)
Constant	4.064^{***} (30.25)	-7.029^{***} (-4.26)	1.626^{***} (59.74)	-0.435 (-1.04)
Year	控制	控制	控制	控制
Firm	控制	控制	控制	控制
Cluster Firm	控制	控制	控制	控制
NO.	4105	4105	4105	4105
Adj_R^2	0.305	0.381	0.202	0.281

注：***、**、*依次表示在 1%、5% 和 10% 的水平上显著；回归结果的 T 值经过了异方差处理（White，1980）并考虑了公司层面的聚类效应（Petersen，2009）。

表 6 - 7　　　　　　更换信用评级衡量方式：放松卖空约束、盈余管理与企业信用评级

变量	(1) Rate	(2) Rate	(3) Log(Rate)	(4) Log(Rate)
Short × DA	1.436^{***} (3.14)	1.184^{***} (2.67)	0.375^{***} (3.63)	0.331^{***} (3.29)
Short	0.147^{**} (2.42)	0.0770 (1.42)	0.018 (1.43)	0.005 (0.37)
DA	-0.521^* (-1.66)	-0.493^* (-1.66)	-0.171^{**} (-2.03)	-0.174^{**} (-2.11)

续表

变量	(1) Rate	(2) Rate	(3) Log(Rate)	(4) Log(Rate)
Size		0.532 *** (6.89)		0.098 *** (4.77)
Lev		− 0.908 *** (− 2.68)		− 0.169 * (− 1.87)
Growth		− 0.036 * (− 1.81)		− 0.007 * (− 1.70)
Roa		0.181 (0.56)		0.192 * (1.82)
Coverage		− 0.019 * (− 1.87)		− 0.003 ** (− 2.27)
Current		0.095 *** (5.95)		0.019 *** (4.45)
Constant	4.013 *** (34.44)	− 7.252 *** (− 4.56)	1.608 *** (69.44)	− 0.470 (− 1.14)
Year	控制	控制	控制	控制
Firm	控制	控制	控制	控制
Cluster Firm	控制	控制	控制	控制
NO.	4075	4075	4075	4075
Adj_R^2	0.302	0.379	0.196	0.277

注：***、**、* 依次表示在 1%、5% 和 10% 的水平上显著；回归结果的 T 值经过了异方差处理（White，1980）并考虑了公司层面的聚类效应（Petersen，2009）。

（2）大股东"掏空"衡量方式变换。

基于我国资本市场，大量学者对大股东"掏空"的内涵进行了深入研究。大量研究认为，中国资本市场中的大股东"掏空"除了直接占用资金行为以外，还存在控股股东以及关联公司的违规担保、控股股东关联交易等方式（李增泉等，2004；高雷等 2009；侯青川等，2017）。因此，参照侯青川等（2017）的研究，将其他应收款与企业总资产的比值替换为关联交易额与企业期初资产比值，并经过行业中位数调整。具体为：RPT1 采用年度关联交易总和/期初总资产，并经过行业中位数调整；RPT2 为采用剔除合作项目、许可协议、研究与开发成果、关键管理人员报酬、其他事项五类交易类别的年度关联交易之和/期初总资产，并经过行业中位数调整；RPT3 为采用年度商品交易类和提供或接受劳务两项关联交易之和/期初总资产，并经过行业中位数调整。回归结果如表 6 – 8 所示，结果显示交互项 Short × RPT1、Short × RPT2 以及 Short × RPT3 的系数均呈现为正相关，且在 5% 的水平上显著为正，因此，假设 6 – 1 再次得到验证。

表 6 – 8　　　　　　　　　　　　更换大股东"掏空"衡量方式

变量	（1） Rate	（2） Log（Rate）	（3） Rate	（4） Log（Rate）	（5） Rate	（6） Log（Rate）
Short × RPT1	0.033** (2.26)	0.002** (2.20)				
Short × RPT2			0.033** (2.25)	0.002** (2.19)		
Short × RPT3					0.033** (2.26)	0.002** (2.19)
RPT1	−0.036** (−2.50)	−0.002** (−2.37)				
RPT2			−0.036** (−2.48)	−0.002** (−2.36)		
RPT3					−0.036** (−2.50)	−0.002** (−2.36)
Short	0.109** (2.06)	0.005 (1.52)	0.111** (2.09)	0.005 (1.55)	0.109** (2.07)	0.005 (1.52)
Size	0.898*** (5.81)	0.040*** (4.22)	0.894*** (5.78)	0.040*** (4.19)	0.898*** (5.81)	0.040*** (4.22)
Lev	−1.365** (−2.46)	−0.045 (−1.28)	−1.391** (−2.50)	−0.046 (−1.33)	−1.365** (−2.46)	−0.045 (−1.28)
Growth	−0.034** (−2.02)	−0.002** (−2.05)	−0.034** (−2.02)	−0.002** (−2.05)	−0.034** (−2.02)	−0.002** (−2.05)

续表

变量	（1）Rate	（2）Log（Rate）	（3）Rate	（4）Log（Rate）	（5）Rate	（6）Log（Rate）
Roa	3.007 *** (3.64)	0.425 *** (3.89)	3.013 *** (3.70)	0.426 *** (3.93)	3.007 *** (3.64)	0.425 *** (3.89)
Coverage	−0.017 * (−1.95)	−0.001 * (−1.85)	−0.017 ** (−1.97)	−0.001 * (−1.88)	−0.017 * (−1.95)	−0.001 * (−1.85)
Current	0.073 *** (2.98)	0.003 ** (1.99)	0.074 *** (3.05)	0.003 ** (2.06)	0.073 *** (2.98)	0.003 ** (1.99)
Constant	2.298 (0.72)	2.191 *** (11.15)	2.400 (0.75)	2.198 *** (11.19)	2.298 (0.72)	2.191 *** (11.15)
Year	控制	控制	控制	控制	控制	控制
Firm	控制	控制	控制	控制	控制	控制
Cluster Firm	控制	控制	控制	控制	控制	控制
NO.	4111	4111	4096	4096	4110	4110
Adj_R^2	0.373	0.420	0.373	0.421	0.373	0.420

注：*** 、** 、* 依次表示在 1%、5% 和 10% 的水平上显著；回归结果的 T 值经过了异方差处理（White，1980）并考虑了公司层面的聚类效应（Petersen，2009）。

（3）盈余管理衡量方式变换。

进一步，本书参照科塔里等（Kothari et al.，2005）提出的 ROA – matched 模型计算可操纵性应计盈余。具体按照如下模型进行计算：

$$TA_t/Asset_{t-1} = \alpha_1(1/Asset_{t-1}) + \alpha_2(\Delta REV_t/Asset_{t-1})$$
$$+ \alpha_3(PPE_t/Asset_{t-1}) + \alpha_4 Roa + \varepsilon \qquad (6.5)$$

模型（6.5）中，TA_t 代表总应计利润（Total Accruals，TA），通过公司的经营利润减去经营活动产生的净现金流获得；$Asset_{t-1}$ 代表公司上期期末的资产总额；ΔREV_t 代表销售收入增加额，通过公司本期销售收入减去上期销售收入获得；PPE_t 代表公司本期固定资产原值；ROA_t 代表公司本期的总资产收益率；ε 为残差，通过分行业、分年度回归以上模型，获得其残差项作为可操控应计项目。具体的回归结果如表 6 – 9 所示，结果显示，Short × DA 的系数均呈现为正相关，且至少在 10% 的水平上显著为正，因此，假设 6 – 2

再次得到验证。

表6-9   更换盈余管理衡量方式

变量	(1) Rate	(2) Rate	(3) Log(Rate)	(4) Log(Rate)
Short × DA	1.471 ** (2.39)	1.302 ** (2.24)	0.068 * (1.95)	0.068 * (1.89)
Short	0.163 ** (2.38)	0.096 (1.40)	0.008 ** (2.10)	0.005 (1.17)
DA	-0.533 (-1.00)	-0.716 (-1.37)	-0.025 (-0.76)	-0.052 (-1.56)
Size		0.445 *** (3.60)		0.012 (1.47)
Lev		-0.774 (-1.50)		-0.013 (-0.41)
Growth		-0.042 * (-1.86)		-0.002 ** (-2.01)
Roa		3.304 *** (3.08)		0.448 *** (3.75)
Coverage		-0.018 * (-1.80)		-0.001 (-1.61)
Current		0.092 *** (4.49)		0.004 *** (2.86)
Constant	22.01 *** (181.13)	12.49 *** (5.05)	3.091 *** (553.35)	2.815 *** (17.18)
Year	控制	控制	控制	控制
Firm	控制	控制	控制	控制
Cluster Firm	控制	控制	控制	控制
NO.	4075	4075	4075	4075
Adj_R^2	0.208	0.330	0.093	0.389

注: *** 、** 、* 依次表示在1%、5%和10%的水平上显著;回归结果的 T 值经过了异方差处理(White,1980)并考虑了公司层面的聚类效应(Petersen,2009)。

2. 样本偏误问题

同样，为了去除样本偏误的影响，本章分别扩大样本区间年份到 2005 年以及删除"股灾"2015 年的数据，重新对样本进行回归。回归结果见表 6 - 10 和表 6 - 11，结果显示 Short × Tunnel 及 Short × DA 的系数为正，并且至少在10% 的水平上显著。假设 6 - 1 和假设 6 - 2 仍然得到验证。

表 6 - 10　　　　样本偏误：放松卖空约束、大股东"掏空"与企业信用评级

变量	扩大样本年份		删除"股灾"样本	
	(1) Rate	(2) Log(Rate)	(3) Rate	(4) Log(Rate)
Short × Tunnel	0. 935 ** (2. 06)	0. 072 *** (2. 61)	0. 634 * (1. 64)	0. 054 * (1. 85)
Short	0. 092 (1. 47)	0. 003 (0. 83)	0. 090 (1. 62)	0. 004 (1. 42)
Tunnel	- 1. 851 *** (- 2. 68)	- 0. 120 *** (- 3. 09)	- 1. 312 ** (- 2. 16)	- 0. 063 ** (- 2. 21)
Size	0. 484 *** (4. 06)	0. 014 * (1. 85)	0. 556 *** (5. 34)	0. 024 *** (4. 35)
Lev	- 0. 685 (- 1. 39)	- 0. 010 (- 0. 33)	- 1. 114 ** (- 2. 31)	- 0. 053 * (- 1. 94)
Growth	- 0. 047 * (- 1. 87)	- 0. 002 ** (- 2. 01)	- 0. 081 (- 1. 58)	- 0. 004 (- 1. 47)
Roa	3. 330 *** (3. 29)	0. 443 *** (3. 76)	- 0. 923 (- 1. 16)	- 0. 048 (- 1. 05)
Coverage	- 0. 018 * (- 1. 79)	- 0. 001 (- 1. 53)	- 0. 020 * (- 1. 71)	- 0. 001 * (- 1. 76)
Current	0. 099 *** (4. 78)	0. 004 *** (3. 00)	0. 106 *** (5. 24)	0. 005 *** (4. 68)
Constant	11. 14 *** (4. 69)	2. 738 *** (17. 99)	10. 43 *** (4. 94)	2. 585 *** (23. 01)

续表

变量	扩大样本年份		删除"股灾"样本	
	(1) Rate	(2) Log(Rate)	(3) Rate	(4) Log(Rate)
Year	控制	控制	控制	控制
Firm	控制	控制	控制	控制
Cluster Firm	控制	控制	控制	控制
NO.	4230	4230	3540	3540
Adj_R^2	0.394	0.419	0.338	0.285

注：***、**、* 依次表示在1%、5%和10%的水平上显著；回归结果的 T 值经过了异方差处理（White，1980）并考虑了公司层面的聚类效应（Petersen，2009）。

表6-11　　　　　　样本偏误：放松卖空约束、盈余管理与企业信用评级

变量	扩大样本年份		删除"股灾"样本	
	(1) Rate	(2) Log(Rate)	(3) Rate	(4) Log(Rate)
Short × DA	1.210 ** (2.30)	0.068 ** (2.04)	1.184 ** (2.28)	0.059 ** (2.33)
Short	0.091 (1.35)	0.004 (1.11)	0.061 (1.11)	0.002 (0.94)
DA	−0.558 (−1.25)	−0.047 (−1.63)	−0.462 (−1.08)	−0.025 (−1.05)
Size	0.488 *** (4.13)	0.014 * (1.83)	0.571 *** (5.58)	0.025 *** (4.48)
Lev	−0.724 (−1.46)	−0.012 (−0.39)	−1.144 ** (−2.36)	−0.054 ** (−1.99)
Growth	−0.047 * (−1.85)	−0.002 ** (−1.98)	−0.081 (−1.57)	−0.004 (−1.46)
Roa	3.331 *** (3.19)	0.445 *** (3.72)	−1.022 (−1.38)	−0.052 (−1.25)

续表

变量	扩大样本年份		删除"股灾"样本	
	（1） Rate	（2） Log（Rate）	（3） Rate	（4） Log（Rate）
Coverage	－0.018* （－1.86）	－0.001* （－1.67）	－0.021* （－1.78）	－0.001* （－1.86）
Current	0.098*** （4.75）	0.004*** （2.98）	0.106*** （5.30）	0.005*** （4.76）
Constant	10.56*** （4.67）	2.734*** （17.95）	10.07*** （4.90）	2.569*** （23.19）
Year	控制	控制	控制	控制
Firm	控制	控制	控制	控制
Cluster Firm	控制	控制	控制	控制
NO.	4197	4197	3455	3455
Adj_R^2	0.389	0.415	0.336	0.283

注：***、**、*依次表示在 1%、5% 和 10% 的水平上显著；回归结果的 T 值经过了异方差处理（White，1980）并考虑了公司层面的聚类效应（Petersen，2009）。

3. 考虑蓝筹股的影响

进一步，依照第 4 章的论述，参照李志生等（2015）、张璇等（2016）以及李春涛等（2017）的研究，本书考虑蓝筹股对于模型识别的影响，分别删除沪深 300 样本、第一批标的样本、前两批标的样本进行重新估计。结果如表 6 - 12 和表 6 - 13 所示，显示并未发生实质性变化。因此，假设 6 - 1 和假设 6 - 2 仍然得到验证。

表 6 - 12　　考虑蓝筹股影响：放松卖空约束、大股东"掏空"与企业信用评级

变量	删除沪深 300		删除第一次		删除第二次	
	（1） Rate	（2） Log（Rate）	（3） Rate	（4） Log（Rate）	（5） Rate	（6） Log（Rate）
Short × Tunnel	0.864** （2.10）	0.043** （2.25）	0.886* （1.96）	0.069** （2.46）	0.716* （1.65）	0.056** （2.33）

续表

变量	删除沪深300		删除第一次		删除第二次	
	（1）Rate	（2）Log(Rate)	（3）Rate	（4）Log(Rate)	（5）Rate	（6）Log(Rate)
Short	0.160** (2.04)	0.008* (1.92)	0.114* (1.77)	0.004 (1.09)	0.173** (1.99)	0.006 (1.29)
Tunnel	−0.906 (−1.31)	−0.046 (−1.34)	−2.116*** (−3.02)	−0.134*** (−3.31)	−1.238** (−2.04)	−0.091*** (−2.70)
Size	0.695*** (3.00)	0.029** (1.98)	0.444*** (3.43)	0.012 (1.40)	0.392** (2.58)	0.010 (1.00)
Lev	−0.254 (−0.42)	−0.009 (−0.24)	−0.769 (−1.45)	−0.012 (−0.36)	−0.262 (−0.44)	0.016 (0.42)
Growth	−0.014 (−1.19)	−0.001 (−1.11)	−0.040* (−1.87)	−0.002** (−2.04)	−0.032* (−1.81)	−0.002** (−2.04)
Roa	0.795 (1.28)	0.010 (0.27)	3.367*** (3.41)	0.453*** (4.01)	3.980*** (5.09)	0.507*** (5.73)
Coverage	−0.005 (−1.18)	−0.0003 (−1.36)	−0.014 (−1.64)	−0.001 (−1.30)	−0.012 (−1.45)	−0.001 (−1.15)
Current	0.081*** (3.31)	0.004** (2.51)	0.087*** (4.03)	0.004** (2.57)	0.088*** (4.22)	0.004*** (2.89)
Constant	21.26*** (49.22)	3.055*** (123.36)	12.44*** (4.80)	2.813*** (16.53)	13.15*** (4.32)	2.835*** (14.18)
Year	控制	控制	控制	控制	控制	控制
Firm	控制	控制	控制	控制	控制	控制
Cluster Firm	控制	控制	控制	控制	控制	控制
NO.	2869	2869	3843	3843	3215	3215
Adj_R^2	0.175	0.096	0.339	0.401	0.327	0.426

注：***、**、*依次表示在1%、5%和10%的水平上显著；回归结果的T值经过了异方差处理（White，1980）并考虑了公司层面的聚类效应（Petersen，2009）。

表 6 – 13   考虑蓝筹股影响：放松卖空约束、盈余管理与企业信用评级

变量	删除沪深 300		删除第一次		删除第二次	
	（1） Rate	（2） Log(Rate)	（3） Rate	（4） Log(Rate)	（5） Rate	（6） Log(Rate)
Short × DA	1. 108 * （1. 64）	0. 051 * （1. 66）	1. 173 ** （2. 06）	0. 065 * （1. 75）	1. 463 ** （2. 23）	0. 057 * （1. 64）
Short	0. 177 ** （2. 34）	0. 009 ** （1. 99）	0. 114 （1. 63）	0. 006 （1. 32）	0. 158 * （1. 87）	0. 008 （1. 57）
DA	− 0. 521 （− 0. 87）	− 0. 021 （− 0. 55）	− 0. 720 （− 1. 47）	− 0. 054 * （− 1. 72）	− 0. 858 （− 1. 55）	− 0. 058 （− 1. 64）
Size	0. 705 *** （3. 14）	0. 030 ** （2. 09）	0. 447 *** （3. 44）	0. 012 （1. 37）	0. 403 *** （2. 64）	0. 010 （1. 01）
Lev	− 0. 293 （− 0. 48）	− 0. 011 （− 0. 28）	− 0. 801 （− 1. 49）	− 0. 014 （− 0. 40）	− 0. 282 （− 0. 47）	0. 016 （0. 41）
Growth	− 0. 014 （− 1. 20）	− 0. 001 （− 1. 13）	− 0. 041 * （− 1. 85）	− 0. 002 ** （− 2. 00）	− 0. 033 * （− 1. 79）	− 0. 002 ** （− 1. 99）
Roa	0. 706 （1. 10）	0. 005 （0. 12）	3. 382 *** （3. 32）	0. 455 *** （3. 96）	3. 984 *** （4. 98）	0. 509 *** （5. 73）
Coverage	− 0. 006 （− 1. 32）	− 0. 0003 （− 1. 48）	− 0. 014 * （− 1. 77）	− 0. 001 （− 1. 45）	− 0. 013 （− 1. 60）	− 0. 001 （− 1. 30）
Current	0. 080 *** （3. 27）	0. 004 ** （2. 46）	0. 086 *** （4. 08）	0. 004 *** （2. 61）	0. 088 *** （4. 33）	0. 004 *** （2. 96）
Constant	21. 22 *** （45. 76）	3. 053 *** （111. 26）	12. 29 *** （4. 77）	2. 811 *** （16. 41）	12. 87 *** （4. 25）	2. 827 *** （13. 98）
Year	控制	控制	控制	控制	控制	控制
Firm	控制	控制	控制	控制	控制	控制
Cluster Firm	控制	控制	控制	控制	控制	控制
NO.	2844	2844	3813	3813	3188	3188
Adj_R²	0. 171	0. 093	0. 335	0. 398	0. 326	0. 425

注：*** 、** 、* 依次表示在 1% 、5% 和 10% 的水平上显著；回归结果的 T 值经过了异方差处理（White，1980）并考虑了公司层面的聚类效应（Petersen，2009）。

6.5.2 内生性检验

1. 变换回归模型

同样，借鉴第 4 章的分析，为了缓解模型设定的问题对模型回归结果造成的内生影响，本书分别使用非线性概率模型（ologit model）以及最小二乘法（ordinary least squares，OLS）分别重新估计模型（6.1）和模型（6.2），表 6-14 和表 6-15 给出了结果。结果显示，在所有列中，交互项 Short × Tunnel and Short × DA 的系数仍然显著为正，这些结果与使用固定效应模型（fixed effects model）回归的结果一致，因此假设 6-1 和假设 6-2 仍然得到验证。

表 6-14　　　改变模型：放松卖空约束、大股东"掏空"与企业信用评级

变量	Ologit 模型			OLS 模型		
	（1） Rate	（2） Rate	（3） Rate	（4） Log(Rate)	（5） Log(Rate)	（6） Log(Rate)
Short × Tunnel	0.480 *** (3.87)	- 0.213 *** (3.36)	- 0.466 *** (3.75)	0.011 *** (4.76)	0.002 *** (3.14)	0.022 *** (3.51)
Short	0.731 *** (7.43)	0.795 *** (7.90)	0.779 *** (7.46)	0.016 *** (5.04)	0.017 *** (5.04)	0.024 *** (9.75)
Tunnel	- 4.456 *** (- 11.07)	- 2.308 *** (- 5.33)	- 2.225 *** (- 4.88)	- 0.104 *** (- 8.78)	- 0.057 *** (- 4.75)	- 0.033 *** (- 2.88)
Size	1.379 *** (36.14)	1.774 *** (36.49)	1.807 *** (36.37)	0.026 *** (26.12)	0.027 *** (22.46)	0.026 *** (21.11)
Lev	- 4.061 *** (- 14.57)	- 4.649 *** (- 14.29)	- 4.745 *** (- 14.24)	- 0.0371 *** (- 2.61)	- 0.0257 (- 1.51)	- 0.027 (- 1.61)
Growth	- 0.141 (- 0.80)	- 0.189 (- 0.78)	- 0.182 (- 0.76)	- 0.004 * (- 1.92)	- 0.003 * (- 1.83)	- 0.003 * (- 1.79)
Roa	1.356 * (1.65)	0.124 (0.23)	0.0273 (0.05)	0.452 *** (4.01)	0.449 *** (3.74)	0.438 *** (3.51)

续表

变量	Ologit 模型			OLS 模型		
	(1) Rate	(2) Rate	(3) Rate	(4) Log(Rate)	(5) Log(Rate)	(6) Log(Rate)
Coverage	− 0.0147 (− 0.40)	− 0.0463 (− 1.28)	− 0.021 (− 0.55)	− 0.001 (− 1.14)	− 0.002 * (− 1.71)	− 0.001 (− 1.18)
Current	− 0.0354 (− 0.80)	0.122 *** (3.33)	0.133 *** (3.61)	− 0.001 (− 1.10)	0.002 *** (2.66)	0.0033 *** (3.70)
Constant				2.555 *** (142.26)	2.493 *** (120.17)	2.545 *** (125.98)
Year	控制	控制	控制	控制	控制	控制
Industry	未控制	未控制	控制	未控制	控制	控制
Region	未控制	未控制	控制	未控制	未控制	控制
NO.	4105	4105	4105	4105	4105	4105
Pseudo R²/Adj_R²	0.254	0.337	0.348	0.510	0.556	0.550

注: *** 、 ** 、 * 依次表示在 1% 、5% 和 10% 的水平上显著；回归结果的 T 值经过了异方差处理（White，1980）并考虑了公司层面的聚类效应（Petersen，2009）；Ologit 模型常数项有 11 个，由于篇幅限制，在此未汇报结果。

表6-15　　　　　　　改变模型：放松卖空约束、盈余管理与企业信用评级

变量	Ologit 模型			OLS 模型		
	(1) Rate	(2) Rate	(3) Rate	(4) Log(Rate)	(5) Log(Rate)	(6) Log(Rate)
Short × DA	2.646 *** (3.24)	2.289 ** (− 2.43)	2.427 ** (2.49)	0.076 *** (2.64)	0.061 ** (2.10)	0.065 ** (2.25)
Short	0.994 *** (10.61)	0.920 *** (9.22)	0.882 *** (8.35)	0.024 *** (7.78)	0.021 *** (6.44)	0.025 *** (10.00)
DA	− 0.825 ** (− 2.05)	0.249 (0.57)	0.314 (0.69)	− 0.052 *** (− 2.88)	− 0.030 (− 1.63)	− 0.041 ** (− 2.17)
Size	2.326 *** (34.75)	1.776 *** (36.09)	1.809 *** (35.99)	0.025 *** (23.74)	0.027 *** (21.28)	0.026 *** (20.38)

续表

变量	Ologit 模型			OLS 模型		
	（1） Rate	（2） Rate	（3） Rate	（4） Log（Rate）	（5） Log（Rate）	（6） Log（Rate）
Lev	-3.938 *** （-13.84）	-4.834 *** （-14.71）	-4.968 *** （-14.82）	-0.037 ** （-2.53）	-0.030 * （-1.81）	-0.031 * （-1.94）
Growth	-0.142 （-0.85）	-0.191 （-0.77）	-0.185 （-0.76）	-0.004 ** （-2.08）	-0.004 * （-1.95）	-0.003 * （-1.93）
Roa	1.263 * （1.94）	-0.149 （-0.27）	-0.261 （-0.47）	0.464 *** （4.09）	0.453 *** （3.73）	0.446 *** （3.61）
Coverage	0.006 （0.16）	-0.033 （-0.89）	-0.010 （-0.26）	-0.001 （-0.77）	-0.001 （-1.47）	-0.001 （-1.15）
Current	-0.063 （-1.31）	0.091 ** （2.38）	0.103 *** （2.82）	-0.002 （-1.37）	0.002 * （1.77）	0.002 *** （3.25）
Constant				2.567 *** （135.21）	2.496 *** （114.41）	2.548 *** （120.51）
Year	控制	控制	控制	控制	控制	控制
Industry	未控制	未控制	控制	未控制	控制	控制
Region	未控制	未控制	未控制	未控制	未控制	控制
NO.	4075	4075	4075	4075	4075	4075
Pseudo R^2/Adj_R^2	0.239	0.334	0.345	0.499	0.553	0.550

注： *** 、 ** 、 * 依次表示在 1%、5% 和 10% 的水平上显著；回归结果的 T 值经过了异方差处理 （White，1980）并考虑了公司层面的聚类效应（Petersen，2009）；Ologit 模型常数项有 11 个，由于篇幅限制，在此未汇报结果。

2. 内生性检验：倾向匹配得分法（PSM）

根据第 4 章所述，本书同样使用倾向匹配得分法 PSM（Propensity Score Matching）法，按照可卖空上市公司的市值、转手率、波动率的前一年分别进行一比一匹配、半径匹配以及核匹配。回归结果如表 6 - 16 和表 6 - 17 所示，结果显示主要结论并未发生实质性的变化。假设 6 - 1 和假设 6 - 2 仍然成立。

表 6 – 16 　　　　　　　　 **PSM 检验：放松卖空约束、大股东"掏空"与企业信用评级**

变量	一比一匹配		半径匹配		核匹配	
	(1) Rate	(2) Log(Rate)	(3) Rate	(4) Log(Rate)	(5) Rate	(6) Log(Rate)
Short × Tunnel	0.839 * (1.68)	0.057 * (1.91)	1.109 * (1.78)	0.058 * (1.71)	0.967 * (1.70)	0.058 * (1.71)
Short	0.107 * (1.84)	0.002 (0.87)	0.056 (0.91)	0.002 (0.53)	0.076 (1.25)	0.002 (0.73)
Tunnel	−1.801 ** (−2.08)	−0.140 *** (−2.90)	−2.675 *** (−2.73)	−0.136 *** (−2.58)	−1.669 * (−1.88)	−0.136 *** (−2.58)
Size	−0.496 (−1.20)	−0.009 (−0.39)	0.480 *** (4.62)	0.015 *** (3.19)	0.301 ** (2.42)	0.015 *** (3.19)
Lev	−0.034 ** (−2.29)	−0.002 (−1.35)	−0.543 (−1.23)	−0.004 (−0.16)	−0.286 (−0.61)	−0.004 (−0.26)
Growth	3.870 *** (4.98)	0.488 *** (5.30)	−0.030 (−1.20)	−0.002 (−1.38)	−0.032 ** (−2.21)	−0.002 (−1.38)
Roa	−0.084 *** (−3.78)	−0.003 (−1.53)	3.823 *** (4.90)	0.501 *** (5.85)	4.052 *** (5.26)	0.501 *** (5.85)
Coverage	0.082 *** (5.76)	0.004 *** (3.22)	−0.115 *** (−4.68)	−0.0004 (−0.14)	0.004 (0.14)	−0.0004 (−0.14)
Current	0.358 *** (3.69)	0.017 *** (3.75)	0.089 *** (6.57)	0.003 *** (2.80)	0.078 *** (5.35)	0.003 *** (2.80)
Constant	14.20 *** (7.07)	2.719 *** (30.21)	11.65 *** (5.39)	2.771 *** (29.13)	15.98 *** (6.12)	2.571 *** (22.11)
Year	控制	控制	控制	控制	控制	控制
Firm	控制	控制	控制	控制	控制	控制
Cluster Firm	控制	控制	控制	控制	控制	控制
NO.	2835	2835	2330	2599	2599	2599
Adj_R^2	0.454	0.671	0.508	0.682	0.381	0.682

　　注：***、**、*依次表示在 1%、5% 和 10% 的水平上显著；回归结果的 T 值经过了异方差处理（White，1980）并考虑了公司层面的聚类效应（Petersen，2009）。

表 6 – 17　　　　　　　　**PSM 检验：放松卖空约束、盈余管理与企业信用评级**

变量	一比一匹配		半径匹配		核匹配	
	(1) Rate	(2) Log(Rate)	(3) Rate	(4) Log(Rate)	(5) Rate	(6) Log(Rate)
Short × DA	1.108 * (1.86)	0.066 * (1.64)	1.285 * (1.74)	0.087 * (1.68)	1.129 * (1.86)	0.0621 * (1.67)
Short	0.100 * (1.67)	0.004 (1.50)	0.091 (1.35)	0.004 (1.39)	0.081 (1.29)	0.004 (1.21)
DA	−0.311 (−1.00)	−0.038 ** (−2.07)	−0.248 (−0.68)	−0.037 * (−1.78)	−0.374 (−1.34)	−0.036 ** (−2.28)
Size	0.380 *** (3.91)	0.013 *** (2.69)	0.389 *** (3.79)	0.013 *** (2.64)	0.337 *** (2.67)	0.012 * (1.94)
Lev	−0.508 (−1.18)	−0.008 (−0.31)	−0.515 (−1.07)	−0.009 (−0.33)	−0.305 (−0.63)	−0.002 (−0.06)
Growth	−0.038 ** (−2.37)	−0.002 ** (−2.01)	−0.041 ** (−2.40)	−0.002 ** (−2.05)	−0.037 ** (−2.30)	−0.002 ** (−1.99)
Roa	3.884 *** (4.79)	0.495 *** (5.43)	3.975 *** (5.16)	0.509 *** (6.19)	4.058 *** (5.05)	0.508 *** (5.95)
Coverage	−0.090 *** (−3.70)	−0.003 * (−1.92)	−0.135 *** (−5.41)	−0.004 ** (−2.88)	−0.011 (−0.32)	−0.001 (−0.43)
Current	0.082 *** (5.69)	0.003 *** (3.09)	0.084 *** (5.70)	0.003 *** (3.17)	0.079 *** (5.62)	0.003 *** (2.97)
Constant	13.62 *** (6.71)	2.790 *** (28.32)	13.40 *** (6.25)	2.790 *** (27.80)	15.10 *** (5.67)	2.822 *** (21.29)
Year	控制	控制	控制	控制	控制	控制
Firm	控制	控制	控制	控制	控制	控制
Cluster Firm	控制	控制	控制	控制	控制	控制
NO.	2820	2820	2330	2599	2586	2586
Adj_R^2	0.450	0.661	0.508	0.682	0.379	0.673

注：*** 、** 、* 依次表示在 1%、5% 和 10% 的水平上显著；回归结果的 T 值经过了异方差处理（White，1980）并考虑了公司层面的聚类效应（Petersen，2009）。

3. 内生性检验：安慰剂检验

根据前述内生性检验的分析，外生事件可能不具有唯一性，放松卖空约束对企业信用评级的影响或许是一个"假事实"，即并不存在特殊时间点会导致企业信用评级的提高。参照伯特兰和穆雷风（Bertrand and Mullainathan, 2003），陈等（Chen et al., 2015）、倪骁然和朱玉杰（2017）以及郑建明和许晨曦（2018）的研究，本书通过安慰剂检验来识别放松卖空约束对企业主体长期信用评级的影响的唯一性。具体的，本书将放松卖空约束实施的时间点分别设定提前和滞后两年，即分别将 2008 年、2009 年和 2011 年、2012 年作为政策实施点，重新按照模型（6.6）和模型（6.7）进行回归检验。

$$Rate/\text{Log}(Rate) = a + \beta_1 Short\_Year\_Tunnel + \beta_2 Short\_Year + \beta_3 Tunnel +$$
$$\beta_4 \text{Log}(Assets) + \beta_5 Leverage + \beta_6 Growth + \beta_7 ROA +$$
$$\beta_8 Coverage + \beta_9 Current + \sum Year + \sum Firm + \varepsilon \quad (6.6)$$

$$Rate/\text{Log}(Rate) = a + \beta_1 Short\_Year\_DA + \beta_2 Short\_Year + \beta_3 DA +$$
$$\beta_4 \text{Log}(Assets) + \beta_5 Leverage + \beta_6 Growth + \beta_7 ROA +$$
$$\beta_8 Coverage + \beta_9 Current + \sum Year + \sum Firm + \varepsilon \quad (6.7)$$

模型（6.6）和模型（6.7）中的变量定义如下：Short_Year 为冲击点分别提前一年、两年以及滞后一年、两年，即为 Short_2008、Short_2009、Short_2011、Short_2012，具体的，对于 Short_2008 来说，当企业处于 2008 ~ 2017 年时取 1，否则取 0；Short_2009 在企业处于 2009 ~ 2017 年时取 1，否则取 0；Short_2011 在企业处于 2011 ~ 2017 年时取 1，否则取 0；Short_2012 在企业处于 2012 ~ 2017 年时取 1，否则取 0。然后，本书对 Short_Year 与大股东"掏空"行为（Tunnel）与管理层盈余管理行为（DA）进行交乘处理。本书最为关心的是双重差分的交互项 Short_Year_Tunnel and Short_Year_DA 的回归系数，如果这一系数显著，则说明卖空机制并不是通过抑制大股东"掏空"和管理层盈余管理行为对企业信用评级产生了影响，即潜在的反向因果关系就有可能存在。这一检验的结果如表 6 - 18 和表 6 - 19 所示，分别控制了年度、企业个体效应以及去除了企业层面的聚类效应以后，可以看出，在回归结果中，本书发现双重差分交互项 Short_Year_Tunnel and Short_Year_DA 均不显著，安慰剂检验结果表明放松卖空约束的实施具有唯一性，说明本书构建的外生冲击是准确的，结论是可靠的。

表 6 – 18 变换时间发生点：放松卖空约束、大股东"掏空"与企业信用评级

变量	(1) Rate	(2) Log(Rate)	(3) Rate	(4) Log(Rate)	(5) Rate	(6) Log(Rate)	(7) Rate	(8) Log(Rate)
Short_2008_ Tunnel	0. 379 (1. 17)	0. 009 (0. 60)						
Short_2009_ Tunnel			0. 392 (1. 38)	0. 022 (1. 54)				
Short_2011_ Tunnel					−0. 227 (−0. 72)	0. 007 (0. 41)		
Short_2012_ Tunnel							−0. 378 (−1. 00)	−0. 001 (−0. 04)
Short_2008	0. 004 (0. 06)	−0. 003 (−0. 77)						
Short_2009			0. 022 (0. 46)	−0. 002 (−0. 56)				
Short_2011					0. 049 (0. 96)	0. 003 (1. 11)		
Short_2012							0. 033 (0. 55)	0. 003 (0. 95)
Tunnel	−0. 326 (−0. 55)	−0. 038 (−1. 16)	−0. 395 (−0. 65)	−0. 047 (−1. 36)	−0. 056 (−0. 10)	−0. 038 (−1. 14)	−0. 030 (−0. 05)	−0. 034 (−1. 07)
Size	0. 913 *** (5. 90)	0. 041 *** (4. 32)	0. 903 *** (5. 78)	0. 040 *** (4. 19)	0. 913 *** (5. 69)	0. 040 *** (4. 03)	0. 918 *** (5. 79)	0. 040 *** (4. 12)
Lev	−1. 375 ** (−2. 45)	−0. 045 (−1. 29)	−1. 361 ** (−2. 41)	−0. 045 (−1. 25)	−1. 380 ** (−2. 43)	−0. 0435 (−1. 22)	−1. 390 ** (−2. 45)	−0. 044 (−1. 24)
Growth	−0. 038 ** (−2. 14)	−0. 002 ** (−2. 13)	−0. 039 ** (−2. 17)	−0. 002 ** (−2. 17)	−0. 038 ** (−2. 16)	−0. 002 ** (−2. 13)	−0. 038 ** (−2. 15)	−0. 002 ** (−2. 16)
Roa	2. 976 *** (3. 55)	0. 425 *** (3. 89)	2. 995 *** (3. 58)	0. 425 *** (3. 89)	2. 995 *** (3. 60)	0. 426 *** (3. 92)	2. 983 *** (3. 56)	0. 426 *** (3. 91)

续表

变量	(1) Rate	(2) Log(Rate)	(3) Rate	(4) Log(Rate)	(5) Rate	(6) Log(Rate)	(7) Rate	(8) Log(Rate)
Coverage	−0.016 ** (−2.00)	−0.001 ** (−2.01)	−0.016 ** (−1.99)	−0.001 * (−1.95)	−0.016 ** (−2.05)	−0.001 * (−1.90)	−0.017 ** (−2.03)	−0.001 * (−1.92)
Current	0.073 *** (2.91)	0.003 ** (1.96)	0.073 *** (2.93)	0.003 * (1.95)	0.073 *** (2.93)	0.003 ** (1.99)	0.073 *** (2.90)	0.003 ** (1.97)
Constant	1.942 (0.61)	2.180 *** (11.24)	2.157 (0.66)	2.188 *** (11.00)	1.934 (0.58)	2.202 *** (10.80)	1.806 (0.55)	2.192 *** (10.89)
Year	控制	控制	控制	控制	控制	控制	控制	控制
Firm	控制	控制	控制	控制	控制	控制	控制	控制
Cluster Firm	控制	控制	控制	控制	控制	控制	控制	控制
NO.	4105	4105	4105	4105	4105	4105	4105	4105
Adj_R²	0.371	0.419	0.371	0.419	0.370	0.419	0.370	0.419

注：*** 、** 、* 依次表示在 1%、5% 和 10% 的水平上显著；回归结果的 T 值经过了异方差处理（White，1980）并考虑了公司层面的聚类效应（Petersen，2009）。

表 6 – 19　　　　变换时间发生点：放松卖空约束、盈余管理与企业信用评级

变量	(1) Rate	(2) Log(Rate)	(3) Rate	(4) Log(Rate)	(5) Rate	(6) Log(Rate)	(7) Rate	(8) Log(Rate)
Short_2008_DA	−0.374 (−1.03)	−0.031 (−1.57)						
Short_2009_DA			−0.198 (−0.61)	−0.017 (−1.02)				
Short_2011_DA					0.603 (1.20)	0.040 (1.03)		
Short_2012_DA							0.758 (1.21)	0.057 (1.14)
Short_2008	0.051 (0.94)	−0.0001 (−0.02)						
Short_2009			0.0603 (1.25)	0.001 (0.45)				

变量	(1) Rate	(2) Log(Rate)	(3) Rate	(4) Log(Rate)	(5) Rate	(6) Log(Rate)	(7) Rate	(8) Log(Rate)
Short_2011					0.002 (0.03)	0.002 (0.53)		
Short_2012							−0.033 (−0.54)	0.0004 (0.09)
DA	0.149 (0.58)	−0.0102 (−0.59)	0.117 (0.45)	−0.013 (−0.72)	0.907*** (5.68)	0.040*** (4.08)	0.911*** (5.72)	0.040*** (4.11)
Size	0.914*** (5.82)	0.041*** (4.27)	0.914*** (5.79)	0.041*** (4.22)	−1.394** (−2.46)	−0.045 (−1.26)	−1.400** (−2.46)	−0.045 (−1.26)
Lev	−1.388** (−2.44)	−0.0458 (−1.28)	−1.386** (−2.44)	−0.0460 (−1.28)	−0.038** (−2.15)	−0.002** (−2.13)	−0.038** (−2.16)	−0.002** (−2.17)
Growth	−0.038** (−2.19)	−0.002** (−2.18)	−0.038** (−2.17)	−0.002** (−2.16)	2.972*** (3.49)	0.431*** (3.92)	2.967*** (3.48)	0.431*** (3.93)
Roa	2.945*** (3.41)	0.429*** (3.89)	2.950*** (3.40)	0.428*** (3.87)	−0.016** (−2.01)	−0.001** (−2.03)	−0.016** (−2.01)	−0.001** (−2.07)
Coverage	−0.016* (−1.93)	−0.001** (−2.09)	−0.016* (−1.95)	−0.001** (−2.08)	0.072*** (2.93)	0.003** (2.04)	0.072*** (2.90)	0.003** (2.01)
Current	0.072*** (2.94)	0.003** (2.05)	0.073*** (2.95)	0.003** (2.04)	0.907*** (5.68)	0.040*** (4.08)	0.911*** (5.72)	0.040*** (4.11)
Constant	1.887 (0.58)	2.170*** (10.98)	1.910 (0.58)	2.167*** (10.78)	2.063 (0.62)	2.192*** (10.82)	1.967 (0.59)	2.189*** (10.86)
Year	控制	控制	控制	控制	控制	控制	控制	控制
Firm	控制	控制	控制	控制	控制	控制	控制	控制
Cluster Firm	控制	控制	控制	控制	控制	控制	控制	控制
NO.	4075	4075	4075	4075	4075	4075	4075	4075
Adj_R²	0.369	0.419	0.369	0.418	0.370	0.419	0.369	0.419

注：***、**、*依次表示在1%、5%和10%的水平上显著；回归结果的T值经过了异方差处理（White，1980）并考虑了公司层面的聚类效应（Petersen，2009）。

6.6　拓展性研究

6.6.1　公司治理

国内外理论研究证明，公司治理机制可以有效缓解企业委托代理问题。但是在我国"单边市"的市场环境下，使得上市公司的负面消息传到股票价格受到抑制或者传递效率过低（刘峰，2001）。制度层面的缺失导致公司治理机制得不到有效发挥、独立董事、机构投资者、经理人市场等作用受限（支晓强和童盼，2005；薄仙慧和吴联生，2009；刘峰等，2004）。大股东的绝对控制和市场干预机制的失效，让中小投资者只能选择"用脚投票"。融资融券业务的推出，也即卖空机制的实施，可以促进充分挖掘企业负面消息，并加速传递到股票价格上的效率，对"用脚投票"机制具有杠杆效应，能够抑制大股东掏空行为及降低盈余管理水平。卖空机制的这种事前震慑作用，有利于监督企业的私利行为，从而提高公司治理水平。为了验证卖空机制是否提高了公司治理水平，进一步本书参照白重恩等（2005）使用的主成分分析法构造公司治理指数（CG），构建如下模型，重点检验放松卖空约束对公司治理的作用。

$$CG = a + \beta_1 Short - \beta_2 \text{Log}(Assets) + \beta_3 Leverage + \beta_4 Growth + \beta_5 ROA$$
$$+ \beta_6 Coverage + \beta_7 Current + \sum Year + \sum Firm + \varepsilon \qquad (6.8)$$

模型（6.8）的因变量为公司治理指数（CG），自变量为企业是否经历卖空（Short）。其余控制变量具体包括：企业规模（Size）、企业杠杆（Lev）、盈利能力（ROA）、企业成长性（Growth）、利息保障倍数（Coverage）、流动比率（Current）。最后，本书还在模型中加入了年度和行业虚拟变量来控制年度和个体效应，并在企业层面去除聚类效应。在模型中，为了缓解异方差问题，本书采用了怀特（White）检验进行修正，并控制了公司固定效应、年度效应，同时考虑公司层面聚类效应的结果。回归结果如表 6 - 20 所示。表 6 - 20 第一列是考虑了公司个体固定效应、年度效应以及考虑公司层面聚类效应后的单变量回归结果，第二列是在第一列回归基础上加入控制变量后的回归结果，第三、四列是对应第一、二列后变换了因变量后对应的结果。结果显示 Short 的系数为正，并且在 1% 的水平上显著，随着估计方式的变化，以及控制变量的加入，Short 的系数呈现出合理的降低趋势。这与预期相符，即相对于不可卖空公司，卖空机制可在一定程度上发挥外部监督作用，抑制了大股东或管理层的消极的行为，提高了可卖空公司的内部治理，从而提高公司治理水平。

表6 – 20　　　　　　　　　　　放松卖空约束与公司治理

变量	(1) CG	(2) CG	(3) CG	(4) CG
Short	2.098 *** (3.96)	1.731 *** (3.29)	0.302 *** (5.38)	0.259 *** (4.59)
Size		2.840 *** (4.11)		0.311 *** (4.72)
Lev		− 2.604 (− 1.16)		− 0.467 * (− 1.86)
Growth		0.093 (0.84)		0.002 (0.08)
Roa		10.99 (1.22)		0.942 (1.26)
Coverage		− 0.154 ** (− 2.49)		− 0.004 (− 0.82)
Current		0.136 (0.75)		0.0121 (0.69)
Constant	15.27 *** (16.38)	− 47.94 *** (− 3.13)	2.345 *** (25.07)	− 4.473 *** (− 3.06)
Year	控制	控制	控制	控制
Firm	控制	控制	控制	控制
Cluster Firm	控制	控制	控制	控制
NO.	4111	4111	4111	4111
Adj_R^2	0.138	0.162	0.094	0.116

注：***、**、* 依次表示在 1%、5% 和 10% 的水平上显著；回归结果的 T 值经过了异方差处理（White，1980）并考虑了公司层面的聚类效应（Petersen，2009）。

6.6.2　股权集中度

La Porta et al. (1999) 研究认为，股权结构的不同可以有效解释各国在公司治理上的差异化，尤其是各国股权集中度的不同。集中的股权结构对于公司治理的效应存在两种效应，这两种效应分别为"壕沟防守效应"（Entrenchment）和"利益协同效应"（Alignment）（Morck et al., 1988；Claessens et al., 2002）。具体来讲，一方面，股权的集中方便了大股东"掏空"等私利行为，如向公司任命管理人员（Claessen et al., 2000；杨兴全和张照南，2008）或者对公司实施关联交易（Denis and McConnell, 2003）；另一方面，有的研究认为股东作为企业最有能力的监督者，持股比例越高，其监督治理机制越好，大股东治理作为一种有效的治理机制，能够有效地监督管理层，抑制管理层的个人利己行为，缓解股东与管理层之间的代理问题（Shleifer and Vishny, 1986, 1997；高雷等，2006；贺炎林等，2014），进一步同时会削弱大股东获取控制权私人收益的动机（Jensen and Meckling, 1976；Gomes, 2010）。

现有研究发现，在我国资本市场中，随着股权集中度的提高，控股股东拥有绝对的话语权而侵占中小股东的利益，对企业进行"掏空"行为，即"壕沟防守效应"逐渐增强而"利益协同效应"并不显著（唐清泉等，2005；陈晓和王琨，2005）。由于我国的法制体系还不够健全，中小股东的权益得不到有效保护，这为控股股东进行掏空提供了便利条件（余明桂和夏新平，2004）。唐清泉等（2005）的研究发现，控股股东持股比例越高，关联交易越多，即股东持股比例越高，"掏空"程度相对越严重。

随着卖空机制的引入，中小股东若发现大股东存在掏空行为，则会通过卖空股票导致股价下跌。如果股价下跌使大股东的损失超过"掏空"获得的收益，那么大股东会停止"掏空"。因此，卖空机制可以抑制大股东掏空行为，提高企业信用风险。基于以上分析，借鉴徐莉萍等（2006）、郑建明等（2017）的研究，本章进一步按照上市公司前十大股东持股比例的中位数，将样本分为股权集中度高低两组（高于50%设置为1，低于50%设置为0），然后，本书重新在分组中进行回归，并对比回归系数差异。结果如表5-21所示，本书对这两组进行了 Bootstrap 组间系数检验（1000 次抽样）发现，相比较股权集中度较低的一组，在股权集中度高的一组，Short 的系数更为显著，即在卖空的公司治理效应在股权集中度较高的上市公司更为显著。

表 6 - 21　　　　　　放松卖空约束、大股东掏空与企业信用评级：股权集中度

变量	股权集中度高	股权集中度低	股权集中度高	股权集中度低
	（1） Rate	（2） Rate	（3） Log（Rate）	（4） Rate
Short × Tunnel	1.088 * （1.96）	0.655 （1.06）	0.088 ** （2.58）	0.033 （1.04）
Short	0.041 （0.60）	0.172 * （1.68）	- 0.001 （- 0.22）	0.009 * （1.78）
Tunnel	- 2.099 ** （- 2.26）	0.195 （0.26）	- 0.107 ** （- 2.03）	0.012 （0.35）
Size	0.394 *** （5.21）	0.288 （1.33）	0.009 ** （2.36）	0.009 （0.58）
Lev	- 0.403 （- 0.85）	- 0.735 （- 0.89）	0.007 （0.27）	- 0.022 （- 0.41）
Growth	- 0.036 （- 1.48）	- 0.040 （- 1.36）	- 0.002 （- 1.53）	- 0.002 （- 1.53）
Roa	4.115 *** （6.73）	- 0.873 （- 1.00）	0.532 *** （8.10）	- 0.060 （- 1.35）
Coverage	- 0.061 *** （- 2.82）	- 0.011 ** （- 2.45）	- 0.002 （- 1.34）	- 0.001 ** （- 2.14）
Current	0.032 （0.61）	0.107 *** （5.11）	- 0.001 （- 0.41）	0.005 *** （3.97）
Constant	13.95 *** （8.76）	15.54 *** （3.60）	2.892 *** （34.48）	2.891 *** （9.91）
Short 系数比较	P - Value = 0.001 ***		P - Value = 0.000 ***	
Year	控制	控制	控制	控制
Firm	控制	控制	控制	控制
Cluster Firm	控制	控制	控制	控制
NO.	2046	2059	2046	2059
Adj_R²	0.489	0.222	0.746	0.111

注：***、**、*依次表示在1%、5%和10%的水平上显著；回归结果的 T 值经过了异方差处理（White，1980）并考虑了公司层面的聚类效应（Petersen，2009）。

6.6.3　管理层持股

大量研究发现，在我国，上市公司管理层持股往往会导致其权力过大（卢锐等，2008；王化成等，2015），高管具有较强的话语权，这使得高管有能力为了攫取个人利益做出不当行为（卢锐等，2008；权小锋等，2010；王清刚和胡亚君，2011；王雄元和何捷，2012）。卖空机制引入后，可以通过卖空股票以及增加股票信息含量抑制高管私利行为。卖空机制引入后，卖空者若发现管理层存在私利行为，可通过卖空公司股票导致股价下跌，而股价下跌会使高管承担相应的损失或受到惩罚。因此，卖空机制可以抑制高管私利行为，提高高管薪酬业绩敏感性。

基于以上分析，借鉴吴育辉和吴世农（2010）、权小锋等（2010）的研究，本章进一步按照高管是否持股，将样本分为高管持股和高管不持股两组，观察两组中放松卖空约束抑制管理层盈余管理对企业信用评级的影响。然后，本书重新在分组中进行回归，并对比回归系数差异。结果如表 6 – 22 所示，本书对这两组进行了 Bootstrap 组间系数检验（1000 次抽样）发现，相比较高管不持股的一组，在高管持股的一组，Short 的系数更为显著，即卖空的公司治理效应在高管持股的上市公司更为显著。

表 6 – 22　　　　　放松卖空约束、盈余管理与企业信用评级：管理层持股

变量	管理层持股	管理层不持股	管理层持股	管理层不持股
	(1) Rate	(2) Rate	(3) Log(Rate)	(4) Log(Rate)
Short × DA	0.850 * (1.87)	1.022 (1.11)	0.064 ** (2.44)	0.050 (1.25)
Short	0.082 (1.24)	0.055 (0.50)	0.003 (0.77)	0.002 (0.45)
DA	− 1.780 ** (− 2.49)	− 1.743 (− 1.21)	− 0.113 *** (− 2.90)	− 0.075 (− 1.16)

续表

变量	管理层持股	管理层不持股	管理层持股	管理层不持股
	(1) Rate	(2) Rate	(3) Log(Rate)	(4) Log(Rate)
Size	0.436 *** (2.71)	0.411 ** (2.03)	0.0109 (1.01)	0.0171 * (1.90)
Lev	−0.597 (−0.84)	−1.067 * (−1.68)	−0.007 (−0.14)	−0.046 * (−1.68)
Growth	−0.036 * (−1.75)	−0.085 (−1.05)	−0.002 * (−1.95)	−0.004 (−1.06)
Roa	3.565 *** (3.69)	1.923 (1.23)	0.477 *** (4.66)	0.084 (1.22)
Coverage	−0.010 (−1.46)	−0.651 ** (−2.40)	−0.0004 (−1.40)	−0.029 ** (−2.39)
Current	0.090 * (1.73)	0.102 (1.50)	0.003 (0.98)	0.005 (1.49)
Constant	12.54 *** (3.94)	13.96 *** (3.33)	2.835 *** (13.45)	2.759 *** (14.84)
Short 系数比较	P − Value = 0.001 ***		P − Value = 0.000 ***	
Year	控制	控制	控制	控制
Firm	控制	控制	控制	控制
Cluster Firm	控制	控制	控制	控制
NO.	3270	835	3270	835
Adj_R^2	0.321	0.316	0.409	0.317

注：*** 、** 、* 依次表示在 1%、5% 和 10% 的水平上显著；回归结果的 T 值经过了异方差处理（White，1980）并考虑了公司层面的聚类效应（Petersen，2009）。

6.7　本 章 小 结

在第 3 章中，本书分析可知，放松卖空约束对企业主体长期信用评级呈现显著的正向作用，这验证了放松卖空约束对企业发挥的作用主要是治理作用。本章进一步验证这种治理作用的内在机制，研究发现，放松卖空约束抑制了大股东和管理层的私利行为，从而提高了企业内部治理水平，进而提高了企业主体长期信用评级。这种作用主要体现在抑制大股东"掏空"以及管理层盈余管理行为；进一步研究发现，放松卖空约束对企业主体长期信用评级的作用在股权集中度较高以及管理层持股的上市公司中更为显著。

第 7 章

卖空机制、制度和金融中介与企业信用评级的实证研究

7.1 问题的提出

卖空交易是买空交易的对称，亦称卖空。证券市场上的证券投机者利用证券价格飞涨的时机，先借入大批的证券在市场上高价售出；待将来证券价格下跌以后，再低价买回证券，归还所借证券，进而从中获利。卖空交易者在资本市场中是重要的知情交易者，卖空具有信息挖掘功能（Boehmer and Wu，2013）。卖空机制引入后，卖空者为投资者提供了通过负面消息盈利的渠道，激励投资者挖掘关于上市公司的负面信息（Karpoff and Lou，2010），进而有效地抑制各种机会主义行为的发生。而卖空交易的关键是卖空交易者对企业信息的挖掘能力，尤其是负面信息的挖掘。因此，信息环境传递效率决定了卖空交易者对企业负面信息挖掘的程度。

制度经济学理论认为，制度环境是市场机制发挥的重要决定因素，制度环境的不同是导致市场信息环境传递效率差异的重要原因。现有研究表明，包含中国等国家的新兴市场与包含美国等国家的发达市场信息环境存在较大差异。例如，莫克（Morck et al.，2000）发现新兴市场股价的公司层面信息含量低于发达国家市场，原因可能是新兴市场国家对投资者产权较低的保护程度减少了知情交易者的风险套利行为，导致公司信息难以反映到股价中去。Jin and Myers（2006）研究同样发现，新兴市场中公司信息的不透明，使得投资者能部分地观察到公司信息。党等（Dang et al.，2015）以政府投资者保

护程度、会计准则有效性、信息披露程度、监管体系质量、政府执政效率和法律体系是否为普通法系作为一国制度环境的代理变量，进一步研究发现在制度环境较差的国家，投资者可以利用的公司层面信息较少，股价信息含量低。袁知柱和鞠晓峰（2009）、唐松等（2011）以及田高良等（2019）利用中国分地区数据，得出与党等（Dang et al.，2015）类似的结论，即制度环境较差的地区上市公司层面信息含量较低。因此，位于制度环境较好的地区的公司拥有更透明的信息环境（姜英兵和严婷，2012），同时，在制度环境较好的地区，投资者对上市公司信息的解读能力更强（Li et al.，2015）。这样，本章研究的第一个问题为：探究外部制度环境差异对卖空治理作用的影响。

　　作为独立的第三方金融中介机构，评级机构是信用评级的产生者。大量研究认为，评级机构拥有专业的知识和信息优势，能够缓解债券市场利益相关方的信息不对称问题。评级机构通过对评级对象搜集的信息进行分析出具评级报告，从而可以直接影响评级对象的融资活动。一方面，评级机构拥有更专业的信用评估知识，有助于非知情投资者判断债券信用状况（Kliger，2001；Peng，2002；魏明海等，2017）。另一方面，评级机构对企业跟踪调研和信息搜集都具有规模成本优势，与分散的债券投资者相比，能够获取更多发债主体的私有信息，从而缓解债券市场信息不对称。因此，评级机构对企业信用评级有重要影响。而作为评级机构最重要的特征，声誉机制的发挥对信用评级有重要影响（Guembel and Rossetto，2009）。所谓声誉指的是评级机构依靠在证券市场对评级对象进行资信评估的公开报告，随着时间的积累逐渐在证券市场交易者中形成的关于其有效性和准确性的稳定的评估（Shapiro，1983）。声誉机制的有效发挥可以增加评级机构的承诺力度（Fudenberg and Levine，1992），增加企业信用评级的可信度（Titman and Trueman，1986）。如果评级机构声誉过低，证券市场中的交易者对评级机构失去信任，那么就会降低对评级机构评级报告的支付意愿（黄小琳等，2017）。因此，评级机构通常十分关注其声誉（Booth and Smith，1986）。这样，本章研究的第二个问题为：金融中介视角下，观察放松卖空约束对企业信用评级的影响。因此，本章关注的问题是不同制度环境和评级机构声誉机制下卖空效应对企业信用评级的影响。

7.2　理论分析与研究假设

虽然我国卖空交易制度的推出是由政府主导设计，由监管层对所有沪深A股上市公司进行筛选进入卖空标的池，但是研究发现，我国卖空机制的发挥也与地区市场的制度环境有密切关系（陈晖丽和刘峰；2014；张璇等，2016；李春涛等，2017）。

首先，卖空机制作为一种有效的外部监督机制，其对企业内部治理的影响依赖于其所处外部地区金融中介市场环境（李春涛等，2017）。这主要是由于，一方面，在金融中介市场发育度较高的地区，市场信息环境较好，投资者较为活跃，卖空交易量所传递的公司负面消息能够更快地被扩散，对"用脚投票"效应的放大作用更加明显，对经理人不当行为的惩罚也更重；另一方面，在金融中介市场发育度较高的地区，市场对企业的反馈作用较强（Bond et al.，2012），企业管理者能够及时、有效地获得市场中卖空交易者对企业不当行为可能做出的卖空交易，并根据外部卖空交易者的压力来对企业经营决策进行调整。其次，卖空机制对企业的内部治理作用也可能依赖于其所处地区的法治环境。这是因为在法制环境较好的地区，执法环境较透明、执法力度较大、对投资者利益的保护较完善（高雷和宋顺林，2007）。因此，市场上的投资者对公司的私利行为产生的负面消息的反应更为强烈，通过卖空交易惩罚企业不当行为的力度也较大。

相关研究也证实了以上问题，陈晖丽和刘峰（2014）研究发现，中国式融资融券制度的实行抑制了上市公司盈余管理行为，而卖空机制对盈余管理的抑制作用在金融市场化进程较高的地区更加显著。李春涛等（2017）研究发现，卖空机制提高了标的公司的信息披露质量，而在金融中介市场发育程度和法制环境较高的地区，卖空机制对企业信息披露质量的提升作用更加明显。即金融中介市场发育程度和法制环境有助于卖空机制的发挥。中国幅员辽阔，地区间的制度环境存在明显差异，地域制度环境的差别很可能造成卖空效应的发挥。例如，制度环境较好的地区，市场机制也较为完善，企业信息在市场中的传递效率也较高，外部治理机制较有效，卖空的治理作用会表现得更强。即外部市场环境对卖空的治理作用也会因此有所不同。基于以上分析，本书提出如下假设：

假设7-1：放松卖空约束提高企业信用评级，这种效应在制度环境好的地区更为显著。

声誉机制（Smith and Walter，2002；王雄元和张春强，2013；邢天才等，2016）对评级质量有重要影响。关于评级机构声誉对评级质量的影响，大部分研究都认为评级机构声誉机制有助于抑制评级机构的私利行为，提高评级质量。在信贷市场中，声誉机制是影响评级机构的重要因素之一，拥有良好的声誉往往代表评级机构会做出高质量的信用评级（Shapiro，1983）。Klein and Leffler（1981）从理论上分析评级机构获取收益的根源在于其长期积累的声誉，如果评级机构在信贷市场中存在欺骗、撒谎等破坏声誉的行为，那么会直接影响评级机构的长期收益；Smith and Walter（2002）研究指出，声誉机制在证券市场中的作用使得评级机构可以提供更加准确、有效的评级报告。但是，也有的研究认为，声誉机制在证券市场中的有效发挥依赖于评级机构在做出准确评级报告或错误评级报告时收益高低的权衡，即如果评级机构做出了带有欺骗、撒谎等性质的错误评级报告，其收益如果高于正常、准确的评级报告，评级机构可能不会再关注其声誉是否受损，换言之声誉机制便无法保证评级结果的准确性（Mathis et al.，2009；Camanho et al.，2010）。

但是，目前大量基于我国证券行业的研究认为，随着我国证券市场的发展，声誉机制在我国证券市场正发挥着越来越重要的作用。例如，王雄元和张春强（2013）研究了评级机构声誉对于信用评级与中期票据融资成本之间关系的调节作用，发现声誉较低的信用评级机构会减弱信用评级的融资成本效应，声誉机制在我国资本市场中发挥了作用；声誉较低的信用评级机构会减弱信用评级的融资成本效应。詹明君和邢贺（2016）进一步研究发现，声誉机制在我国证券市场发挥了作用，对于评级机构有约束作用，并提高了评级质量。刘琳和查道林（2018）同样认为声誉机制在我国资本市场中约束了评级公司，提高了评级机构的评级质量。因此，声誉机制可以影响评级机构判断，即影响信用评级结果。在上述机制作用下，放松卖空约束以后，企业外部监督力度加强，内部治理水平提高，其盈利能力和财务状况可能更好，并且拥有更高的会计信息质量，降低企业的信用风险。这意味着声誉较好的评级机构对于卖空机制治理效应的反应可能更好。基于以上分析，本书提出如下假设：

假设 7 - 2：放松卖空约束提高企业信用评级，这种效应在声誉好的评级机构更为显著。

7.3 研 究 设 计

7.3.1 样本选取与数据来源

本书选取了 2008～2017 年所有在沪市和深市发行信用债券且被第三方评级机构进行主体长期信用评级的上市公司为初始研究样本。研究中所需要的企业信用评级数据主要来自万得（Wind）数据库，对于企业信用评级的搜集的方法，本书参照李琦等（2011）、王雄元和张春强（2013）的研究。首先，本书依照万得数据库（Wind）"发债主体历史信用等级"手工整理得到沪深 A 股所有上市公司的主体长期信用评级记录，共 8253 条年度上市公司主体信用评级记录。其次，由于企业在一年内发行的债券存在多个批次、多种类型，因此企业在同年内可能存在多次主体长期信用评级记录，对于这样的情况，本书参照李琦等（2011）、王雄元和张春强（2013）的研究方法，仅取值年末最后一次评级记录，因此本书得到了 4850 条年度观测值。再次，因为金融业公司报表结构与相关指标计算与其他企业有较大差异，本书剔除了样本中金融类行业上市公司 637 个年度观测值，余下 4213 条企业年度观测值。最后，由于企业在 IPO 上市之前可能会发行信用债等企业债券，因此本书的数据样本中同样存在一个企业上市之前的主体长期信用评级，对于这样的情况，本书参照李琦等（2011）的研究方法，将此类的 98 个样本年度观测值进行剔除处理。最终本书得到了 1027 个上市公司，4111 个年度观测值，如表 7 - 1 所示。另外，本书将所得到的评级结果通过与锐思数据库（RESSET）"债券信用评级及担保"进行一一核对，并将评级记录有差异的样本通过媒体（百度搜索、谷歌搜索）披露进行最终确定。本章所使用的相关数据均来自国泰安（CSMAR）数据库或万得（Wind）数据库，部分财务指标通过手工搜集并计算获得，为了克服异常值对实证结果的影响，本书对主要连续变量在 1% 与 99% 分位数上进行了缩尾（winsorize）处理，本书所使用的统计软件为

Stata 14.0。

表 7 - 1　　　　　　　　　　　　　　样本选择过程

2008～2017 年 A 股拥有主体长期信用评级的样本量		8253
减去	一年内重复多次评级的上市公司	3403
减去	金融行业上市公司	637
减去	公司上市前和上市当年的企业信用评级	98
减去	相关数据缺失	4
最终样本量		4111

7.3.2　模型构建与变量定义

本章拟检验放松卖空约束对企业主体长期信用评级的影响，本书借鉴伯特兰和穆雷风（Bertrand and Mullainathan，2003）与王会娟和廖理（2014）的研究设计，并采用王贞洁和王竹泉（2013）以及陈等（Chen et al.，2012）的研究模型，分别控制了年份、公司固定效应并去除了公司个体层面的聚类效应来进行双重差分 DID（Difference - in - Difference）的研究设计，具体为：

$$Rate = a + \beta_1 Short + \beta_2 \text{Log}(Assets) + \beta_3 Lev + \beta_4 Growth + \beta_5 ROA$$
$$+ \beta_6 Coverage + \beta_7 Current + \sum Year + \sum Firm + \varepsilon \qquad (7.1)$$

$$\text{Log}(Rate) = a + \beta_1 Short + \beta_2 \text{Log}(Assets) + \beta_3 Lev + \beta_4 Growth + \beta_5 ROA$$
$$+ \beta_6 Coverage + \beta_7 Current + \sum Year + \sum Firm + \varepsilon \qquad (7.2)$$

模型（7.1）和（7.2）的因变量均为企业信用评级［Rate/Log(Rate)］，本章从两个层面进行分析，即企业信用评级等级（Rate）以及量化的企业信用评级等级［Log(Rate)］，其中 Rate 为企业信用评级等级，按照企业信用评级等级赋分；Log(Rate) 为企业信用评级等级量化，等于企业信用评级的对数值。自变量为企业是否经历了放松卖空约束（Short）。具体如下所述：

1. 因变量

因变量为企业信用评级。如第 4 章所述，本书参照 Becker and Milbourn

（2011）赋值法将信评机构所评结果转换为数字形式，其中，AAA + = 21、AAA = 20、AAA − = 19、AA + = 18、AA = 17、AA − = 16、A + = 15、A 14、A − = 13、BBB + = 12、BBB = 11、BBB − = 10、BB + = 9、BB = 8、BB − = 7、B + = 6、B = 5、B − = 4、CCC = 3、CC = 2、C = 1。

2. 自变量

放松卖空约束（Short），用来刻画企业是否经历放松卖空。由于中国式融资融券制度是宏观层面的金融制度，上市公司进入卖空标的池是一个相对外生的事件，且可卖空的标的公司是逐步放开，即每年的实验组和对照度都有一定的变化。因此，参照前人的研究（靳庆鲁等，2015；侯青川，2016；郑建明等，2017），本书将企业是否进入卖空标的池设置为一个虚拟变量Short，当上市公司进入可卖空的标的池时及以后年份，取值为1，否则取值0。例如，某一个上市公司在2012年被选入可卖空的标的公司，则该上市公司（Short）在2012～2017年取值为1，2008～2010年取值为0。

3. 分组变量

（1）制度环境。长期以来，我国不同地区的经济发展水平、市场化情况以及卖空机制的治理水平均存在很大的差异，为了比较这种区域差异带来的影响，本书参照王小鲁等（2017）发布的中国市场化进程指数，根据公司注册所在省份的评分是否大于全国平均水平，从要素市场发育度和法制环境两个维度对样本进行分组。

（2）声誉机制。有学者使用权威机构打分排名以及市场份额作为声誉的替代变量（Carter and Manaster，1990；Fang，2005）。但我国并没有权威的、公认的排名，因此使用市场份额区别声誉差异是较为可行的办法（徐浩萍和罗炜，2007）。本书将市场份额后三名评级机构上海新世纪与大公国际、鹏远评级定义为低声誉组，市场份额前两名评级机构联合资信与中诚信定义为高声誉组。

4. 控制变量

根据以往的文献（Horrigan，1966；Ziebart and Reiter，1992；Jiang，2008；DeBoskey and Gillet，2013；吕长江和王克敏，2002；方红星等，2013；吴育

辉等，2017；林晚发和刘颖斐，2018），本书在模型（7.1）和模型（7.2）中加入了对企业信用评级可能造成影响的公司特征、公司治理等相关控制变量。具体包括：企业规模（Size）、财务杠杆（Lev）、盈利能力（ROA）、企业成长性（Growth）、利息保障倍数（Coverage）、流动比率（Current）。最后，本书还在模型中加入了年度和行业虚拟变量来控制年度和个体效应，并在企业层面去除聚类效应。具体如表7-2所示。

表7-2　　　　　　　　　　　　主要变量的定义

变量类型	变量名称	变量符号	变量定义
被解释变量	信用评级	Rate	企业信用评级等级量化值
		Log(Rate)	企业信用评级等级量化值的对数值
解释变量	放松卖空约束	Short	样本期间上市公司是否进入可卖空的标的池，若是则为1，否则为0
分组变量	要素市场发育度	DFI	参照王小鲁（2017）市场化进程指数中的要素市场发育度
	法制环境	LE	参照王小鲁（2017）市场化进程指数中的法制环境指数
控制变量	声誉	Repu	按照评级机构市场份额定为高低两组
	企业规模	Size	年末总资产的自然对数
	财务杠杆	Lev	年末总负债/年末总资产
	企业成长性	Growth	（本期营业收入－上期营业收入）/上期营业收入
	盈利能力	Roa	息税前利润/平均总资产
	利息保障倍数	Coverage	息税前利润/利息费用
	流动比率	Current	流动资产与流动负债比率
	公司个体	Firm	公司个体虚拟变量
	年份	Year	虚拟变量，9年共设置8个虚拟变量
	股票日换手率	Turnover	股票日换手率的年度均值
	公司市值	Log(MV)	公司市值的自然对数
	股票波动性	Volatility	股票日回报率对市场日回报率回归残差项的标准差

7.4 实证结果与分析

7.4.1 描述性统计

表7-3列示了相关变量的描述性统计与相关性分析结果。从中可以看出，信用评级的标准差为1.510，相对于其他控制变量，其标准差较大。这说明上市公司的信用评级分布还是存在一定的差异性。进一步对信用评级和其他控制变量进行描述性统计。比较发现，Short的平均值为0.464，即样本中46.4%的企业可以被卖空；法制环境指数平均值为8.426，标准差为4.518，最小值为−0.69，最大值为16.19，要素市场发育度指数的平均值为8.039，标准差为1.432，最小值为1.46，最大值为9.79，这表明我国各地区法制环境以及要素市场发育度差距较大。评级公司声誉平均值为0.745，说明样本中联合资信与中诚信所评级的上市公司占比较多。

表7-3　　　　　　　　　　　　主要变量描述性统计

变量	观测值	均值	标准差	最小值	25%分位数	中位数	75%分位数	最大值
Rate	4111	23.31	1.510	2	23	23	24	26
Log(Rate)	4111	3.147	0.077	0.693	3.135	3.135	3.178	3.258
Short	4111	0.464	0.499	0	0	0	1	1
Size	4111	23.35	1.174	20.00	22.509	23.179	24.093	25.83
Lev	4111	0.566	0.159	0.060	0.454	0.572	0.681	1.094
Growth	4111	0.195	0.434	−0.658	0.001	0.123	0.289	4.655
Roa	4111	0.034	0.039	−0.219	0.014	0.029	0.512	0.210
Coverage	4111	0.006	0.020	−0.093	0.002	0.004	0.008	0.106
CR	4111	1.424	0.976	0.215	0.851	1.226	1.729	19.24
LE	4111	8.426	4.518	−0.69	4.27	7.65	12.15	16.19
DFI	4111	8.039	1.432	1.46	7.64	8.26	9.14	9.79
Agence	4111	0.745	0.436	0	0	1	1	1

7.4.2 多元回归分析

为了验证假设7－1，本书从金融市场法制环境和要素市场发育度两个维度对样本进行分组。具体的，参照王小鲁等（2017）的中国分省市场化指数，按照上市公司注册所在地进行分组。表7－4报告了检验结果。为了缓解异方差问题，本书采用了White检验进行修正，并控制了公司固定效应、年度效应和同时考虑公司层面聚类效应的结果。

如表7－4所示，第一列、第二列和第五列、第六列的因变量为Rate，第三列、第四列和第七列、第八列的因变量为Log（Rate）。本书分别对此进行分组回归，对比法制环境好、要素市场发育度高的地区，放松卖空约束对企业主体长期信用评级的影响不同。回归结果显示相比较法制环境差、中介市场发育度低的地区，在法制环境好、中介市场发育度高的地区，放松卖空约束对企业主体长期信用评级的影响更为显著。即完善的金融中介环境和法制环境，能够更好地促进卖空治理作用的发挥。放松卖空约束的公司治理效应，在制度环境好的地区更为显著。这验证了假设7－1。

表7－4　　　　　　　放松卖空约束与企业信用评级——制度环境视角

变量	法制环境好	法制环境差	法制环境好	法制环境差	要素市场发育度高	要素市场发育度低	要素市场发育度高	要素市场发育度低
	（1）Rate	（2）Rate	（3）Log（Rate）	（4）Log（Rate）	（5）Rate	（6）Rate	（7）Log（Rate）	（8）Log（Rate）
Short	0.142 ** (2.16)	0.085 (1.32)	0.007 * (1.71)	0.003 (1.20)	0.116 * (1.84)	−0.023 (−0.32)	0.005 * (1.76)	−0.001 (−0.21)
Size	0.591 *** (2.65)	1.132 *** (6.35)	0.022 (1.53)	0.053 *** (5.33)	1.088 *** (4.78)	1.095 *** (7.05)	0.051 *** (3.90)	0.054 *** (6.66)
Lev	−0.246 (−0.30)	−2.382 *** (−2.91)	0.0275 (0.49)	−0.118 ** (−2.51)	−2.452 *** (−2.68)	−1.432 *** (−2.65)	−0.123 ** (−2.27)	−0.054 ** (−1.85)
Growth	−0.128 (−1.37)	−0.023 (−1.37)	−0.008 * (−1.78)	−0.001 (−1.36)	−0.067 *** (−3.14)	−0.023 ** (−2.14)	−0.003 *** (−2.73)	−0.001 ** (−2.13)
Roa	4.404 *** (7.62)	−0.826 (−1.21)	0.556 *** (9.50)	−0.0511 (−1.45)	−0.618 (−0.89)	3.336 *** (5.06)	−0.045 (−1.09)	−0.477 *** (−6.33)

续表

变量	法制环境好	法制环境差	法制环境好	法制环境差	要素市场发育度高	要素市场发育度低	要素市场发育度高	要素市场发育度低
	(1) Rate	(2) Rate	(3) Log(Rate)	(4) Log(Rate)	(5) Rate	(6) Rate	(7) Log(Rate)	(8) Log(Rate)
Coverage	-0.102*** (-3.07)	-0.013 (-1.64)	-0.005** (-2.19)	-0.001 (-1.56)	-0.071** (-2.03)	-0.002 (-0.45)	-0.003* (-1.84)	-0.001* (-0.28)
Current	0.092*** (2.80)	0.034 (0.65)	0.005** (2.20)	0.001 (0.35)	0.080*** (4.64)	-0.018 (-0.49)	0.003*** (4.31)	0.002 (0.91)
Constant	8.744* (1.88)	2.456 (0.68)	2.564*** (8.65)	1.963*** (10.03)	-1.392 (-0.30)	-1.895 (-0.57)	1.992*** (7.54)	1.898*** (10.82)
Short 系数比较	P-Value=0.000***		P-Value=0.003***		P-Value=0.001***		P-Value=0.001***	
Year	控制	控制	控制	控制	控制	控制	控制	控制
Firm	控制	控制	控制	控制	控制	控制	控制	控制
Cluster Firm	控制	控制	控制	控制	控制	控制	控制	控制
NO.	2130	1981	2130	1981	2105	2006	2105	2006
Adj_R^2	0.390	0.402	0.512	0.361	0.429	0.413	0.382	0.564

注：***、**、*依次表示在1%、5%和10%的水平上显著；回归结果的 T 值经过了异方差处理（White，1980）并考虑了公司层面的聚类效应（Petersen，2009）；在分组回归对比两组系数时，本书对这两组进行了 Bootstrap 组间系数1000 次抽样检验。

对于假设 7-2 的验证，表 7-5 报告了检验结果。为了缓解异方差问题，本书采用了 White 检验进行修正，并控制了公司固定效应、年度效应和同时考虑公司层面聚类效应的结果。表 7-5 第一列和第二列因变量为 Rate、第三列和第四列因变量为 Log(Rate)，对比不同评级公司声誉下，放松卖空约束对企业主体长期信用评级的影响的不同。回归结果显示，相比较评级声誉较低的公司，在评级公司声誉较高的公司，放松卖空约束对企业主体长期信用评级的影响更为显著。即评级机构声誉机制对卖空机制的公司治理效应的反应更为敏感。放松卖空约束的公司治理效应，在评级公司声誉较高的评级样本中更为显著。这验证了假设 7-2。

表7－5　　　　　　　　　　　放松卖空约束与企业信用评级——金融中介视角

变量	声誉高	声誉低	声誉高	声誉低
	(1) Rate	(2) Rate	(3) Log(Rate)	(4) Log(Rate)
Short	0.102 * (1.89)	0.100 (0.90)	0.007 * (1.83)	0.008 (0.87)
Size	0.936 *** (9.77)	0.535 (1.07)	0.018 *** (5.03)	0.002 (0.04)
Lev	−1.337 *** (−3.38)	−1.775 (−1.12)	−0.009 (−0.41)	−0.066 (−0.76)
Growth	−0.021 * (−1.83)	−0.149 (−0.88)	−0.001 (−1.58)	−0.004 (−0.85)
Roa	3.227 *** (4.73)	−0.937 (−0.56)	0.483 *** (4.92)	−0.130 (−1.04)
Coverage	−0.010 * (−1.70)	0.024 (0.55)	−0.0002 (−0.72)	0.001 (0.34)
Current	0.018 (0.50)	0.044 (0.85)	−0.0001 (−0.04)	0.002 (1.35)
Constant	0.410 (0.19)	10.65 (1.04)	2.704 *** (38.28)	3.077 *** (3.95)
Short 系数比较	P − Value = 0.001 ***		P − Value = 0.001 ***	
Year	控制	控制	控制	控制
Firm	控制	控制	控制	控制
Cluster Firm	控制	控制	控制	控制
NO.	3062	1049	3062	1049
Adj_R^2	0.536	0.085	0.658	0.029

注：*** 、** 、* 依次表示在1%、5%和10%的水平上显著；回归结果的 T 值经过了异方差处理（White，1980）并考虑了公司层面的聚类效应（Petersen，2009）；在分组回归对比两组系数时，本书对这两组进行了 Bootstrap 组间系数1000 次抽样检验。

7.5 稳健性检验与内生性检验

7.5.1 稳健性检验

1. 更换关键变量衡量方式——信用评级衡量方式变换

本章同样借鉴黄小琳等（2017）的研究，采用中国人民银行《信用评级要素、标识及含义》划分的基本信用等级"三等九级"（AAA、AA、A、BBB、BB、B、CCC、CC、C）代替 21 级微调式信用等级，按照同样方法依次赋值，重新检验，回归结果如表 7-6 和表 7-7 所示，对比结果显示并未发生实质性变化。因此，假设 7-1、假设 7-2 依然成立。

表 7-6　　更换信用评级衡量方式：放松卖空约束与企业信用评级——制度环境

变量	法制环境好	法制环境差	法制环境好	法制环境差	中介市场发育度高	中介市场发育度低	中介市场发育度高	中介市场发育度低
	(1) Rate	(2) Rate	(3) Log(Rate)	(4) Log(Rate)	(1) Rate	(2) Rate	(3) Log(Rate)	(4) Log(Rate)
Short	0.238 *** (2.62)	0.136 (1.58)	0.012 ** (2.18)	0.006 (1.48)	0.203 ** (2.17)	-0.055 (-0.73)	0.010 ** (2.01)	-0.003 (-0.72)
Size	0.377 (1.18)	0.979 *** (3.80)	0.010 (0.46)	0.048 *** (3.19)	1.032 *** (3.05)	1.004 *** (5.32)	0.052 *** (2.61)	0.049 *** (4.70)
Lev	0.160 (0.18)	-2.158 * (-1.66)	0.0340 (0.53)	-0.118 (-1.52)	-2.306 * (-1.81)	-0.938 ** (-2.00)	-0.125 (-1.64)	-0.037 * (-1.67)
Growth	-0.038 (-1.55)	-0.016 (-1.42)	-0.002 (-1.52)	-0.001 (-1.33)	-0.064 *** (-2.62)	-0.020 ** (-2.40)	-0.003 ** (-2.55)	-0.001 ** (-2.27)
Roa	1.690 * (1.81)	-0.881 (-1.03)	0.044 (0.73)	-0.066 (-1.20)	-0.640 (-0.72)	-0.179 (-0.09)	-0.053 (-0.91)	-0.092 (-0.59)
Coverage	-0.157 (-0.58)	-0.011 * (-1.71)	-0.002 (-0.13)	-0.001 (-1.62)	-0.313 ** (-2.45)	-0.001 (-0.20)	-0.015 ** (-2.45)	-0.0001 (-0.61)
Current	0.095 *** (3.25)	0.045 (0.75)	0.005 ** (2.39)	0.001 (0.41)	0.076 *** (4.51)	-0.001 (-0.03)	0.003 *** (3.94)	0.001 (0.38)

续表

变量	法制环境好	法制环境差	法制环境好	法制环境差	中介市场发育度高	中介市场发育度低	中介市场发育度高	中介市场发育度低
	（1）Rate	（2）Rate	（3）Log（Rate）	（4）Log（Rate）	（1）Rate	（2）Rate	（3）Log（Rate）	（4）Log（Rate）
Constant	12.62*（1.92）	0.754（0.15）	2.808***（6.49）	2.058***（7.20）	0.025（0.01）	−0.422（−0.11）	1.990***（5.05）	2.001***（9.00）
Short 系数比较	P − Value = 0.000***		P − Value = 0.000***		P − Value = 0.000***		P − Value = 0.000***	
Year	控制	控制	控制	控制	控制	控制	控制	控制
Firm	控制	控制	控制	控制	控制	控制	控制	控制
Cluster Firm	控制	控制	控制	控制	控制	控制	控制	控制
NO.	1492	1383	1492	1383	1471	1404	1471	1404
Adj_R^2	0.195	0.303	0.088	0.258	0.294	0.243	0.254	0.131

注：***、**、*依次表示在1%、5%和10%的水平上显著；回归结果的 T 值经过了异方差处理（White, 1980）并考虑了公司层面的聚类效应（Petersen, 2009）；在分组回归对比两组系数时，本书对这两组进行了 Bootstrap 组间系数1000 次抽样检验。

表7－7　　更换信用评级衡量方式：放松卖空约束与企业信用评级——评级公司声誉

变量	声誉高	声誉低	声誉高	声誉低
	（1）Rate	（2）Rate	（3）Log（Rate）	（4）Log（Rate）
Short	0.114**（2.29）	0.066（0.84）	0.023**（1.99）	0.004（0.19）
Size	0.954***（10.15）	0.620**（2.43）	0.101***（5.72）	0.100（1.56）
Lev	−1.416***（−3.93）	−1.558**（−1.98）	−0.116（−1.56）	−0.354（−1.58）
Growth	−0.017（−1.60）	−0.103（−0.87）	−0.004（−1.28）	−0.046**（−2.02）
Roa	−0.0727（−0.29）	0.932（0.77）	0.247***（2.63）	−0.210（−0.49）
Coverage	−0.012*（−1.78）	0.020（0.53）	−0.002（−1.32）	0.009（1.06）
Current	0.036（1.00）	0.027（1.01）	0.006（1.04）	0.009*（1.67）

续表

变量	声誉高 (1) Rate	声誉低 (2) Rate	声誉高 (3) Log(Rate)	声誉低 (4) Log(Rate)
Constant	-16. 75 *** (-8. 36)	-9. 464 * (-1. 77)	-0. 550 (-1. 50)	-0. 446 (-0. 35)
Short 系数比较	P - Value = 0. 000 ***		P - Value = 0. 000 ***	
Year	控制	控制	控制	控制
Firm	控制	控制	控制	控制
Cluster Firm	控制	控制	控制	控制
NO.	3062	1049	3062	1049
Adj_R^2	0. 469	0. 220	0. 361	0. 116

注: *** 、** 、* 依次表示在 1% 、5% 和 10% 的水平上显著；回归结果的 T 值经过了异方差处理 (White, 1980) 并考虑了公司层面的聚类效应 (Petersen, 2009)；在分组回归对比两组系数时，本书对这两组进行了 Bootstrap 组间系数 1000 次抽样检验。

2. 样本偏误问题

同样，为了去除样本偏误对回归模型产生的可能的影响，本章同样删除 "股灾" 2015 年的数据，并同时考虑了蓝筹股的影响，分别使用剔除沪深 300 样本、剔除第一批标的样本、剔除前两批标的样本对模型 (7.1) 和模型 (7.2) 进行重新估计。回归结果见表 7 - 8、表 7 - 9 和表 7 - 10，结果显示并未发生实质性变化。假设 7 - 1 和假设 7 - 2 仍然成立。

表 7 - 8A　　　　　　　样本偏误：放松卖空约束与企业信用评级——法制环境

变量	删除 "股灾" 样本				删除沪深 300			
	法制环境好	法制环境差	法制环境好	法制环境差	法制环境好	法制环境差	法制环境好	法制环境差
	(1) Rate	(2) Rate	(3) Log(Rate)	(4) Log(Rate)	(1) Rate	(2) Rate	(3) Log(Rate)	(4) Log(Rate)
Short	0. 092 * (1. 68)	0. 068 (1. 12)	0. 004 * (1. 65)	0. 003 (0. 97)	0. 238 *** (2. 62)	0. 136 (1. 58)	0. 012 ** (2. 18)	0. 006 (1. 48)
Size	0. 705 *** (4. 21)	1. 165 *** (6. 05)	0. 030 *** (3. 57)	0. 054 *** (4. 82)	0. 377 (1. 18)	0. 979 *** (3. 80)	0. 010 (0. 46)	0. 048 *** (3. 19)

续表

变量	删除"股灾"样本				删除沪深300			
	法制环境好	法制环境差	法制环境好	法制环境差	法制环境好	法制环境差	法制环境好	法制环境差
	(1) Rate	(2) Rate	(3) Log(Rate)	(4) Log(Rate)	(1) Rate	(2) Rate	(3) Log(Rate)	(4) Log(Rate)
Lev	-0.859 (-1.37)	-2.356*** (-2.67)	-0.030 (-0.96)	-0.119** (-2.24)	0.160 (0.18)	-2.158* (-1.66)	0.034 (0.53)	-0.118 (-1.52)
Growth	-0.203 (-1.27)	-0.025* (-1.83)	-0.012 (-1.23)	-0.001* (-1.86)	-0.038 (-1.55)	-0.016 (-1.42)	-0.002 (-1.52)	-0.001 (-1.33)
Roa	2.178* (1.68)	-0.947 (-1.03)	0.106 (1.57)	-0.057 (-1.10)	1.690* (1.81)	-0.881 (-1.03)	0.044 (0.73)	-0.066 (-1.20)
Coverage	-0.146*** (-2.61)	-0.004 (-1.52)	-0.006*** (-2.71)	-0.001 (-1.54)	-0.157 (-0.58)	-0.011* (-1.71)	-0.002 (-0.13)	-0.001 (-1.62)
Current	0.094*** (3.03)	0.058 (0.67)	0.005*** (2.80)	0.001 (0.33)	0.095*** (3.25)	0.045 (0.75)	0.005** (2.39)	0.001 (0.41)
Constant	6.603* (1.86)	-3.173 (-0.82)	2.435*** (13.79)	1.922*** (8.64)	12.62* (1.92)	0.754 (0.15)	2.808*** (6.49)	2.058*** (7.20)
Short 系数比较	P – Value = 0.001***		P – Value = 0.001***		P – Value = 0.000***		P – Value = 0.000***	
Year	控制	控制	控制	控制	控制	控制	控制	控制
Firm	控制	控制	控制	控制	控制	控制	控制	控制
Cluster Firm	控制	控制	控制	控制	控制	控制	控制	控制
NO.	1858	1682	1858	1682	1492	1383	1492	1383
Adj_R²	0.360	0.417	0.308	0.369	0.195	0.303	0.088	0.258

注: ***、**、* 依次表示在 1%、5% 和 10% 的水平上显著；回归结果的 T 值经过了异方差处理（White, 1980）并考虑了公司层面的聚类效应（Petersen, 2009）；在分组回归对比两组系数时，本书对这两组进行了 Bootstrap 组间系数 1000 次抽样检验。

表 7 – 8B 样本偏误：放松卖空约束与企业信用评级——法制环境

变量	删除第一次				删除第二次			
	法制环境好	法制环境差	法制环境好	法制环境差	法制环境好	法制环境差	法制环境好	法制环境差
	(1) Rate	(2) Rate	(3) Log(Rate)	(4) Log(Rate)	(5) Rate	(6) Rate	(7) Log(Rate)	(8) Log(Rate)
Short	0.139* (1.89)	0.036 (1.50)	0.007* (1.61)	0.004 (1.20)	0.240** (2.24)	0.138 (1.57)	0.011* (1.69)	0.006 (1.33)
Size	0.542** (2.29)	1.192*** (6.28)	0.020 (1.30)	0.055*** (5.24)	0.563** (2.22)	1.060*** (4.62)	0.0196 (1.19)	0.050*** (3.79)

变量	删除第一次				删除第二次			
	法制环境好	法制环境差	法制环境好	法制环境差	法制环境好	法制环境差	法制环境好	法制环境差
	(1) Rate	(2) Rate	(3) Log(Rate)	(4) Log(Rate)	(5) Rate	(6) Rate	(7) Log(Rate)	(8) Log(Rate)
Lev	-0.176 (-0.20)	-2.494*** (-2.98)	0.031 (0.53)	-0.123** (-2.55)	0.111 (0.11)	-2.043* (-1.87)	0.049 (0.74)	-0.108* (-1.67)
Growth	-0.132 (-1.40)	-0.025 (-1.38)	-0.008* (-1.79)	-0.001 (-1.37)	-0.162 (-1.37)	-0.020 (-1.34)	-0.009* (-1.70)	-0.001 (-1.30)
Roa	4.487*** (7.66)	-0.730 (-1.02)	0.562*** (9.84)	-0.049 (-1.31)	4.687*** (7.31)	-0.637 (-0.84)	0.582*** (10.66)	-0.050 (-1.02)
Coverage	-0.093*** (-3.05)	-0.010 (-1.52)	-0.005** (-2.09)	-0.001 (-1.46)	-0.107*** (-3.25)	-0.006 (-1.48)	-0.005** (-2.41)	-0.0002 (-1.48)
Current	0.094*** (2.87)	0.021 (0.42)	0.005** (2.24)	0.001 (0.17)	0.101*** (2.80)	0.018 (0.33)	0.005** (2.25)	0.0002 (0.07)
Constant	9.606** (1.97)	-3.787 (-0.99)	2.599*** (8.28)	1.900*** (9.03)	8.899* (1.70)	-0.999 (-0.22)	2.596*** (7.77)	2.008*** (7.74)
Short 系数比较	P-Value=0.001***		P-Value=0.001***		P-Value=0.000***		P-Value=0.001***	
Year	控制	控制	控制	控制	控制	控制	控制	控制
Firm	控制	控制	控制	控制	控制	控制	控制	控制
Cluster Firm	控制	控制	控制	控制	控制	控制	控制	控制
NO.	1968	1881	1968	1881	1674	1567	1674	1567
Adj_R^2	0.400	0.404	0.519	0.362	0.388	0.359	0.526	0.309

注：***、**、*依次表示在1%、5%和10%的水平上显著；回归结果的T值经过了异方差处理（White，1980）并考虑了公司层面的聚类效应（Petersen，2009）；在分组回归对比两组系数时，本书对这两组进行了Bootstrap组间系数1000次抽样检验。

表 7 - 9A　　　　　样本偏误：放松卖空约束与企业信用评级——要素市场发育度

变量	删除"股灾"样本				删除沪深300			
	要素市场发育度高	要素市场发育度低	要素市场发育度高	要素市场发育度低	要素市场发育度高	要素市场发育度低	要素市场发育度高	要素市场发育度低
	(1) Rate	(2) Rate	(3) Log(Rate)	(4) Log(Rate)	(1) Rate	(2) Rate	(3) Log(Rate)	(4) Log(Rate)
Short	0.102* (1.66)	-0.038 (-0.62)	0.102* (1.86)	-0.002 (-0.75)	0.203** (2.17)	-0.055 (-0.73)	0.010** (2.01)	-0.003 (-0.72)
Size	1.123*** (4.70)	1.058*** (7.43)	1.123*** (4.70)	0.048*** (7.28)	1.032*** (3.05)	1.004*** (5.32)	0.052*** (2.61)	0.049*** (4.70)

续表

变量	删除"股灾"样本				删除沪深300			
	要素市场发育度高	要素市场发育度低	要素市场发育度高	要素市场发育度低	要素市场发育度高	要素市场发育度低	要素市场发育度高	要素市场发育度低
	(1) Rate	(2) Rate	(3) Log(Rate)	(4) Log(Rate)	(1) Rate	(2) Rate	(3) Log(Rate)	(4) Log(Rate)
Lev	-2.731*** (-2.73)	-1.629*** (-3.12)	-2.731*** (-2.73)	-0.073*** (-3.13)	-2.306* (-1.81)	-0.938** (-2.00)	-0.125 (-1.64)	-0.037* (-1.67)
Growth	-0.080** (-2.27)	-0.045 (-1.30)	-0.080** (-2.27)	-0.002 (-1.19)	-0.064*** (-2.62)	-0.020** (-2.40)	-0.003** (-2.55)	-0.001** (-2.27)
Roa	-1.357 (-1.17)	0.339 (0.31)	-1.357 (-1.17)	0.0113 (0.23)	-0.640 (-0.72)	-0.179 (-0.09)	-0.053 (-0.91)	-0.092 (-0.59)
Coverage	-0.067** (-2.25)	-0.003 (-0.49)	-0.067** (-2.25)	-0.0001 (-0.19)	-0.313** (-2.45)	-0.001 (-0.20)	-0.015** (-2.45)	-0.0001 (-0.51)
Current	0.084*** (4.58)	-0.025 (-0.65)	0.084*** (4.58)	-0.001 (-0.83)	0.076*** (4.51)	-0.001 (-0.03)	0.003*** (3.94)	0.001 (0.33)
Constant	-1.968 (-0.41)	-0.806 (-0.27)	-1.968 (-0.41)	2.061*** (14.75)	0.025 (0.01)	-0.422 (-0.11)	1.990*** (5.05)	2.001*** (9.00)
Short 系数比较	P–Value = 0.001***		P–Value = 0.001***		P–Value = 0.000***		P–Value = 0.000***	
Year	控制	控制	控制	控制	控制	控制	控制	控制
Firm	控制	控制	控制	控制	控制	控制	控制	控制
Cluster Firm	控制	控制	控制	控制	控制	控制	控制	控制
NO.	1739	1701	1739	1701	1471	1404	1471	1404
Adj_R^2	0.430	0.344	0.430	0.303	0.294	0.243	0.254	0.131

注：***、**、*依次表示在1%、5%和10%的水平上显著；回归结果的T值经过了异方差处理（White，1980）并考虑了公司层面的聚类效应（Petersen，2009）；在分组回归对比两组系数时，本书对这两组进行了 Bootstrap 组间系数1000 次抽样检验。

表 7 - 9B　　　样本偏误：放松卖空约束与企业信用评级——要素市场发育度

变量	删除第一次				删除第二次			
	要素市场发育度高	要素市场发育度低	要素市场发育度高	要素市场发育度低	要素市场发育度高	要素市场发育度低	要素市场发育度高	要素市场发育度低
	(1) Rate	(2) Rate	(3) Log(Rate)	(4) Log(Rate)	(5) Rate	(6) Rate	(7) Log(Rate)	(8) Log(Rate)
Short	0.145** (2.21)	-0.035 (-0.46)	0.006** (2.10)	-0.001 (-0.22)	0.212** (2.58)	-0.047 (-0.67)	0.009** (2.36)	-0.003 (-0.77)
Size	1.121*** (4.61)	1.137*** (6.73)	0.054*** (3.79)	0.055*** (6.27)	1.154*** (4.13)	0.933*** (6.00)	0.056*** (3.42)	0.045*** (5.37)

变量	删除第一次				删除第二次			
	要素市场发育度高	要素市场发育度低	要素市场发育度高	要素市场发育度低	要素市场发育度高	要素市场发育度低	要素市场发育度高	要素市场发育度低
	(1) Rate	(2) Rate	(3) Log(Rate)	(4) Log(Rate)	(5) Rate	(6) Rate	(7) Log(Rate)	(8) Log(Rate)
Lev	-2.545*** (-2.65)	-1.484*** (-2.69)	-0.129** (-2.26)	-0.054* (-1.80)	-2.380** (-2.20)	-0.402 (-0.98)	-0.125* (-1.93)	0.004 (0.18)
Growth	-0.070*** (-3.32)	-0.024** (-2.14)	-0.003*** (-2.94)	-0.001** (-2.18)	-0.070*** (-2.78)	-0.024** (-2.26)	-0.003*** (-2.69)	-0.001** (-2.42)
Roa	-0.771 (-1.07)	3.353*** (5.27)	-0.0534 (-1.22)	0.482*** (6.68)	-1.167 (-1.51)	4.218*** (12.18)	-0.073 (-1.49)	0.548*** (14.31)
Coverage	-0.162* (-1.69)	-0.002 (-0.43)	-0.008* (-1.72)	-0.0001 (-0.32)	-0.174* (-1.75)	-0.003 (-0.64)	-0.008* (-1.77)	-0.0001 (-0.52)
Current	0.079*** (4.53)	-0.022 (-0.61)	0.003*** (4.18)	-0.002 (-0.87)	0.077*** (4.63)	0.010 (0.30)	0.003*** (4.28)	0.0001 (0.05)
Constant	-2.012 (-0.41)	-2.928 (-0.83)	1.951*** (6.88)	1.857*** (9.81)	-2.794 (-0.49)	0.969 (0.29)	1.893*** (5.74)	2.068*** (11.12)
Short 系数比较	P-Value = 0.000***		P-Value = 0.000***		P-Value = 0.000***		P-Value = 0.000***	
Year	控制	控制	控制	控制	控制	控制	控制	控制
Firm	控制	控制	控制	控制	控制	控制	控制	控制
Cluster Firm	控制	控制	控制	控制	控制	控制	控制	控制
NO.	1988	1861	1988	1861	1654	1587	1654	1587
Adj_R^2	0.395	0.437	0.352	0.578	0.366	0.457	0.319	0.621

注：***、**、*依次表示在1%、5%和10%的水平上显著；回归结果的T值经过了异方差处理（White，1980）并考虑了公司层面的聚类效应（Petersen，2009）；在分组回归对比两组系数时，本书对这两组进行了Bootstrap组间系数1000次抽样检验。

表7-10A   样本偏误：放松卖空约束与企业信用评级——评级机构声誉

变量	删除"股灾"样本				删除沪深300			
	声誉高	声誉低	声誉高	声誉低	声誉高	声誉低	声誉高	声誉低
	(1) Rate	(2) Rate	(3) Log(Rate)	(4) Log(Rate)	(1) Rate	(2) Rate	(3) Log(Rate)	(4) Log(Rate)
Short	0.091* (1.84)	0.077 (1.02)	0.004* (1.75)	0.003 (0.72)	0.139** (2.33)	0.175 (1.14)	0.007** (2.50)	0.012 (1.02)
Size	1.010*** (10.41)	0.612 (1.52)	0.045*** (10.15)	0.029 (1.21)	0.794*** (6.30)	0.338 (0.56)	0.020*** (4.50)	-0.022 (-0.36)

续表

变量	删除"股灾"样本				删除沪深300			
	声誉高	声誉低	声誉高	声誉低	声誉高	声誉低	声誉高	声誉低
	(1) Rate	(2) Rate	(3) Log(Rate)	(4) Log(Rate)	(1) Rate	(2) Rate	(3) Log(Rate)	(4) Log(Rate)
Lev	-1.527*** (-3.99)	-2.071 (-1.34)	-0.067*** (-4.03)	-0.111 (-1.17)	-0.800** (-2.27)	-1.902 (-0.97)	-0.010 (-0.63)	-0.083 (-0.76)
Growth	-0.064** (-2.26)	-0.327 (-0.97)	-0.003** (-2.34)	-0.020 (-0.97)	-0.016 (-1.53)	-0.100 (-0.49)	-0.001 (-1.21)	0.006 (0.57)
Roa	0.108 (0.15)	0.618 (0.20)	0.002 (0.07)	0.007 (0.04)	0.712 (1.16)	-2.761* (-1.74)	0.014 (0.41)	-0.222 (-1.56)
Coverage	-0.012* (-1.78)	0.024 (0.22)	-0.001* (-1.75)	0.001 (0.22)	-0.009** (-2.53)	0.019 (0.11)	-0.0004** (-2.35)	-0.0004 (-0.04)
Current	0.030 (0.71)	0.033 (0.70)	0.001 (0.63)	0.002 (0.60)	0.064* (1.81)	0.029 (0.51)	0.003** (2.44)	0.0003 (0.17)
Constant	0.072 (0.03)	9.102 (1.15)	2.123*** (22.48)	2.492*** (5.31)	4.234 (1.57)	13.98 (1.17)	2.626*** (28.10)	3.509*** (2.94)
Short 系数比较	P - Value = 0.001***		P - Value = 0.001***		P - Value = 0.000***		P - Value = 0.000***	
Year	控制	控制	控制	控制	控制	控制	控制	控制
Firm	控制	控制	控制	控制	控制	控制	控制	控制
Cluster Firm	控制	控制	控制	控制	控制	控制	控制	控制
NO.	2589	902	2589	902	2049	826	2049	826
Adj_R²	0.474	0.169	0.470	0.130	0.412	0.050	0.369	0.026

注：***、**、* 依次表示在1%、5%和10%的水平上显著；回归结果的T值经过了异方差处理（White，1980）并考虑了公司层面的聚类效应（Petersen，2009）；在分组回归对比两组系数时，本书对这两组进行了Bootstrap组间系数1000次抽样检验。

表7-10B　　　　样本偏误：放松卖空约束与企业信用评级——评级机构声誉

变量	删除第一次				删除第二次			
	声誉高	声誉低	声誉高	声誉低	声誉高	声誉低	声誉高	声誉低
	(1) Rate	(2) Rate	(3) Log(Rate)	(4) Log(Rate)	(5) Rate	(6) Rate	(7) Log(Rate)	(8) Log(Rate)
Short	0.109* (1.91)	0.116 (0.99)	0.007* (1.76)	0.009 (0.90)	0.119** (1.97)	0.273* (1.81)	0.004* (1.72)	0.018 (1.43)
Size	0.973*** (9.05)	0.594 (1.12)	0.016*** (4.55)	0.003 (0.06)	0.899*** (8.23)	0.411 (0.73)	0.017*** (4.63)	-0.013 (-0.25)

续表

变量	删除第一次				删除第二次			
	声誉高	声誉低	声誉高	声誉低	声誉高	声誉低	声誉高	声誉低
	(1) Rate	(2) Rate	(3) Log(Rate)	(4) Log(Rate)	(5) Rate	(6) Rate	(7) Log(Rate)	(8) Log(Rate)
Lev	-1.374 *** (-3.38)	-1.825 (-1.11)	-0.011 (-0.46)	-0.067 (-0.74)	-0.829 ** (-2.28)	-1.564 (-0.80)	0.017 (0.94)	-0.059 (-0.52)
Growth	-0.021 * (-1.80)	-0.156 (-0.92)	-0.001 (-1.57)	-0.005 (-0.83)	-0.021 * (-1.78)	-0.138 (-0.69)	-0.001 (-1.56)	0.001 (0.16)
Roa	3.254 *** (4.87)	-0.807 (-0.47)	0.489 *** (5.15)	-0.128 (-0.95)	3.760 *** (8.02)	-1.592 (-0.94)	0.536 *** (8.07)	-0.148 (-0.92)
Coverage	-0.007 * (-1.73)	0.025 (0.57)	-0.0001 (-0.48)	0.001 (0.34)	-0.006 (-1.48)	-0.006 (-0.12)	-0.0001 (-0.20)	-0.001 (-0.33)
Current	0.014 (0.38)	0.045 (0.89)	-0.0004 (-0.20)	0.003 (1.47)	0.022 (0.59)	0.039 (0.72)	-0.0004 (-0.19)	0.001 (0.75)
Constant	0.655 (0.29)	8.835 (0.81)	2.722 *** (37.92)	3.027 *** (3.67)	2.031 (0.87)	12.76 (1.14)	2.702 *** (35.54)	3.350 *** (3.13)
Short 系数比较	P-Value=0.001 ***		P-Value=0.001 ***		P-Value=0.001 ***		P-Value=0.001 ***	
Year	控制	控制	控制	控制	控制	控制	控制	控制
Firm	控制	控制	控制	控制	控制	控制	控制	控制
Cluster Firm	控制	控制	控制	控制	控制	控制	控制	控制
NO.	2849	1000	2849	1000	2362	879	2362	879
Adj_R²	0.553	0.088	0.676	0.029	0.566	0.051	0.738	0.018

注：*** 、** 、* 依次表示在 1%、5% 和 10% 的水平上显著；回归结果的 T 值经过了异方差处理（White，1980）并考虑了公司层面的聚类效应（Petersen，2009）；在分组回归对比两组系数时，本书对这两组进行了 Bootstrap 组间系数 1000 次抽样检验。

7.5.2 内生性检验

1. 变换回归模型

同样，借鉴第 4 章的分析，为了缓解模型设定的问题对模型回归结果造成的内生影响，本书分别使用非线性概率模型（ologit model）以及最小二乘法（ordinary least squares，OLS）重新进行分组回归，表 7 - 11A 和表 7 - 11B

给出了结果。在所有列中，这些结果与使用固定效应（FE）回归的结果一致，因此假设 7 - 1 和假设 7 - 2 仍然得到验证。

表 7 - 11A　　　　　　　　放松卖空约束与企业信用评级——Ologit 模型

变量	法制环境好	法制环境差	要素市场发育度高	要素市场发育度低	声誉高	声誉低
	(1) Rate	(2) Rate	(3) Rate	(4) Rate	(5) Rate	(6) Rate
Short	0.346 *** (2.93)	0.310 ** (2.57)	0.385 *** (3.07)	0.276 ** (2.46)	0.299 *** (3.07)	0.386 ** (2.34)
Size	2.774 *** (30.48)	2.518 *** (29.02)	2.580 *** (31.34)	2.690 *** (28.04)	2.885 *** (37.03)	2.400 *** (19.82)
Lev	- 6.110 *** (-11.50)	- 5.593 *** (-10.91)	- 5.825 *** (-12.05)	- 5.991 *** (-10.43)	- 7.088 *** (-16.00)	- 2.953 *** (-3.67)
Growth	- 0.151 *** (-4.26)	- 0.109 (-1.29)	- 0.376 *** (-4.14)	- 0.117 *** (-3.16)	- 0.135 *** (-3.09)	- 0.678 *** (-3.36)
Roa	3.899 ** (2.33)	4.199 ** (2.13)	7.305 *** (4.33)	2.262 (1.14)	2.806 * (1.82)	12.84 *** (4.54)
Coverage	- 0.275 ** (-2.47)	- 0.032 (-1.21)	- 1.306 *** (-2.68)	0.052 ** (2.08)	0.031 (1.33)	- 0.049 (-0.44)
Current	- 0.0001 (-0.00)	0.212 *** (3.36)	0.121 *** (3.23)	- 0.034 (-0.48)	- 0.075 (-1.31)	0.284 *** (5.68)
Constant					0.299 *** (3.07)	0.386 ** (2.34)
Short 系数比较	P - Value = 0.027 **		P - Value = 0.008 ***		P - Value = 0.012 **	
Year	控制	控制	控制	控制	控制	控制
Industry	控制	控制	控制	控制	控制	控制
Region	控制	控制	控制	控制	控制	控制
NO.	2130	1981	2105	2006	3062	1049
Pseudo R^2	0.436	0.363	0.391	0.415	0.430	0.394

注：*** 、** 、* 依次表示在 1%、5% 和 10% 的水平上显著；回归结果的 T 值经过了异方差处理（White，1980）并考虑了公司层面的聚类效应（Petersen，2009）；在分组回归对比两组系数时，本书对这两组进行了 Bootstrap 组间系数 1000 次抽样检验；Ologit 模型常数项有 11 个，由于篇幅限制，在此未汇报结果。

表 7 – 11B   放松卖空约束与企业信用评级——OLS 模型

变量	法制环境好 (1) Log(Rate)	法制环境差 (2) Log(Rate)	要素市场发育度高 (3) Log(Rate)	要素市场发育度低 (4) Log(Rate)	声誉高 (5) Log(Rate)	声誉低 (6) Log(Rate)
Short	0.006 ** (2.67)	0.004 * (1.88)	0.008 ** (2.27)	0.003 * (1.69)	0.003 * (1.80)	0.009 (1.51)
Size	0.036 *** (24.06)	0.040 *** (24.87)	0.042 *** (31.96)	0.035 *** (20.68)	0.039 *** (41.41)	0.035 *** (9.13)
Lev	– 0.034 *** (– 2.88)	– 0.105 *** (– 7.43)	– 0.109 *** (– 8.36)	– 0.015 (– 0.97)	– 0.046 *** (– 4.04)	– 0.051 (– 1.36)
Growth	– 0.004 * (– 1.85)	– 0.002 * (– 1.76)	– 0.006 *** (– 3.72)	– 0.003 ** (– 2.33)	– 0.003 *** (– 3.12)	– 0.019 (– 1.29)
Roa	0.527 *** (9.55)	0.036 (1.05)	0.095 *** (2.68)	0.512 *** (6.89)	0.473 *** (5.20)	0.171 * (1.69)
Coverage	– 0.008 *** (– 2.97)	– 0.001 * (– 1.90)	– 0.006 ** (– 2.03)	– 0.0003 (– 0.47)	– 0.001 (– 0.82)	– 0.001 (– 0.32)
Current	0.001 (0.51)	0.004 *** (4.01)	0.002 *** (3.47)	0.001 (0.55)	– 0.001 (– 0.78)	0.005 *** (2.86)
Constant	2.290 *** (62.98)	2.197 *** (66.64)	2.200 *** (82.35)	2.314 *** (63.37)	2.241 *** (100.23)	2.290 *** (37.24)
Short 系数比较	P – Value = 0.001 ***		P – Value = 0.001 ***		P – Value = 0.011 **	
Year	控制	控制	控制	控制	控制	控制
Industry	控制	控制	控制	控制	控制	控制
Region	控制	控制	控制	控制	控制	控制
NO.	2130	1981	2105	2006	3062	1049
Adj_R^2	0.649	0.576	0.653	0.606	0.739	0.299

注： *** 、 ** 、 * 依次表示在 1% 、5% 和 10% 的水平上显著；回归结果的 T 值经过了异方差处理 (White，1980) 并考虑了公司层面的聚类效应 (Petersen，2009)；在分组回归对比两组系数时，本书对这两组进行了 Bootstrap 组间系数 1000 次抽样检验；Ologit 模型常数项有 11 个，由于篇幅限制，在此未汇报结果。

2. 内生性检验：倾向得分匹配法（PSM）

根据前文所述，本书同样使用倾向得分匹配法 PSM（Propensity Score Matching）法，按照可卖空上市公司的市值、转手率、波动率的前一年分别进行一比一匹配、半径匹配以及核匹配①。回归结果如表 7 - 12 和表 7 - 13 所示，结果显示并未发生实质性变化。因此假设 7 - 1 和假设 7 - 2 不变。

表 7 - 12A　　　　PSM 一对一匹配：放松卖空约束与企业信用评级——制度环境

变量	法制环境好	法制环境差	法制环境好	法制环境差	要素市场发育度高	要素市场发育度低	要素市场发育度高	要素市场发育度低
	(1) Rate	(2) Rate	(3) Log(Rate)	(4) Log(Rate)	(1) Rate	(2) Rate	(3) Log(Rate)	(4) Log(Rate)
Short	0.067 *** (2.20)	0.083 (1.21)	0.003 *** (2.31)	0.004 (1.15)	0.065 *** (2.01)	0.007 (0.08)	0.003 *** (2.98)	0.001 (0.27)
Size	0.761 *** (4.32)	0.954 *** (7.06)	0.037 *** (4.62)	0.042 *** (6.80)	0.823 *** (6.57)	1.100 *** (5.75)	0.037 *** (6.68)	0.054 *** (5.52)
Lev	−0.582 (−1.16)	−1.704 *** (−2.91)	−0.010 (−0.44)	−0.078 *** (−2.89)	−1.278 *** (−3.17)	−1.570 ** (−2.23)	−0.056 *** (−3.26)	−0.066 * (−1.72)
Growth	−0.017 ** (−2.12)	−0.094 ** (−2.30)	−0.001 *** (−3.16)	−0.004 ** (−2.21)	−0.071 * (−1.84)	−0.029 *** (−2.91)	−0.003 * (−1.81)	−0.002 ** (−2.21)
Roa	4.264 *** (12.59)	−0.466 (−0.57)	0.552 *** (17.68)	−0.026 (−0.69)	0.145 (0.19)	3.449 *** (5.21)	0.006 (0.17)	0.496 *** (7.92)
Coverage	−0.500 *** (−2.88)	−0.033 (−1.61)	−0.035 *** (−2.98)	−0.001 (−1.15)	−0.070 *** (−3.30)	−0.035 (−0.27)	−0.003 *** (−2.65)	−0.005 (−0.58)
Current	0.074 *** (5.70)	0.025 (0.61)	0.003 *** (3.40)	0.001 (0.46)	0.089 *** (5.52)	−0.066 (−1.58)	0.005 *** (6.03)	−0.004 ** (−2.02)
Constant	4.943 (1.30)	1.170 (0.41)	2.244 *** (12.96)	2.168 *** (16.66)	3.870 (1.43)	−1.902 (−0.47)	2.287 *** (19.38)	1.895 *** (9.22)
Short 系数比较	P – Value = 0.000 ***		P – Value = 0.000 ***		P – Value = 0.000 ***		P – Value = 0.000 ***	
Year	控制	控制	控制	控制	控制	控制	控制	控制
Firm	控制	控制	控制	控制	控制	控制	控制	控制
Cluster Firm	Yes	Yes	Yes	Yes	Yes	Yes	Yes	Yes
NO.	1455	1386	1455	1386	1463	1378	1463	1378
Adj_R²	0.614	0.435	0.845	0.428	0.434	0.601	0.435	0.817

注：*** 、** 、* 依次表示在 1%、5% 和 10% 的水平上显著；回归结果的 T 值经过了异方差处理（White，1980）并考虑了公司层面的聚类效应（Petersen，2009）。

---

① 按照可卖空上市公司的市值、转手率、波动率的前一年进行一比一匹配。由于上市公司市值、转手率、波动率为日交易数据，每年共 256 个交易数据。本书采用市值和波动率 256 个交易日的均值作为其年度效应取值，转手率的 256 个交易日的方差作为其年度效应取值。

表 7 –12B　　　　　PSM 半径匹配：放松卖空约束与企业信用评级——制度环境

变量	法制环境好	法制环境差	法制环境好	法制环境差	要素市场发育度高	要素市场发育度低	要素市场发育度高	要素市场发育度低
	(1) Rate	(2) Rate	(3) Log(Rate)	(4) Log(Rate)	(1) Rate	(2) Rate	(3) Log(Rate)	(4) Log(Rate)
Short	0.044 *** (2.75)	0.117 (1.43)	0.003 *** (2.99)	0.005 (1.39)	0.057 * (1.83)	−0.001 (−0.01)	0.003 * (1.87)	0.003 (0.53)
Size	0.833 *** (4.13)	0.975 *** (6.34)	0.039 *** (4.22)	0.043 *** (6.13)	0.787 *** (5.45)	1.234 *** (5.68)	0.035 *** (5.57)	0.059 *** (5.24)
Lev	−0.663 (−1.22)	−1.747 *** (−2.87)	−0.012 (−0.50)	−0.080 *** (−2.88)	−1.039 ** (−2.29)	−1.669 ** (−2.31)	−0.046 ** (−2.40)	−0.068 * (−1.68)
Growth	−0.020 *** (−2.93)	−0.108 ** (−2.21)	−0.001 *** (−3.49)	−0.005 ** (−2.12)	−0.090 ** (−2.12)	−0.029 *** (−3.00)	−0.004 ** (−2.09)	−0.002 ** (−2.38)
Roa	4.202 *** (11.54)	−0.361 (−0.37)	0.555 *** (20.03)	−0.023 (−0.53)	0.302 (0.33)	3.352 *** (4.95)	0.012 (0.30)	0.497 *** (8.11)
Coverage	−0.578 ** (−2.53)	−0.069 *** (−2.87)	−0.031 ** (−2.34)	−0.002 ** (−2.24)	−0.122 *** (−4.66)	−0.032 (−0.25)	−0.005 *** (−3.73)	−0.004 (−0.53)
Current	0.075 *** (5.97)	0.020 (0.47)	0.003 *** (3.82)	0.001 (0.31)	0.088 *** (6.56)	−0.072 (−1.61)	0.004 *** (7.25)	−0.005 * (−1.92)
Constant	3.378 (0.78)	0.751 (0.23)	2.201 *** (11.00)	2.149 *** (14.46)	4.536 (1.46)	−4.826 (−1.05)	2.315 *** (17.12)	1.783 *** (7.46)
Short 系数比较	P – Value = 0.000 ***		P – Value = 0.000 ***		P – Value = 0.001 ***		P – Value = 0.001 ***	
Year	控制	控制	控制	控制	控制	控制	控制	控制
Firm	控制	控制	控制	控制	控制	控制	控制	控制
Cluster Firm	控制	控制	控制	控制	控制	控制	控制	控制
NO.	1199	1136	1199	1371	1199	1136	1199	1136
Adj_R^2	0.652	0.448	0.871	0.403	0.458	0.638	0.457	0.841

注：*** 、** 、* 依次表示在 1%、5% 和 10% 的水平上显著；回归结果的 T 值经过了异方差处理（White，1980）并考虑了公司层面的聚类效应（Petersen，2009）；在分组回归对比两组系数时，本书对这两组进行了 Bootstrap 组间系数 1000 次抽样检验。

表 7 – 12C   **PSM 核匹配：放松卖空约束与企业信用评级——制度环境**

变量	法制环境好 (1) Rate	法制环境差 (2) Rate	法制环境好 (3) Log(Rate)	法制环境差 (4) Log(Rate)	要素市场发育度高 (1) Rate	要素市场发育度低 (2) Rate	要素市场发育度高 (3) Log(Rate)	要素市场发育度低 (4) Log(Rate)
Short	0.066 *** (2.20)	0.088 (1.21)	0.003 *** (2.31)	0.004 (1.15)	0.065 *** (1.01)	0.007 (0.08)	0.003 *** (0.98)	0.001 (0.27)
Size	0.761 *** (4.32)	0.954 *** (7.06)	0.037 *** (4.62)	0.042 *** (6.80)	0.823 *** (6.57)	1.100 *** (5.75)	0.037 *** (6.68)	0.054 *** (5.52)
Lev	−0.582 (−1.16)	−1.704 ** (−2.91)	−0.010 (−0.44)	−0.078 *** (−2.89)	−1.278 *** (−3.17)	−1.570 ** (−2.23)	−0.056 *** (−3.26)	−0.066 * (−1.72)
Growth	−0.017 ** (−2.12)	−0.094 ** (−2.30)	−0.001 *** (−3.16)	−0.004 ** (−2.21)	−0.071 * (−1.84)	−0.029 *** (−2.91)	−0.003 * (−1.81)	−0.002 ** (−2.21)
Roa	4.264 *** (12.59)	−0.465 (−0.57)	0.552 *** (17.68)	−0.026 (−0.69)	0.145 (0.19)	3.449 *** (5.21)	0.006 (0.17)	0.496 *** (7.92)
Coverage	−0.500 *** (−2.88)	−0.033 (−1.61)	−0.035 *** (−2.98)	−0.001 (−1.15)	−0.070 *** (−3.30)	−0.035 (−0.27)	−0.003 *** (−2.65)	−0.005 (−0.58)
Current	0.074 *** (5.70)	0.025 (0.61)	0.003 *** (3.40)	0.001 (0.46)	0.089 *** (5.52)	−0.066 (−1.58)	0.004 *** (6.03)	−0.004 ** (−2.02)
Constant	4.943 (1.30)	1.172 (0.41)	2.244 *** (12.96)	2.168 *** (16.66)	3.870 (1.43)	−1.902 (−0.47)	2.287 *** (19.38)	1.895 *** (9.22)
Short 系数比较	P – Value = 0.000 ***		P – Value = 0.000 ***		P – Value = 0.000 ***		P – Value = 0.000 ***	
Year	控制	控制	控制	控制	控制	控制	控制	控制
Firm	控制	控制	控制	控制	控制	控制	控制	控制
Cluster Firm	控制	控制	控制	控制	控制	控制	控制	控制
NO.	1018	1317	1018	1317	1463	1378	1463	1378
Adj_R²	0.683	0.414	0.899	0.406	0.434	0.601	0.435	0.817

注：*** 、** 、* 依次表示在 1%、5% 和 10% 的水平上显著；回归结果的 T 值经过了异方差处理（White，1980）并考虑了公司层面的聚类效应（Petersen，2009）；在分组回归对比两组系数时，本书对这两组进行了 Bootstrap 组间系数 1000 次抽样检验。

表 7 – 13A　　　　　PSM 一对一匹配：放松卖空约束与企业信用评级——金融中介特征

变量	声誉高 （1） Rate	声誉低 （2） Rate	声誉高 （3） Log（Rate）	声誉低 （4） Log（Rate）
Short	0. 165 ** （2. 15）	0. 002 （0. 02）	0. 009 * （1. 86）	– 0. 0003 （ – 0. 06）
Size	0. 532 *** （5. 72）	0. 584 *** （3. 10）	0. 018 *** （4. 24）	0. 027 *** （2. 99）
Lev	– 0. 595 （ – 1. 10）	– 0. 938 （ – 1. 25）	– 0. 014 （ – 0. 46）	– 0. 044 （ – 1. 24）
Growth	– 0. 019 （ – 0. 98）	– 0. 071 （ – 0. 80）	– 0. 001 （ – 1. 18）	– 0. 003 （ – 0. 93）
Roa	3. 932 *** （5. 02）	– 1. 722 （ – 0. 97）	0. 510 *** （6. 31）	– 0. 092 （ – 1. 02）
Coverage	– 0. 076 *** （ – 3. 24）	0. 169 （0. 53）	– 0. 003 （ – 1. 58）	0. 007 （0. 49）
Current	0. 061 （1. 64）	0. 044 ** （2. 29）	0. 001 （0. 34）	0. 002 ** （2. 43）
Constant	10. 52 *** （5. 50）	9. 309 ** （2. 49）	2. 690 *** （31. 06）	2. 505 *** （14. 08）
Short 系数比较	P – Value = 0. 000 ***		P – Value = 0. 001 ***	
Year	控制	控制	控制	控制
Firm	控制	控制	控制	控制
Cluster Firm	控制	控制	控制	控制
NO.	2112	729	2112	729
Adj_R^2	0. 537	0. 312	0. 740	0. 302

注：***、**、*依次表示在 1%、5% 和 10% 的水平上显著；回归结果的 T 值经过了异方差处理（White，1980）并考虑了公司层面的聚类效应（Petersen，2009）；在分组回归对比两组系数时，本书对这两组进行了 Bootstrap 组间系数 1000 次抽样检验。

表 7 – 13B　　　　　PSM 半径、核匹配：放松卖空约束与企业信用评级——金融中介特征

变量	半径匹配				核匹配			
	声誉高	声誉低	声誉高	声誉低	声誉高	声誉低	声誉高	声誉低
	(5) Rate	(6) Rate	(7) Log(Rate)	(8) Log(Rate)	(5) Rate	(6) Rate	(7) Log(Rate)	(8) Log(Rate)
Short	0.177 * (1.92)	−0.018 (−0.18)	0.010 * (1.86)	−0.001 (−0.22)	0.177 * (1.92)	0.027 (0.27)	0.008 * (1.64)	0.001 (0.23)
Size	0.529 *** (5.04)	0.572 *** (2.74)	0.018 *** (3.92)	0.027 *** (2.66)	0.529 *** (5.04)	0.560 *** (2.86)	0.016 *** (3.12)	0.026 *** (2.73)
Lev	−0.655 (−1.07)	−0.799 (−0.57)	−0.020 (−0.55)	−0.039 (−0.99)	−0.655 (−1.07)	−0.981 (−1.18)	−0.007 (−0.18)	−0.046 (−1.16)
Growth	−0.019 (−0.98)	−0.010 (−0.09)	−0.001 (−1.18)	−0.001 (−0.17)	−0.019 (−0.98)	−0.064 (−0.65)	−0.001 (−1.25)	−0.003 (−0.75)
Roa	3.980 *** (5.25)	−1.655 (−0.72)	0.518 *** (6.95)	−0.096 (−0.83)	3.980 *** (5.25)	−1.801 (−0.95)	0.522 *** (6.72)	−0.097 (−0.99)
Coverage	−0.115 *** (−5.18)	0.168 (0.50)	−0.004 *** (−2.79)	0.007 (0.46)	−0.115 *** (−5.18)	0.142 (0.43)	−0.001 (−0.41)	0.006 (0.40)
Current	0.051 (1.26)	0.041 * (1.69)	−0.0002 (−0.09)	0.002 * (1.78)	0.051 (1.26)	0.030 * (1.72)	0.001 (0.55)	0.002 * (1.82)
Constant	10.66 *** (4.92)	9.389 ** (2.30)	2.697 *** (28.86)	2.507 *** (12.91)	10.66 *** (4.92)	10.82 *** (2.75)	2.745 *** (26.43)	2.577 *** (13.70)
Short 系数比较	P – Value = 0.001 ***		P – Value = 0.001 ***		P – Value = 0.001 ***		P – Value = 0.001 **	
Year	控制	控制	控制	控制	控制	控制	控制	控制
Firm	控制	控制	控制	控制	控制	控制	控制	控制
Cluster Firm	控制	控制	控制	控制	控制	控制	控制	控制
NO.	1741	594	1741	594	1741	678	1927	673
Adj_R^2	0.564	0.309	0.773	0.298	0.564	0.142	0.753	0.137

注：*** 、** 、* 依次表示在 1%、5% 和 10% 的水平上显著；回归结果的 T 值经过了异方差处理（White, 1980）并考虑了公司层面的聚类效应（Petersen, 2009）；在分组回归对比两组系数时，本书对这两组进行了 Bootstrap 组间系数 1000 次抽样检验。

3. 内生性检验：安慰剂检验

根据前述章节的分析，外生事件可能不具有唯一性，放松卖空约束对企业信用评级的影响或许是一个"假事实"，即并不存在特殊时间点会导致企

业信用评级的提高。参照伯特兰和穆雷风（Bertrand and Mullainathan，2003），陈等（Chen et al.，2015）以及倪骁然和朱玉杰（2017），本书通过安慰剂检验来识别放松卖空约束对企业主体长期信用评级影响的唯一性，具体的，本书将放松卖空约束实施的时间点分别设定提前和滞后两年，即分别 2008 年、2009 年和 2011 年、2012 年为政策实施点，重新进行分组回归检验。结果如表 7-14 和表 7-15 所示，在分组回归结果中，本书发现相较于制度环境好（法制环境好、中介市场发育度高）以及声誉高的一组，双重差分项（Short_）均不显著，安慰剂检验结果表明放松卖空约束的实施具有唯一性，说明本书构建的外生冲击是准确的，结论是可靠的。

表 7-14A

变换时间发生点：放松卖空约束与企业信用评级——法制环境（滞后两年、一年）

变量	法制环境好	法制环境差	法制环境好	法制环境差	法制环境好	法制环境差	法制环境好	法制环境差
	（1）Rate	（2）Rate	（3）Log（Rate）	（4）Log（Rate）	（5）Rate	（6）Rate	（7）Log（Rate）	（8）Log（Rate）
Short_2008	0.086 (1.62)	0.051 (0.73)	0.003 (0.98)	0.002 (0.49)				
Short_2009					0.064 (0.87)	0.036 (0.48)	-0.001 (-0.21)	0.001 (0.32)
Size	0.599 *** (2.70)	1.143 *** (6.25)	0.023 (1.59)	0.053 *** (5.21)	0.603 *** (2.78)	1.148 *** (6.28)	0.023 * (1.65)	0.053 *** (5.26)
Lev	-0.242 (-0.29)	-2.413 *** (-2.92)	0.027 (0.49)	-0.119 ** (-2.51)	-0.250 (-0.30)	-2.423 *** (-2.94)	0.027 (0.48)	-0.119 ** (-2.53)
Growth	-0.137 (-1.43)	-0.025 (-1.49)	-0.008 * (-1.80)	-0.001 (-1.47)	-0.136 (-1.46)	-0.025 (-1.49)	-0.008 * (-1.85)	-0.001 (-1.47)
Roa	4.415 *** (7.57)	-0.880 (-1.27)	0.557 *** (9.48)	-0.053 (-1.52)	4.397 *** (7.57)	-0.877 (-1.28)	0.556 *** (9.53)	-0.0530 (-1.55)
Coverage	-0.100 *** (-2.95)	-0.013 (-1.62)	-0.005 ** (-2.15)	-0.001 (-1.55)	-0.101 *** (-3.00)	-0.013 (-1.62)	-0.005 ** (-2.22)	-0.001 (-1.56)
Current	0.094 *** (2.79)	0.032 (0.62)	0.005 ** (2.18)	0.001 (0.32)	0.094 *** (2.83)	0.031 (0.61)	0.005 ** (2.22)	0.001 (0.32)
Constant	8.540 * (1.85)	-2.675 (-0.72)	2.551 *** (8.72)	1.953 *** (9.64)	8.420 * (1.86)	-2.790 (-0.76)	2.543 *** (8.94)	1.949 *** (9.71)

续表

变量	法制环境好	法制环境差	法制环境好	法制环境差	法制环境好	法制环境差	法制环境好	法制环境差
	(1) Rate	(2) Rate	(3) Log(Rate)	(4) Log(Rate)	(5) Rate	(6) Rate	(7) Log(Rate)	(8) Log(Rate)
Year	控制	控制	控制	控制	控制	控制	控制	控制
Firm	控制	控制	控制	控制	控制	控制	控制	控制
Cluster Firm	控制	控制	控制	控制	控制	控制	控制	控制
NO.	2130	1981	2130	1981	2130	1981	2130	1981
Adj_R^2	0.389	0.402	0.511	0.360	0.389	0.402	0.511	0.360

注: ***、**、* 依次表示在 1%、5% 和 10% 的水平上显著; 回归结果的 T 值经过了异方差处理 (White, 1980) 并考虑了公司层面的聚类效应 (Petersen, 2009)。

表 7 – 14B　　　　　变换时间发生点: 放松卖空约束与企业信用评级——
法制环境 (提前一年、两年)

变量	法制环境好	法制环境差	法制环境好	法制环境差	法制环境好	法制环境差	法制环境好	法制环境差
	(1) Rate	(2) Rate	(3) Log(Rate)	(4) Log(Rate)	(5) Rate	(6) Rate	(7) Log(Rate)	(8) Log(Rate)
Short_2011	0.025 (0.31)	−0.011 (−0.14)	0.004 (0.77)	−0.001 (−0.03)				
Short_2012					0.173 (1.21)	−0.007 (−0.07)	0.007 (1.58)	0.001 (0.11)
Size	0.609*** (2.78)	1.151*** (6.39)	0.0230 (1.65)	0.0532*** (5.38)	1.110*** (4.81)	1.090*** (7.10)	0.052*** (3.93)	0.054*** (6.53)
Lev	−0.256 (−0.30)	−2.426*** (−2.98)	0.0273 (0.48)	−0.119** (−2.56)	−2.466*** (−2.70)	−1.419*** (−2.62)	−0.124** (−2.29)	−0.053* (−1.79)
Growth	−0.133 (−1.40)	−0.025 (−1.47)	−0.008* (−1.80)	−0.001 (−1.45)	−0.071*** (−3.39)	−0.023** (−2.09)	−0.003*** (−2.97)	−0.001** (−2.18)
Roa	4.399*** (7.56)	−0.853 (−1.24)	0.556*** (9.52)	−0.052 (−1.50)	−0.511 (−0.75)	3.344*** (5.05)	−0.04 (−1.01)	0.477*** (6.31)
Coverage	−0.102*** (−3.06)	−0.013* (−1.56)	−0.005** (−2.30)	−0.001 (−1.59)	−0.077** (−2.36)	−0.002 (−0.47)	−0.003** (−2.13)	−0.001 (−0.28)
Current	0.093*** (2.79)	0.052 (0.53)	0.005** (2.21)	0.001 (0.34)	0.081*** (4.84)	−0.017 (−0.46)	0.004** (4.46)	−0.002 (−0.87)
Constant	8.311* (1.83)	−2.863 (−0.79)	2.542*** (8.85)	1.947*** (9.92)	−1.871 (−0.40)	−1.779 (−0.54)	1.972*** (7.36)	1.900*** (10.64)

续表

变量	法制环境好	法制环境差	法制环境好	法制环境差	法制环境好	法制环境差	法制环境好	法制环境差
	(1) Rate	(2) Rate	(3) Log(Rate)	(4) Log(Rate)	(5) Rate	(6) Rate	(7) Log(Rate)	(8) Log(Rate)
Year	控制	控制	控制	控制	控制	控制	控制	控制
Firm	控制	控制	控制	控制	控制	控制	控制	控制
Cluster Firm	控制	控制	控制	控制	控制	控制	控制	控制
NO.	2130	1981	2130	1981	2105	2006	2105	2006
Adj_R^2	0.388	0.401	0.511	0.360	0.431	0.413	0.383	0.564

注：***、**、*依次表示在1%、5%和10%的水平上显著；回归结果的 T 值经过了异方差处理（White, 1980）并考虑了公司层面的聚类效应（Petersen, 2009）。

表 7 - 14C **变换时间发生点：放松卖空约束与企业信用评级——要素市场发育度（滞后两年、一年）**

变量	要素市场 发育度高	要素市场 发育度低	要素市场 发育度高	要素市场 发育度低	要素市场 发育度高	要素市场 发育度低	要素市场 发育度高	要素市场 发育度低
	(1) Rate	(2) Rate	(3) Log(Rate)	(4) Log(Rate)	(5) Rate	(6) Rate	(7) Log(Rate)	(8) Log(Rate)
Short_2008	0.024 (0.38)	0.030 (0.58)	0.001 (0.16)	-0.001 (-0.27)				
Short_2009					-0.027 (-0.35)	0.063 (0.86)	-0.002 (-0.37)	-0.002 (-0.40)
Size	1.107*** (4.68)	1.087*** (7.13)	0.052*** (3.82)	0.054*** (6.61)	1.111*** (4.76)	1.083*** (7.04)	0.052*** (3.89)	0.054*** (6.44)
Lev	-2.483*** (-2.66)	-1.411*** (-2.62)	-0.124** (-2.26)	-0.053* (-1.78)	-2.492*** (-2.68)	-1.411*** (-2.60)	-0.125** (-2.27)	-0.053* (-1.79)
Growth	-0.071*** (-3.32)	-0.023** (-2.11)	-0.003*** (-2.91)	-0.001** (-2.16)	-0.070*** (-3.17)	-0.023** (-2.15)	-0.003*** (-2.69)	-0.001** (-2.14)
Roa	-0.619 (-0.91)	3.351*** (5.06)	-0.0442 (-1.12)	0.477*** (6.31)	-0.581 (-0.86)	3.343*** (5.00)	-0.0428 (-1.09)	0.477*** (6.32)
Coverage	-0.072** (-2.17)	-0.002 (-0.44)	-0.003* (-1.96)	-0.001 (-0.29)	-0.072** (-2.20)	-0.002 (-0.39)	-0.003* (-1.97)	-0.001 (-0.32)
Current	0.081*** (4.61)	-0.016 (-0.43)	0.003*** (4.23)	-0.002 (-0.88)	0.081*** (4.58)	-0.016 (-0.44)	0.004*** (4.23)	-0.002 (-0.89)
Constant	-1.803 (2.58)	-1.702 (-0.75)	1.973*** (8.23)	1.899*** (10.79)	-1.899 (-0.40)	-1.630 (-0.50)	1.971*** (7.27)	1.896*** (10.46)

续表

变量	要素市场发育度高	要素市场发育度低	要素市场发育度高	要素市场发育度低	要素市场发育度高	要素市场发育度低	要素市场发育度高	要素市场发育度低
	(1) Rate	(2) Rate	(3) Log(Rate)	(4) Log(Rate)	(5) Rate	(6) Rate	(7) Log(Rate)	(8) Log(Rate)
Year	控制	控制	控制	控制	控制	控制	控制	控制
Firm	控制	控制	控制	控制	控制	控制	控制	控制
Cluster Firm	控制	控制	控制	控制	控制	控制	控制	控制
NO.	2105	2006	2105	2006	2105	2006	2105	2006
Adj_R^2	0.428	0.413	0.381	0.564	0.428	0.413	0.381	0.565

注：***、**、*依次表示在1%、5%和10%的水平上显著；回归结果的T值经过了异方差处理（White，1980）并考虑了公司层面的聚类效应（Petersen，2009）。

表 7 – 14D　　变换时间发生点：放松卖空约束与企业信用评级——要素市场发育度（提前一年、两年）

变量	要素市场发育度高	要素市场发育度低	要素市场发育度高	要素市场发育度低	要素市场发育度高	要素市场发育度低	要素市场发育度高	要素市场发育度低
	(1) Rate	(2) Rate	(3) Log(Rate)	(4) Log(Rate)	(5) Rate	(6) Rate	(7) Log(Rate)	(8) Log(Rate)
Short_2011	0.025 (0.31)	0.011 (−0.14)	0.004 (0.77)	−0.001 (−0.03)				
Short_2012					0.029 (0.31)	0.018 (0.17)	0.002 (0.49)	0.001 (0.22)
Size	0.609*** (2.78)	1.151*** (6.39)	0.023 (1.65)	0.053*** (5.38)	0.611*** (2.80)	1.152*** (6.32)	0.023* (1.66)	0.053*** (5.27)
Lev	−0.256 (−0.30)	−2.426** (−2.98)	0.027 (0.48)	−0.119** (−2.56)	−0.257 (−0.31)	−2.423*** (−2.96)	0.027 (0.48)	−0.119** (−2.55)
Growth	−0.133 (−1.40)	−0.025 (−1.47)	−0.008* (−1.80)	−0.001 (−1.45)	−0.133 (−1.40)	−0.025 (−1.47)	−0.008* (−1.80)	−0.00_ (−1.46)
Roa	4.399*** (7.56)	−0.853 (−1.24)	0.556*** (9.52)	−0.0519 (−1.50)	4.395*** (7.61)	−0.839 (−1.21)	0.556*** (9.53)	−0.05_ (−1.46)
Coverage	−0.102*** (−3.06)	−0.013* (−1.66)	−0.005** (−2.30)	−0.001 (−1.59)	−0.100*** (−3.11)	−0.013* (−1.67)	−0.005** (−2.21)	−0.00_ (−1.60)
Current	0.093*** (2.79)	0.032 (0.63)	0.005** (2.21)	0.001 (0.34)	0.093*** (2.75)	0.033 (0.66)	0.005** (2.17)	0.001 (0.36)
Constant	8.311* (1.83)	−2.863 (−0.79)	2.542*** (8.85)	1.947*** (9.92)	8.272* (1.83)	−2.900 (−0.79)	2.540*** (8.91)	1.944*** (9.68)

续表

变量	要素市场发育度高	要素市场发育度低	要素市场发育度高	要素市场发育度低	要素市场发育度高	要素市场发育度低	要素市场发育度高	要素市场发育度低
	(1) Rate	(2) Rate	(3) Log(Rate)	(4) Log(Rate)	(5) Rate	(6) Rate	(7) Log(Rate)	(8) Log(Rate)
Year	控制	控制	控制	控制	控制	控制	控制	控制
Firm	控制	控制	控制	控制	控制	控制	控制	控制
Cluster Firm	控制	控制	控制	控制	控制	控制	控制	控制
NO.	2130	1981	2130	1981	2130	1981	2130	1981
Adj_R^2	0.388	0.401	0.511	0.360	0.388	0.401	0.511	0.360

注：***、**、* 依次表示在1%、5%和10%的水平上显著；回归结果的T值经过了异方差处理（White，1980）并考虑了公司层面的聚类效应（Petersen，2009）。

表 7 – 15A　　　　　变换时间发生点：放松卖空约束与企业信用评级——
评级机构声誉（滞后两年、一年）

变量	声誉高	声誉低	声誉高	声誉低	声誉高	声誉低	声誉高	声誉低
	(1) Rate	(2) Rate	(3) Log(Rate)	(4) Log(Rate)	(5) Rate	(6) Rate	(7) Log(Rate)	(8) Log(Rate)
Short_2008	0.057 (1.12)	0.012 (0.09)	0.001 (0.23)	−0.004 (−0.43)				
Short_2009					0.006 (0.15)	0.192 (1.49)	−0.002 (−1.18)	0.009 (1.15)
Size	1.002 *** (9.73)	0.545 (1.10)	0.046 *** (8.84)	0.017 (0.52)	1.004 *** (9.72)	0.518 (1.03)	0.046 *** (8.82)	0.016 (0.46)
Lev	−1.369 *** (−3.34)	−1.809 (−1.15)	−0.051 ** (−2.23)	−0.076 (−0.75)	−1.375 *** (−3.37)	−1.761 (−1.11)	−0.052 ** (−2.26)	−0.073 (−0.71)
Growth	−0.023 ** (−2.04)	−0.155 (−0.89)	−0.002 ** (−2.09)	−0.005 (−0.75)	−0.023 ** (−2.00)	−0.155 (−0.90)	−0.001 ** (−2.08)	−0.006 (−0.76)
Roa	3.202 *** (4.61)	−1.018 (−0.64)	0.455 *** (5.10)	−0.129 (−1.25)	3.206 *** (4.66)	−1.081 (−0.66)	0.454 *** (5.13)	−0.137 (−1.26)
Coverage	−0.010 (−1.60)	0.029 (0.62)	−0.0002 (−1.03)	0.002 (0.58)	−0.010 * (−1.69)	0.017 (0.37)	−0.0002 (−1.15)	0.001 (0.31)
Current	0.016 (0.43)	0.043 (0.85)	−0.001 (−0.54)	0.003 (0.77)	0.017 (0.46)	0.047 (0.90)	−0.001 (−0.53)	0.003 (0.82)
Constant	0.0553 (0.03)	10.41 (1.03)	2.067 *** (18.79)	2.728 *** (3.99)	0.0169 (0.01)	11.05 (1.07)	2.059 *** (18.52)	2.767 *** (3.93)

续表

变量	声誉高 （1） Rate	声誉低 （2） Rate	声誉高 （3） Log（Rate）	声誉低 （4） Log（Rate）	声誉高 （5） Rate	声誉低 （6） Rate	声誉高 （7） Log（Rate）	声誉低 （8） Log（Rate）
Year	控制	控制	控制	控制	控制	控制	控制	控制
Firm	控制	控制	控制	控制	控制	控制	控制	控制
Cluster Firm	控制	控制	控制	控制	控制	控制	控制	控制
NO.	3062	1049	3062	1049	3062	1049	3062	1049
Adj_R^2	0.535	0.084	0.696	0.032	0.535	0.088	0.696	0.033

注：***、**、* 依次表示在 1%、5% 和 10% 的水平上显著；回归结果的 T 值经过了异方差处理（White，1980）并考虑了公司层面的聚类效应（Petersen，2009）。

表 7 - 15B　　　　　变换时间发生点：放松卖空约束与企业信用评级——
评级机构声誉（提前一年、两年）

变量	声誉高 （1） Rate	声誉低 （2） Rate	声誉高 （3） Log（Rate）	声誉低 （4） Log（Rate）	声誉高 （5） Rate	声誉低 （6） Rate	声誉高 （7） Log（Rate）	声誉低 （8） Log（Rate）
Short_2011	0.014 （0.35）	0.004 （0.03）	0.002 （0.86）	0.003 （0.40）				
Short_2012					0.004 （0.10）	−0.055 （−0.37）	0.002 （0.79）	0.001 （0.11）
Size	1.002*** （9.69）	0.546 （1.09）	0.046*** （8.87）	0.017 （0.49）	1.004*** （9.65）	0.548 （1.10）	0.046*** （8.79）	0.017 （0.50）
Lev	−1.370*** （−3.37）	−1.809 （−1.15）	−0.050** （−2.24）	−0.075 （−0.72）	−1.375*** （−3.35）	−1.822 （−1.16）	−0.050** （−2.21）	−0.076 （−0.74）
Growth	−0.023** （−1.99）	−0.155 （−0.90）	−0.001** （−2.06）	−0.005 （−0.76）	−0.023** （−2.00）	−0.154 （−0.89）	−0.001** （−2.09）	−0.006 （−0.75）
Roa	3.211*** （4.69）	−0.998 （−0.60）	0.456*** （5.13）	−0.129 （−1.22）	3.207*** （4.66）	−1.108 （−0.68）	0.455*** （5.12）	−0.132 （−1.29）
Coverage	−0.010* （−1.70）	0.030 （0.57）	−0.0002 （−1.00）	0.002 （0.55）	−0.010* （−1.70）	0.030 （0.67）	−0.0002 （−1.05）	0.001 （0.51）
Current	0.017 （0.47）	0.043 （0.83）	−0.001 （−0.51）	0.003 （0.78）	0.017 （0.46）	0.044 （0.88）	−0.001 （−0.51）	0.003 （0.80）
Constant	0.048 （0.02）	1.039 （1.01）	2.073*** （18.98）	2.743*** （3.92）	0.009 （0.00）	1.033 （1.01）	2.070*** （18.76）	2.737*** （3.94）

续表

变量	声誉高	声誉低	声誉高	声誉低	声誉高	声誉低	声誉高	声誉低
	(1) Rate	(2) Rate	(3) Log(Rate)	(4) Log(Rate)	(5) Rate	(6) Rate	(7) Log(Rate)	(8) Log(Rate)
Year	控制	控制	控制	控制	控制	控制	控制	控制
Firm	控制	控制	控制	控制	控制	控制	控制	控制
Cluster Firm	控制	控制	控制	控制	控制	控制	控制	控制
NO.	3062	1049	3062	1049	3062	1049	3062	1049
Adj_R^2	0.535	0.084	0.696	0.032	0.535	0.085	0.696	0.031

注：***、**、*依次表示在1%、5%和10%的水平上显著；回归结果的T值经过了异方差处理（White，1980）并考虑了公司层面的聚类效应（Petersen，2009）。

7.6　本章小结

在第4章以及第5章中，通过分析可知，放松卖空约束抑制了大股东"掏空"以及管理层盈余管理的私利行为，提高了企业内部治理水平，降低了企业信用风险，从而提高了企业主体长期信用评级。本章进一步从制度环境以及金融中介视角分析放松卖空约束对企业主体长期信用评级的影响。本章得到了以下结论：（1）在制度环境较好的地区，即法治环境较好、中介市场发育度较高的企业，放松卖空约束对企业主体长期信用评级的正向作用更为显著，即放松卖空约束的公司治理机制在制度环境较好的地区发挥得更好；（2）在声誉较好的评级公司中，放松卖空约束对企业主体长期信用评级的正向作用更为显著，即声誉较好的评级公司对放松卖空约束的治理效应反应更为敏感。

第 8 章

卖空机制、信用评级与企业融资行为的实证研究

8.1 问题的提出

随着融资融券股票交易新制度的面世，我国股市在此以后放开股票卖空交易，原有的交易机制发生了改变，这对整个资本交易市场包括企业都产生了重大的影响。金融市场上的股票投机者会借助股票价格上涨的时机，先借入大批的股票在证券市场上高价卖出；待将来股票价格下降之后，再以相对较低的价格买回股票，返还给证券交易所，进而借此获利的一种证券投机交易。卖空交易者在资本市场中是重要的知情交易者，卖空具有信息挖掘功能（Boehmer and Wu，2013）。卖空机制引入后，卖空者为投资者提供了通过负面消息盈利的渠道，驱使投资者发掘有关上市公司的负面讯息（Karpoff and Lou，2010），进而有效地抑制各种机会主义行为的发生。而卖空交易的关键是卖空交易者对企业信息的挖掘能力，尤其是负面信息的挖掘。因此，信息环境传递效率决定了卖空交易者对企业负面信息挖掘的程度。

企业信用评级向市场传递了企业信用质量的高低，在发债人、投资者和监管机构之间起到了缓解信息不对称、增加资本市场的透明度和诚信度、提高企业投融资效率、有利于金融监管的作用（谢平等，2001；周小川，2012；Coffee，2006）。因此，信用评级作用包括两个方面。第一，信用评级可以缓解信息不对称（West，1973；Liu and Thakor，1984）。根据 MM 定理，有效的资本市场是不可能存在的（Grossman and Stiglitz，1980），资本市场中搜集和处理信息的成本较高，面临严重的信息不对称问题。而信用评级可以降低信

息成本，缓解发债人、投资者和监管机构之间的信息不对称问题，降低代理成本，提升资本市场的流动性，增强资本市场的配置效率（Liu and Malatesta，2006）。第二，信用评级可以起到监管作用（Kerwer，2002）。信用评级是衡量企业风险、判断企业违约可能性的重要指标（Basil and Mohammed，2013）。信用评级可以对企业，尤其是金融机构进行风险评估，起到准监管者的作用（Coffee，2006）。

那么，卖空机制如何影响企业的权益融资额度，又如何通过信用评级影响债务融资额度和外部融资总额呢？本书认为其主要机制分为以下三个部分。第一，卖空机制使得企业的负面信息得以表达，加快了股价对私人信息的调整速度，从而为股票市场提供了一种新的价格发现机制，以此提高了证券市场的定价效率（Diamond and Verrecchia，1987；Hong et al.，2006），这对投资者而言是一种威胁，投资者担心股价突然下跌，所以放开卖空机制的企业会得到更少的权益融资总额。第二，由前述章节可知，卖空交易制度会提高企业的信用评级，企业信用评级又是连接企业与发行人的纽带，客观的信用评级会极大程度地促进企业融资。这是由于企业信用评级可以用来判断企业的信用风险，同时帮助企业按照优惠条件迅速发行债券，并为其在更大范围内筹资提供条件。第三，企业信用评级相关信息在资本市场上的披露和扩散会影响投资者对于企业估值的判断，从而影响企业的融资成本，进而影响企业的融资规模、资本结构等融资决策。因此，本章研究的主要问题是：卖空机制对企业信用评级产生影响后，进一步会导致企业融资方式发生何种变化，即企业权益融资额度、企业的债务融资额度和企业外部融资总额度的变化。

8.2　理论分析与研究假设

现有研究普遍认为，证券交易市场在实施卖空交易机制后，卖空者便拥有了表达信息和观点的机会，于是企业将会面临负面信息被揭示和扩散而带来的股价下跌的潜在威胁。卖空机制使得企业负面信息得以表达，加快了股价对私人信息的调整速度，进而为资本市场中股票交易价格提供了新的发现机制，以此提高了资本市场的定价效率（Diamond and Verrecchia，1987；Hong et al.，2006）。在我国资本市场的上市公司中，存在"一股独大"现象，中小股东的权益本就难以得到有效保护，引入卖空机制后所产生的负面效果可能更大。这是因为大股东出于控制权的考虑并不会频繁入市进行股票交易，中小股东的股票交易成为影响股价的主要因素，而在投资者保护程度较弱的现实背景下，中小投东对短期的股价变化可能更为敏感，所以一旦引入卖空机制，中小股东意识到其面临因允许卖空而带来股价下跌的威胁将变得更大，那么其事前的反应就会更为强烈。正如前文所述，尽管我国引入卖空机制的时间不长、卖空的交易量也不大，但卖空机制已经在我国上市公司的公司治理中起到相应的威慑作用。王（Wang，2014）发现，卖空威胁会给企业带来股价下跌的压力，而外部投资者将此视作负面信号，可能会要求更高的预期回报率，进而增加了企业的对外融资成本。格鲁利翁等（Grullon et al.，2015）亦发现，放松卖空约束会引起企业权益资本成本的增加，并使得企业的权益发行减少。综上所述，卖空机制负向影响企业的价值，同时增加股东所面临的投资风险，促使中小股东通过提高所要求的回报率来抵补因允许卖空而带来的股价下跌风险。企业在这种情况下不得不减少权益融资的发行，于是，本书提出第一个假设：

假设 8-1：放松卖空约束提高了企业信用评级，进而降低了企业新增外部权益融资额度。

由信息不对称理论可知，企业信用评级是连接企业与发行人的纽带，客观的信用评级会向外界释放企业良好的风险控制能力，能够促进企业更好地进行融资。这主要是因为企业信用评级能够让外部利益相关者包括企业债权人较为客观地评判企业的信用状况，能够帮助企业以更低的交易成本进行债务融资，并扩大企业的融资范畴。债券市场中的债权人与股东之间的信息不对称十分严重，委托代理问题严重损害了债权人利益。因此，如何降低债券市场中的信息不对称，帮助债券合理定价，保护债权人权益以及实现资源合理配置便显得至关重要。此外，企业信用评级也能够降低信息不对称程度，提高企业外部市场环境的透明度，即信用评级对于降低债券市场的信息不对称起着重要作用。一方面，信用评级通过对公有信息进行整理，降低了投资者的收集成本；另一方面，信用评级分析师通过实地调研，提供了企业的私有信息，并能影响投资者的投资决策以及帮助他们了解企业未来的信用风险（Nayar and Rozeff，1994；Gray et al.，2006）。具体的，布特等（Boot et al.，2006）研究发现，企业信用评级可以为证券市场提供企业更为透明的信息，降低信息不对称程度，进而影响企业的信贷行为（Bosch and Steffen，2011）。苏非（Sufi，2007）研究发现，信用评级降低了借款人与贷款人之间的信息不对称，从而使得拥有穆迪和标准普尔评级的借款人可以通过债务方式筹集到更多资金。大佑特鲁（Daisuke Tsuruta，2014）使用日本中小企业的数据研究发现，企业信用风险越低，其获得银行贷款的成本越低。即信用评级可以降低信息不对称的影响，增强市场上的货币流动性（Boot et al.，2006；Bosch and Steffen，2011）。赵慧清和陈新国（2015）研究发现，我国信用评级有助于缓解企业信息不对称程度，降低企业债务成本。综上可知，信用评级可以降低企业的信用风险，从而帮助企业获得更多的债务融资，于是本书提出第二个假设：

假设 8 - 2：放松卖空约束提高了企业信用评级，进而增大了企业新增的债务融资额度。

企业信用评级相关信息在资本市场上的披露和扩散会影响投资者对于企业估值的判断，从而影响企业的融资成本，进而影响企业的融资规模、资本结构等融资决策。鉴于评级机构更善于获得非公开信息（Yi and Mullineaux，2006），所以信用评级能够产生一定的认证效应（Megginson and Weiss，1991）。信用评级体现了公司的价值信息，可以对公司的未来价值进行认证，这将影响企业的融资能力与融资成本。相关研究认为，信用评级与企业融资约束显著负相关，即信用评级可以衡量企业受到的融资约束程度。具体的，信用评级反映了金融市场对企业信用质量的评估（Whited，1992；Almeida et al.，2004），信用评级的高低能够直接影响银行贷款规模苏非（Sufi，2007）以及企业债务融资能力，进而影响企业面临的融资约束（Faulkender and Petersen，2006）。相关实证研究也证实了信用评级作为企业融资约束替代变量的可行性，怀特（Whited，1992）与卡普兰和津加莱斯（Kaplan and Zingales，1997）研究发现，信用评级与企业债务成本呈现显著负相关，即信用评级能够预测企业的债务融资能力。福克纳和彼特森（Faulkender and Petersen，2006）认为，企业信用评级可以较为客观地反映企业信用风险，降低企业的信贷约束，使高评级公司能够获得更多的债务。另外，相应的文献从股权融资定向增发角度（Liu and Malatesta，2006）以及企业信用风险角度（Al - Najjar and Elgammal，2013）对信用评级影响企业融资约束的机制进行了分析，进一步确定了信用评级作为企业融资约束度量指标的可行性。综上所述，企业信用评级越高，受到的融资约束就越低，进而帮助企业获得更多的外部融资。以此，提出本章的第三个假设：

假设 8-3：放松卖空约束提高了企业信用评级，进而增大了企业新增外部融资总额。

8.3　研　究　设　计

8.3.1　样　本　选　取　与　数　据　来　源

本书选取了 2008~2017 年所有在沪市和深市发行信用债券且被第三方评级机构进行主体长期信用评级的上市公司为初始研究样本。研究中所需要的企业信用评级数据主要采自万得（Wind）数据库，对于企业信用评级的搜集的方法，本书参照李琦等（2011）、王雄元和张春强（2013）的研究。首先，本书依照依据万得数据库（Wind）"发债主体历史信用等级"手工整理得到沪深 A 股所有上市公司的主体长期信用评级记录，共 8253 条年度上市公司主体信用评级记录。其次，由于企业在一年内发行的债券存在多个批次、多种类型，因此企业在同年内可能存在多次主体长期信用评级记录，对于这样的情况，本书参照李琦等（2011）、王雄元和张春强（2013）的研究方法，仅取值年末最后一次评级记录，因此本书得到了 4850 条年度观测值。再次，因为金融业公司报表结构与相关指标计算与其他企业有较大差异，本书剔除了样本中金融类行业上市公司 637 个年度观测值，余下 4213 条企业年度观测值。最后，由于企业在 IPO 上市之前可能会发行信用债等企业债券，因此本书的数据样本中同样存在一个企业上市之前的主体长期信用评级，对于这样的情况，本书参照李琦等（2011）的研究方法，将此类的 98 个样本年度观测值进行剔除处理。最终本书得到了 1027 个上市公司，4111 个年度观测值，如表 8-1 所示。另外，本书将所得到的评级结果通过与锐思数据库（RESSET）"债券信用评级及担保"进行一一核对，并将评级记录有差异的样本通过媒体（百度搜索、谷歌搜索）披露进行最终确定。本章所使用的相关数据均来自国泰安（CSMAR）数据库和万得（Wind）数据库，部分财务指标通过手工搜集并计算获得，为了克服异常值对实证结果的影响，本书对主要连续变量在1%与99%分位数上进行了缩尾（winsorize）处理，本书所使用的统计软件为 Stata 14.0。

表 8 – 1   样本选择过程

2008 ~ 2017 年 A 股拥有主体长期信用评级的样本量		8253
减去	一年内重复多次评级的上市公司	3403
减去	金融行业上市公司	637
减去	公司上市前和上市当年的企业信用评级	98
减去	相关数据缺失	4
最终样本量		4111

8.3.2 模型构建与变量定义

本章拟检验放松卖空约束对企业新增外部融资额度的影响，本书借鉴伯特兰和穆雷风（Bertrand and Mullainathan，2003）与王会娟和廖理（2014）的研究设计，并采用王贞洁和王竹泉（2013）以及陈等（Chen et al.，2012）的研究模型，分别控制了年份、公司固定效应并去除了公司个体层面的聚类效应来进行双重差分 DID（Difference – in – Difference）的研究设计，具体为：

$$EF = a + \beta_1 Short \times Rate(\mathrm{Log}(Rate)) + \beta_2 Rate(\mathrm{Log}(Rate)) + \beta_3 Short +$$
$$\beta_4 \mathrm{Log}(Assets) + \beta_5 Leverage + \beta_6 Growth + \beta_7 ROA +$$
$$\beta_8 Coverage + \beta_9 Current + \sum Year + \sum Firm + \varepsilon \qquad (8.1)$$

$$DF = a + \beta_1 Short \times Rate(\mathrm{Log}(Rate)) + \beta_2 Rate(\mathrm{Log}(Rate)) + \beta_3 Short +$$
$$\beta_4 \mathrm{Log}(Assets) + \beta_5 Leverage + \beta_6 Growth + \beta_7 ROA + \beta_8 Coverage +$$
$$\beta_9 Current + \sum Year + \sum Firm + \varepsilon \qquad (8.2)$$

$$DEF = a + \beta_1 Short \times Rate(\mathrm{Log}(Rate)) + \beta_2 Rate(\mathrm{Log}(Rate)) + \beta_3 Short +$$
$$\beta_4 \mathrm{Log}(Assets) + \beta_5 Leverage + \beta_6 Growth + \beta_7 ROA + \beta_8 Coverage +$$
$$\beta_9 Current + \sum Year + \sum Firm + \varepsilon \qquad (8.3)$$

模型 (8.1)、模型 (8.2) 和模型 (8.3) 的因变量分别为新增外部权益融资额度 (EF)、新增外部债务融资额度 (DF) 和新增外部融资总额 (DEF)。自变量均为企业信用评级 [Rate/Log(Rate)]，本章从两个层面进行分析，即企业信用评级等级 (Rate) 以及量化的企业信用评级等级 [Log (Rate)]，其中 Rate 为企业信用评级等级，按照企业信用评级等级赋分；Log (Rate) 为企业信用评级等级量化，等于企业信用评级的对数值。交互项为 Short × Rate/Log(Rate) 代表卖空效应是否通过影响企业信用评级从而影响企业融资方式。

1. 因变量

参照顾乃康和周艳利 (2017) 的研究，被解释变量是衡量企业新增的各类外部融资额的指标，包括 EF 为年度新增外部权益融资额即 "吸收权益性投资收到的现金÷期初总资产"，DF 为年度新增外部债务融资额即 "（发行债券收到的现金 + 取得借款收到的现金 − 偿还债务支付的现金）÷期初总资产"，DEF 为季度新增外部融资总额即 "EF 与 DF 二者之和"。

2. 自变量

(1) 企业信用评级。如第 4 章所述，本书参照 Becker and Milbourn (2011) 赋值法将信评机构所评结果转换为数字形式，其中，AAA + = 21、AAA = 20、AAA − = 19、AA + = 18、AA = 17、AA − = 16、A + = 15、A = 14、A − = 13、BBB + = 12、BBB = 11、BBB − = 10、BB + = 9、BB = 8、BB − = 7、B + = 6、B = 5、B − = 4、CCC = 3、CC = 2、C = 1。

(2) 放松卖空约束 (Short)，用来刻画企业是否经历放松卖空。由于中国式融资融券制度是宏观层面的金融制度，上市公司进入卖空标的池是一个相对外生的事件，且可卖空的标的公司是逐步放开，即每年的实验组和对照度都有一定的变化。因此，参照前人的研究 (靳庆鲁等，2015；侯青川，2016；郑建明等，2017)，本书将企业是否进入卖空标的池设置为一个虚拟变量 Short，当上市公司进入可卖空的标的池时及以后年份，取值为 1，否则取值 0。例如，某一个上市公司在 2012 年被选入可卖空的标的公司，则该上市公司 (Short) 在 2012 ~ 2017 年取值为 1，2008 ~ 2010 年取值为 0。

3. 交互项

交互项为 Short × Rate and Short × Log(Rate)，表示卖空效应是否通过影响企业信用评级，从而影响了企业融资行为。

4. 控制变量

根据以往的文献（Horrigan，1966；Ziebart and Reiter，1992；Jiang，2008；DeBoskey and Gillet，2013；吕长江和王克敏，2002；方红星等，2013；吴育辉等，2017；林晚发和刘颖斐，2018），本书在模型（8.1）、模型（8.2）和模型（8.3）中加入了对企业信用评级可能造成影响的公司特征、公司治理等相关控制变量。具体的包括：企业规模（Size）、财务杠杆（Lev）、盈利能力（Roa）、企业成长性（Growth）、利息保障倍数（Coverage）、流动比率（Current）等。最后，本书还在模型中加入了年度和行业虚拟变量来控制年度和个体效应，并在企业层面去除聚类效应。具体如表 8 - 2 所示：

表 8 - 2　　　　　　　　　　　主要变量的定义

变量类型	变量名称	变量符号	变量定义
被解释变量	新增外部权益融资额	EF	吸收权益性投资收到的现金/期初总资产
	新增外部债务融资额	DF	（发行债券收到的现金 + 取得借款收到的现金 − 偿还债务支付的现金）/期初总资产
	新增外部融资总额	DEF	EF 与 DF 二者之和
解释变量	放松卖空约束	Short	样本期间上市公司是否进入可卖空的标的池，若是则为 1，否则为 0
	信用评级	Rate	企业信用评级等级量化值
		Log(Rate)	企业信用评级等级量化值的对数值
控制变量	企业规模	Size	年末总资产的自然对数
	财务杠杆	Lev	年末总负债/年末总资产
	企业成长性	Growth	（本期营业收入 − 上期营业收入）/上期营业收入

变量类型	变量名称	变量符号	变量定义
控制变量	盈利能力	Roa	息税前利润/平均总资产
	利息保障倍数	Coverage	息税前利润/利息费用
	流动比率	Current	流动资产与流动负债比率
	公司个体	Firm	公司个体虚拟变量
	年份	Year	虚拟变量，9 年共设置 8 个虚拟变量
	股票日换手率	Turnover	股票日换手率的年度均值
	公司市值	Log（MV）	公司市值的自然对数
	股票波动性	Volatility	股票日回报率对市场日回报率回归残差项的标准差
	融资约束	SA	参照 Hadlock and Pierce（2010）SA 指数
	市场化环境	MKT	参照王小鲁等（2017）市场化环境指数

8.4 实证结果与分析

8.4.1 描述性统计

表 8 - 3 列示了相关变量的描述性统计结果。从中可以看出，新增外部权益融资额（EF）最小值为 0，最大值为 0.269，平均值为 0.025，标准差为 0.053；新增外部债务融资额（DF）最小值为 - 0.341，最大值为 0.087，平均值为 0.034，标准差为 0.054；新增外部融资总额（DEF）最小值为 - 0.338，最大值为 0.583，平均值为 0.077，标准差为 0.095。这说明新增外部权益融资额（EF）、新增外部债务融资额（DF）以及新增外部融资总额（DEF）的变化较大。信用评级的标准差为 1.510，相对于其他控制变量，其标准差较大，说明上市公司的信用评级分布还是存在一定的差异性。进一步对信用评级和其他控制变量进行描述性统计。比较发现，Short 的平均值为 0.464，即样本中 46.4% 的企业可以被卖空。

表8-3					主要变量描述性统计			
变量	观测值	均值	标准差	最小值	25%分位数	中位数	75%分位数	最大值
EF	3719	0.025	0.053	0	0	0.002	0.015	0.269
DF	3253	0.034	0.054	-0.341	-0.037	0.044	0.087	0.087
DEF	3133	0.077	0.095	-0.338	-0.025	0.064	0.129	0.583
Rate	4111	23.31	1.510	2	23	23	24	26
Log(Rate)	4111	3.147	0.077	0.693	3.135	3.135	3.178	3.258
Short	4111	0.464	0.499	0	0	0	1	1
Size	4111	23.35	1.174	20.00	22.509	23.179	24.093	25.83
Lev	4111	0.566	0.159	0.0603	0.454	0.572	0.681	1.094
Growth	4111	0.195	0.434	-0.658	0.001	0.123	0.289	4.655
Roa	4111	0.0335	0.0387	-0.219	0.014	0.029	0.512	0.210
Coverage	4111	0.006	0.020	-0.093	0.002	0.004	0.008	0.106
Current	4111	1.424	0.976	0.215	0.851	1.226	1.729	19.24

8.4.2 多元回归分析

对于假设8-1、假设8-2和假设8-3的验证，表8-4、表8-5和表8-6分别报告了检验结果。为了缓解异方差问题，本书采用了 White 检验进行修正。本书分别报告了单变量、加入相关控制变量并控制了公司固定效应、年度效应以及考虑公司层面聚类效应最小二乘法的检验结果。

在表8-4中，因变量为企业新增外部权益性融资（EF），回归结果显示交互项 Short × Rate 和 Short × Log(Rate) 的系数为负，并且均在5%的水平上显著，而对应的 Rate 和 Log(Rate) 系数却在10%的水平上呈现显著为负。即在同时控制了时间和公司个体固定效应并同时考虑了公司层面的聚类效应后，交互项 Short × Rate 和 Short × Log(Rate) 的系数显著为负，这说明，放松卖空约束提高企业信用评级，进而降低了企业外部权益性融资额度。这验证了本书的假设8-1。

在表8-5中，因变量为企业新增外部债务性融资（DF），回归结果显示交互项 Short × Rate 和 Short × Log(Rate) 的系数为正，并且分别在10%和5%的水平上显著，而对应的 Rate 和 Log(Rate) 系数均在1%的水平上呈现显著为正。即在同时控制了时间和公司个体固定效应并同时考虑了公司层面的聚类效应后，交互项 Short × Rate 和 Short × Log（Rate） 的系数显著为正。这说明，放松卖空约束提高企业信用评级，进而增大了企业外部债务性融资额度。这验证了本书的假设 8 - 2。

在表 8 - 6 中，因变量为企业新增外部融资总额（DEF），回归结果显示交互项 Short × Rate 和 Short × Log（Rate） 的系数为正，并且均在 5% 的水平上显著，而对应的 Rate 和 Log（Rate） 系数也在 10% 的水平上呈现显著为正。即在同时控制了时间和公司个体固定效应并同时考虑了公司层面的聚类效应后，交互项 Short × Rate 和 Short × Log（Rate） 的系数显著为正，即放松卖空约束提高企业信用评级，进而增大了企业新增外部融资额度。这验证了本书的假设 8 - 3。

表 8 - 4 　　　　　放松卖空约束、信用评级与企业股权融资

变量	（1） EF	（2） EF	（3） EF	（4） EF
Rate	- 0. 008 * （ - 1. 81）	- 0. 007 * （ - 1. 92）		
Short × Rate		- 0. 003 ** （ - 2. 44）		
Log（Rate）			- 0. 088 * （ - 1. 99）	- 0. 068 （ - 0. 83）
Short × Log（Rate）				- 0. 105 ** （ - 2. 34）
Short		0. 0620 （1. 29）		0. 324 ** （2. 29）
Size	0. 049 *** （7. 01）	0. 050 *** （7. 25）	0. 046 *** （6. 94）	0. 048 *** （7. 48）
Lev	- 0. 297 *** （ - 11. 82）	- 0. 300 *** （ - 12. 09）	- 0. 292 *** （ - 11. 80）	- 0. 297 *** （ - 12. 16）
Growth	0. 003 * （1. 94）	0. 003 * （1. 87）	0. 003 * （1. 93）	0. 003 * （1. 87）

续表

变量	(1) EF	(2) EF	(3) EF	(4) EF
Roa	−0.179 *** (−4.15)	−0.176 *** (−4.15)	−0.181 *** (−4.08)	−0.176 *** (−4.05)
Coverage	−0.003 ** (−2.21)	−0.003 ** (−2.29)	−0.003 ** (−2.10)	−0.003 ** (−2.24)
Current	0.013 *** (4.25)	0.013 *** (4.23)	0.013 *** (4.15)	0.013 *** (4.16)
Constant	−0.760 *** (−6.81)	−0.803 *** (−7.28)	−0.591 *** (−2.78)	−0.682 *** (−3.33)
Year	控制	控制	控制	控制
Firm	控制	控制	控制	控制
Cluster Firm	控制	控制	控制	控制
NO.	3719	3719	3719	3719
Adj_R^2	0.205	0.206	0.201	0.203

注：***、**、* 依次表示在 1%、5% 和 10% 的水平上显著；回归结果的 T 值经过了异方差处理（White，1980）并考虑了公司层面的聚类效应（Petersen，2009）。

表 8 − 5　　　　　放松卖空约束、信用评级与债务融资

变量	(1) DF	(2) DF	(3) DF	(4) DF
Rate	0.007 *** (3.58)	0.006 *** (2.81)		
Short × Rate		0.004 * (1.85)		
Log(Rate)			0.142 *** (3.21)	0.115 *** (2.70)
Short × Log(Rate)				0.094 ** (2.05)
Short		−0.0780 * (−1.69)		−0.291 ** (−2.00)

续表

变量	(1) DF	(2) DF	(3) DF	(4) DF
Size	0.016 ** (2.49)	0.015 ** (2.39)	0.016 *** (2.60)	0.016 ** (2.47)
Lev	0.276 *** (11.55)	0.279 *** (11.68)	0.274 *** (11.44)	0.278 *** (11.62)
Growth	−0.003 *** (−2.79)	−0.003 *** (−2.65)	−0.003 *** (−2.79)	−0.002 *** (−2.65)
Roa	0.005 (0.11)	−0.0001 (−0.00)	0.005 (0.12)	−0.0002 (−0.00)
Coverage	0.0001 (0.25)	0.0001 (0.37)	0.0001 (0.20)	0.0001 (0.35)
Current	0.009 *** (3.31)	0.009 *** (3.37)	0.009 *** (3.31)	0.009 *** (3.37)
Constant	−0.601 *** (−4.27)	−0.558 *** (−3.97)	−0.901 *** (−4.76)	−0.799 *** (−4.30)
Year	控制	控制	控制	控制
Firm	控制	控制	控制	控制
Cluster Firm	控制	控制	控制	控制
NO.	3253	3253	3253	3253
Adj_R^2	0.183	0.185	0.183	0.185

注：***、**、* 依次表示在 1%、5% 和 10% 的水平上显著；回归结果的 T 值经过了异方差处理（White，1980）并考虑了公司层面的聚类效应（Petersen，2009）。

表 8-6　　　　　放松卖空约束、信用评级与企业新增外部融资

变量	(1) DEF	(2) DEF	(3) DEF	(4) DEF
Rate	0.003 * (1.81)	0.002 * (1.97)		
Short × Rate		0.005 ** (2.50)		

续表

变量	(1) DEF	(2) DEF	(3) DEF	(4) DEF
Log(Rate)			0.080 * (1.97)	0.053 (0.60)
Short × Log(Rate)				0.112 ** (2.41)
Short		−0.122 (−1.50)		−0.356 (−1.41)
Size	0.069 *** (5.36)	0.070 *** (5.28)	0.069 *** (5.41)	0.070 *** (5.31)
Lev	0.114 ** (2.57)	0.115 *** (2.59)	0.114 ** (2.58)	0.115 *** (2.61)
Growth	−0.001 (−1.19)	−0.002 (−1.31)	−0.001 (−1.16)	−0.002 (−1.28)
Roa	−0.131 * (−1.88)	−0.137 * (−1.95)	−0.131 * (−1.88)	−0.137 * (−1.95)
Coverage	−0.006 *** (−6.05)	−0.006 *** (−5.84)	−0.007 *** (−6.05)	−0.006 *** (−5.84)
Current	0.041 *** (7.49)	0.041 *** (7.50)	0.0411 *** (7.49)	0.041 *** (7.49)
Constant	−1.593 *** (−6.00)	−1.581 *** (−5.84)	−1.765 *** (−5.71)	−1.699 *** (−5.31)
Year	控制	控制	控制	控制
Firm	控制	控制	控制	控制
Cluster Firm	控制	控制	控制	控制
NO.	3133	3133	3133	3133
Adj_R^2	0.171	0.171	0.171	0.171

注：***、**、* 依次表示在 1%、5% 和 10% 的水平上显著；回归结果的 T 值经过了异方差处理（White，1980）并考虑了公司层面的聚类效应（Petersen，2009）。

8.5　稳健性检验与内生性检验

8.5.1　稳健性检验

1. 更换关键变量衡量方式——信用评级衡量方式变换

本章同样借鉴黄小琼等（2017）的研究，本书采用中国人民银行《信用评级更换关键变量衡量方式——信用评级衡量方式变换要素、标识及含义》划分的基本信用等级"三等九级"（AAA、AA、A、BBB、BB、B、CCC、CC、C）代替 21 级微调式信用等级，按照同样方法依次赋值，重新检验，回归结果如表 8 – 7、表 8 – 8 和表 8 – 9 所示，对应的单变量［Rate/Log（Rate）］以及交互项［Short × Rate、Short × Log（Rate）］的结果并未发生实质性变化。因此假设 8 – 1、假设 8 – 2 和假设 8 – 3 仍然成立。

表 8 – 7　　　　　　　　放松卖空约束、信用评级与企业股权融资

变量	(1) EF	(2) EF	(3) EF	(4) EF
Rate	– 0.012 *** （– 4.34）	– 0.011 *** （– 3.77）		
Short × Rate		– 0.001 * （– 1.81）		
Log（Rate）			– 0.044 ** （– 2.34）	– 0.038 ** （– 1.99）
Short × Log（Rate）				– 0.024 ** （– 2.21）
Short		0.002 （0.16）		0.039 * （1.84）

续表

变量	(1) EF	(2) EF	(3) EF	(4) EF
Size	0. 053 *** (8. 75)	0. 054 *** (8. 76)	0. 050 *** (7. 75)	0. 051 *** (7. 99)
Lev	− 0. 303 *** (− 12. 54)	− 0. 305 *** (− 12. 62)	− 0. 298 *** (− 12. 20)	− 0. 301 *** (− 12. 38)
Growth	0. 003 * (1. 94)	0. 003 * (1. 86)	0. 003 * (1. 94)	0. 003 * (1. 87)
Roa	− 0. 178 *** (− 4. 22)	− 0. 176 *** (− 4. 26)	− 0. 181 *** (− 4. 19)	− 0. 177 *** (− 4. 18)
Coverage	− 0. 003 ** (− 2. 33)	− 0. 003 ** (− 2. 37)	− 0. 003 ** (− 2. 17)	− 0. 003 ** (− 2. 28)
Current	0. 013 *** (4. 31)	0. 013 *** (4. 28)	0. 013 *** (4. 22)	0. 013 *** (4. 23)
Constant	− 0. 961 *** (− 7. 62)	− 0. 980 *** (− 7. 71)	− 0. 870 *** (− 6. 95)	− 0. 904 *** (− 7. 29)
Year	控制	控制	控制	控制
Firm	控制	控制	控制	控制
Cluster Firm	控制	控制	控制	控制
NO.	3719	3719	3719	3719
Adj_R^2	0. 211	0. 211	0. 205	0. 207

注: *** 、 ** 、 * 依次表示在 1% 、5% 和 10% 的水平上显著；回归结果的 T 值经过了异方差处理 (White, 1980) 并考虑了公司层面的聚类效应 (Petersen, 2009)。

表 8 – 8　　　　　　　**放松卖空约束、信用评级与企业债务融资**

变量	(1) DF	(2) DF	(3) DF	(4) DF
Rate	0. 008 *** (3. 66)	0. 006 *** (2. 76)		
Short × Rate		0. 003 * (1. 71)		

续表

变量	(1) DF	(2) DF	(3) DF	(4) DF
Log(Rate)			0.033 *** (2.77)	0.023 ** (2.28)
Short × Log(Rate)				0.024 * (1.83)
Short		- 0.012 (- 1.02)		- 0.038 (- 1.52)
Size	0.015 ** (2.33)	0.014 ** (2.25)	0.016 ** (2.52)	0.015 ** (2.35)
Lev	0.277 *** (11.64)	0.280 *** (11.74)	0.274 *** (11.38)	0.278 *** (11.60)
Growth	- 0.003 *** (- 2.78)	- 0.003 *** (- 2.65)	- 0.003 *** (- 2.79)	- 0.002 *** (- 2.64)
Roa	0.005 (0.12)	0.001 (0.02)	0.007 (0.17)	0.003 (0.06)
Coverage	0.0001 (0.29)	0.0001 (0.40)	0.0001 (0.16)	0.0001 (0.31)
Current	0.009 *** (3.32)	0.009 *** (3.38)	0.009 *** (3.34)	0.009 *** (3.40)
Constant	- 0.458 *** (- 3.37)	- 0.444 *** (- 3.24)	- 0.509 *** (- 3.74)	- 0.478 *** (- 3.50)
Year	控制	控制	控制	控制
Firm	控制	控制	控制	控制
Cluster Firm	控制	控制	控制	控制
NO.	3253	3253	3253	3253
Adj_R^2	0.183	0.185	0.182	0.185

注：***、**、* 依次表示在 1%、5% 和 10% 的水平上显著；回归结果的 T 值经过了异方差处理（White，1980）并考虑了公司层面的聚类效应（Petersen，2009）。

表 8 - 9 **放松卖空约束、信用评级与企业新增外部融资**

变量	（1）DEF	（2）DEF	（3）DEF	（4）DEF
Rate	0.002 * (1.64)	0.0003 ** (2.06)		
Short × Rate		0.006 * (1.92)		
Log(Rate)			0.018 * (1.80)	0.013 * (1.67)
Short × Log(Rate)				0.023 ** (2.08)
Short		-0.033 (-1.58)		-0.045 (-1.11)
Size	0.070 *** (5.35)	0.071 *** (5.32)	0.069 *** (5.23)	0.070 *** (5.17)
Lev	0.113 ** (2.54)	0.113 ** (2.56)	0.114 ** (2.56)	0.115 *** (2.58)
Growth	-0.001 (-1.23)	-0.002 (-1.34)	-0.001 (-1.21)	-0.002 (-1.29)
Roa	-0.130 * (-1.87)	-0.137 * (-1.95)	-0.130 * (-1.85)	-0.133 * (-1.90)
Coverage	-0.006 *** (-6.09)	-0.006 *** (-5.88)	-0.006 *** (-6.08)	-0.006 *** (-5.92)
Current	0.041 *** (7.49)	0.041 *** (7.50)	0.041 *** (7.50)	0.041 *** (7.50)
Constant	-1.545 *** (-5.53)	-1.567 *** (-5.47)	-1.548 *** (-5.61)	-1.552 *** (-5.52)
Year	控制	控制	控制	控制
Firm	控制	控制	控制	控制
Cluster Firm	控制	控制	控制	控制
NO.	3133	3133	3133	3133
Adj_R^2	0.171	0.171	0.171	0.171

注： *** 、 ** 、 * 依次表示在 1% 、5% 和 10% 的水平上显著；回归结果的 T 值经过了异方差处理 （White，1980） 并考虑了公司层面的聚类效应 （Petersen，2009）。

2. 样本偏误问题

同样，为了去除样本偏误的影响，参照第 4 章的研究，本章分别扩大样本区间年份到 2005 年以及删除 2015 年股市震荡年份数据，重新对样本进行回归。回归结果见表 8 – 10、表 8 – 11 和表 8 – 12，结果显示对应的单变量［Rate/Log(Rate)］以及交互项［Short × Rate、Short × Log(Rate)］的结果并未发生实质性变化。假设 8 – 1、假设 8 – 2 和假设 8 – 3 仍然得到验证。

表 8 – 10 放松卖空约束、信用评级与企业股权融资

变量	扩大年份				删除股市震动年份			
	(1) EF	(2) EF	(3) EF	(4) EF	(5) EF	(6) EF	(7) EF	(8) EF
Rate	-0.008 ** (-1.99)	-0.007 * (-1.72)			-0.009 *** (-2.82)	-0.008 ** (-2.50)		
Short × Rate		-0.003 * (-1.68)				-0.001 * (-1.67)		
Log(Rate)			-0.095 * (-1.69)	-0.079 (-0.95)			-0.165 ** (-2.06)	-0.150 * (-1.33)
Short × Log(Rate)				-0.093 ** (-2.12)				-0.046 * (-1.99)
Short		0.051 (1.??)		0.285 ** (2.06)		0.0237 (0.57)		0.141 (1.05)
Size	0.046 *** (6.85)	0.047 *** (7.08)	0.043 *** (6.60)	0.044 *** (7.09)	0.042 *** (6.38)	0.042 *** (6.41)	0.041 *** (5.94)	0.041 *** (6.07)
Lev	-0.295 *** (-12.24)	-0.293 *** (-12.52)	-0.291 *** (-12.17)	-0.296 *** (-12.54)	-0.248 *** (-10.06)	-0.250 *** (-10.11)	-0.246 *** (-9.89)	-0.248 *** (-9.99)
Growth	0.004 * (1.94)	0.003 * (1.86)	0.004 * (1.93)	0.003 * (1.86)	0.003 * (1.75)	0.003 * (1.71)	0.003 * (1.77)	0.003 * (1.72)
Roa	-0.185 *** (-4.48)	-0.182 *** (-4.52)	-0.188 *** (-4.46)	-0.184 *** (-4.46)	-0.125 *** (-3.16)	-0.124 *** (-3.15)	-0.125 *** (-3.14)	-0.123 *** (-3.12)

续表

变量	扩大年份				删除股市震动年份			
	(1) EF	(2) EF	(3) EF	(4) EF	(5) EF	(6) EF	(7) EF	(8) EF
Coverage	-0.003 ** (-2.06)	-0.003 ** (-2.15)	-0.003 * (-1.96)	-0.003 ** (-2.10)	-0.003 *** (-2.95)	-0.003 *** (-3.00)	-0.003 *** (-2.88)	-0.003 *** (-2.96)
Current	0.013 *** (4.36)	0.013 *** (4.33)	0.013 *** (4.26)	0.013 *** (4.26)	0.012 *** (3.99)	0.012 *** (3.97)	0.012 *** (3.96)	0.012 *** (3.96)
Constant	-0.671 *** (-6.39)	-0.720 *** (-6.86)	-0.485 ** (-2.31)	-0.578 *** (-2.80)	-0.603 *** (-5.15)	-0.626 *** (-5.35)	-0.253 (-1.32)	-0.313 (-1.57)
Year	控制	控制	控制	控制	控制	控制	控制	控制
Firm	控制	控制	控制	控制	控制	控制	控制	控制
Cluster Firm	控制	控制	控制	控制	控制	控制	控制	控制
NO.	3830	3830	3830	3830	3284	3284	3284	3284
Adj_R²	0.202	0.203	0.197	0.200	0.150	0.150	0.149	0.149

注：***、**、* 依次表示在1%、5%和10%的水平上显著；回归结果的T值经过了异方差处理（White，1980）并考虑了公司层面的聚类效应（Petersen，2009）。

表8-11　　　　　　　放松卖空约束、信用评级与企业债务融资

变量	扩大年份				删除股市震动年份			
	(1) DF	(2) DF	(3) DF	(4) DF	(5) DF	(6) DF	(7) DF	(8) DF
Rate	0.008 *** (3.64)	0.006 *** (3.05)			0.008 *** (4.07)	0.006 *** (3.34)		
Short × Rate		0.003 * (1.93)				0.0042 ** (2.16)		
Log(Rate)			0.149 *** (3.30)	0.129 *** (2.90)			0.160 *** (3.55)	0.129 *** (3.18)
Short × Log(Rate)				0.071 * (1.94)				0.108 ** (2.35)
Short		-0.055 (-1.18)		-0.219 (-1.50)		-0.0897 * (-1.96)		-0.332 ** (-2.29)

续表

变量	扩大年份				删除股市震动年份			
	（1）DF	（2）DF	（3）DF	（4）DF	（5）DF	（6）DF	（7）DF	（8）DF
Size	0.017 *** (2.69)	0.016 ** (2.56)	0.017 *** (2.80)	0.017 *** (2.64)	0.018 *** (3.13)	0.017 *** (2.96)	0.0193 *** (3.28)	0.0180 *** (3.07)
Lev	0.273 *** (11.55)	0.276 *** (11.70)	0.272 *** (11.45)	0.276 *** (11.64)	0.271 *** (10.85)	0.276 *** (11.04)	0.269 *** (10.70)	0.274 *** (10.95)
Growth	−0.003 *** (−2.75)	−0.003 *** (−2.62)	−0.003 *** (−2.75)	−0.003 *** (−2.62)	−0.002 *** (−2.68)	−0.002 ** (−2.34)	−0.002 *** (−2.61)	−0.001 ** (−2.28)
Roa	0.008 (0.19)	0.005 (0.12)	0.008 (0.20)	0.005 (0.11)	0.005 (0.10)	−0.001 (−0.02)	0.005 (0.11)	−0.001 (−0.02)
Coverage	0.0001 (0.20)	0.000 (0.30)	0.0001 (0.15)	0.0001 (0.28)	0.0004 (1.26)	0.0005 (1.49)	0.0004 (1.16)	0.0005 (1.44)
Current	0.009 *** (3.35)	0.009 *** (3.41)	0.009 *** (3.35)	0.009 *** (3.41)	0.009 *** (3.20)	0.010 *** (3.30)	0.009 *** (3.20)	0.010 *** (3.29)
Constant	−0.601 *** (−4.23)	−0.559 *** (−3.93)	−0.917 *** (−4.78)	−0.831 *** (−4.34)	−0.683 *** (−5.00)	−0.625 *** (−4.55)	−1.024 *** (−5.35)	−0.899 *** (−4.81)
Year	控制	控制	控制	控制	控制	控制	控制	控制
Firm	控制	控制	控制	控制	控制	控制	控制	控制
Cluster Firm	控制	控制	控制	控制	控制	控制	控制	控制
NO.	3308	3308	3308	3308	2941	2941	2941	2941
Adj_R^2	0.179	0.180	0.179	0.180	0.186	0.189	0.185	0.189

注：*** 、 ** 、 * 依次表示在 1% 、5% 和 10% 的水平上显著；回归结果的 T 值经过了异方差处理（White，1980）并考虑了公司层面的聚类效应（Petersen，2009）。

表 8 − 12　　　　　放松卖空约束、信用评级与企业新增外部融资

变量	扩大年份				删除股市震动年份			
	（1）DEF	（2）DEF	（3）DEF	（4）DEF	（5）DEF	（6）DEF	（7）DEF	（8）DEF
Rate	0.005 * (1.75)	0.005 (1.15)			0.008 *** (2.82)	0.008 ** (2.50)		

续表

变量	扩大年份				删除股市震动年份			
	（1）DEF	（2）DEF	（3）DEF	（4）DEF	（5）DEF	（6）DEF	（7）DEF	（8）DEF
Short × Rate		0.001 **（2.28）				0.001 *（1.67）		
Log（Rate）			0.121 *（1.69）	0.118（1.41）			0.165 **（2.06）	0.150 *（1.83）
Short × Log（Rate）				0.025 **（2.27）				0.046 *（1.99）
Short		− 0.032（− 0.34）		− 0.084（− 0.29）		0.024（0.57）		0.141（1.05）
Size	0.067 ***（5.45）	0.068 ***（5.43）	0.067 ***（5.54）	0.068 ***（5.51）	0.042 ***（6.38）	0.042 ***（6.41）	0.041 ***（5.94）	0.041 ***（6.07）
Lev	0.116 ***（2.64）	0.114 ***（2.61）	0.115 ***（2.64）	0.114 ***（2.62）	− 0.248 ***（− 10.06）	− 0.250 ***（− 10.11）	− 0.246 ***（− 9.89）	− 0.248 ***（− 9.99）
Growth	− 0.001（− 1.09）	− 0.002（− 1.24）	− 0.001（− 1.05）	− 0.001（− 1.20）	0.003 *（1.75）	0.003 *（1.71）	0.003 *（1.77）	0.003 *（1.72）
Roa	− 0.134 *（− 1.87）	− 0.135 *（− 1.88）	− 0.135 *（− 1.87）	− 0.135 *（− 1.88）	− 0.125 ***（− 3.16）	− 0.124 ***（− 3.15）	− 0.125 ***（− 3.14）	− 0.123 ***（− 3.12）
Coverage	− 0.006 ***（− 5.82）	− 0.006 ***（− 5.69）	− 0.006 ***（− 5.83）	− 0.006 ***（− 5.70）	− 0.003 ***（− 2.95）	− 0.003 ***（− 3.00）	− 0.003 ***（− 2.88）	− 0.003 ***（− 2.96）
Current	0.041 ***（7.50）	0.041 ***（7.49）	0.041 ***（7.50）	0.041 ***（7.49）	0.012 ***（3.99）	0.012 ***（3.97）	0.012 ***（3.96）	0.012 ***（3.96）
Constant	− 1.740 ***（− 6.86）	− 1.760 ***（− 6.65）	− 2.000 ***（− 6.49）	− 2.014 ***（− 5.99）	− 0.603 ***（− 5.15）	− 0.626 ***（− 5.35）	− 0.253（− 1.32）	− 0.313（− 1.57）
Year	控制	控制	控制	控制	控制	控制	控制	控制
Firm	控制	控制	控制	控制	控制	控制	控制	控制
Cluster Firm	控制	控制	控制	控制	控制	控制	控制	控制
NO.	3185	3185	3185	3185	3284	3284	3284	3284
Adj_R²	0.171	0.170	0.171	0.171	0.150	0.150	0.149	0.149

注：***、**、* 依次表示在1%、5%和10%的水平上显著；回归结果的 T 值经过了异方差处理（White，1980）并考虑了公司层面的聚类效应（Petersen，2009）。

3. 考虑蓝筹股的影响

进一步，依照第 4 章的论述，参照李志生等（2015）、张璇等（2016）以及李春涛等（2017）的研究。本书考虑蓝筹股对于模型识别的影响，分别删除沪深 300 样本、剔除第一批标的样本、剔除前两批标的样本进行重新估计。回归结果见表 8 – 13、表 8 – 14 和表 8 – 15，对应的单变量［Rate/Log（Rate）］以及交互项［Short × Rate、Short × Log（Rate）］的结果并未发生实质性变化。因此，假设 8 – 1、假设 8 – 2 和假设 8 – 3 仍然得到验证。

表 8 – 13A　　　放松卖空约束、信用评级与企业权益融资（删除沪深 300）

变量	(1) EF	(2) EF	(3) EF	(4) EF
Rate	−0.006 ** (−2.04)	−0.005 ** (−2.83)		
Short × Rate		−0.005 * (−1.68)		
Log(Rate)			−0.042 * (−1.71)	−0.025 (−0.33)
Short × Log(Rate)				−0.153 ** (−2.26)
Short		0.110 (1.46)		0.472 ** (2.22)
Size	0.060 *** (5.83)	0.060 *** (7.12)	0.058 *** (7.45)	0.059 *** (7.82)
Lev	−0.391 *** (−12.45)	−0.392 *** (−12.50)	−0.390 *** (−12.76)	−0.392 *** (−12.77)
Growth	0.002 ** (2.17)	0.002 ** (2.00)	0.002 ** (2.17)	0.002 ** (1.99)
Roa	−0.325 *** (−5.81)	−0.320 *** (−5.73)	−0.329 *** (−5.85)	−0.322 *** (−5.74)

续表

变量	(1) EF	(2) EF	(3) EF	(4) EF
Coverage	-0.003^{***} (-4.49)	-0.003^{***} (-4.49)	-0.003^{***} (-4.38)	-0.003^{***} (-4.42)
Current	0.012^{***} (3.45)	0.012^{***} (3.45)	0.012^{***} (3.34)	0.012^{***} (3.37)
Constant	-0.924^{***} (-6.55)	-0.965^{***} (-6.87)	-0.875^{***} (-4.02)	-0.955^{***} (-4.66)
Year	控制	控制	控制	控制
Firm	控制	控制	控制	控制
Cluster Firm	控制	控制	控制	控制
NO.	2535	2535	2535	2535
Adj_R^2	0.270	0.272	0.267	0.270

注：***、**、*依次表示在1%、5%和10%的水平上显著；回归结果的 T 值经过了异方差处理（White，1980）并考虑了公司层面的聚类效应（Petersen，2009）。

表 8 – 13B　　　　　　　放松卖空约束、信用评级与企业权益融资

变量	删除第一次				删除第二次			
	(1) EF	(2) EF	(3) EF	(4) EF	(5) EF	(6) EF	(7) EF	(8) EF
Rate	-0.008^{*} (-1.68)	-0.006 (-1.34)			-0.007^{*} (-1.69)	-0.006^{*} (-1.99)		
Short × Rate		-0.004^{*} (-1.85)				-0.005^{*} (-1.83)		
Log(Rate)			-0.087 (-0.94)	-0.061 (-0.73)			-0.073 (-0.78)	-0.055 (-0.64)
Short × Log(Rate)				-0.142^{***} (-2.84)				-0.149^{***} (-2.63)
Short		0.093^{*} (1.68)		0.440^{***} (2.78)	0.109^{*} (1.76)			0.466^{***} (2.60)

续表

变量	删除第一次				删除第二次			
	(1) EF	(2) EF	(3) EF	(4) EF	(5) EF	(6) EF	(7) EF	(8) EF
Size	0.053 *** (6.87)	0.054 *** (7.27)	0.050 *** (6.92)	0.052 *** (7.66)	0.057 *** (6.64)	0.057 *** (6.85)	0.054 *** (7.05)	0.055 *** (7.42)
Lev	−0.312 *** (−11.80)	−0.317 *** (−12.24)	−0.307 *** (−11.83)	−0.314 *** (−12.36)	−0.338 *** (−12.21)	−0.341 *** (−12.37)	−0.336 *** (−12.47)	−0.339 *** (−12.61)
Growth	0.003 * (1.96)	0.003 * (1.86)	0.003 * (1.95)	0.003 * (1.86)	0.003 * (1.87)	0.003 * (1.84)	0.003 * (1.86)	0.003 * (1.83)
Roa	−0.201 *** (−4.25)	−0.196 *** (−4.28)	−0.204 *** (−4.18)	−0.197 *** (−4.20)	−0.284 *** (−6.00)	−0.278 *** (−5.87)	−0.288 *** (−6.02)	−0.279 *** (−5.85)
Coverage	−0.003 *** (−3.23)	−0.003 *** (−3.28)	−0.003 *** (−3.10)	−0.003 *** (−3.22)	−0.003 *** (−3.08)	−0.003 *** (−3.21)	−0.003 *** (−2.94)	−0.003 *** (−3.14)
Current	0.013 *** (4.27)	0.013 *** (4.25)	0.013 *** (4.18)	0.013 *** (4.19)	0.010 *** (3.35)	0.010 *** (3.39)	0.010 *** (3.22)	0.010 *** (3.29)
Constant	−0.820 *** (−6.82)	−0.878 *** (−7.49)	−0.654 *** (−2.93)	−0.776 *** (−3.71)	−0.900 *** (−6.75)	−0.928 *** (−7.06)	−0.774 *** (−3.37)	−0.845 *** (−3.89)
Year	控制	控制	控制	控制	控制	控制	控制	控制
Firm	控制	控制	控制	控制	控制	控制	控制	控制
Cluster Firm	控制	控制	控制	控制	控制	控制	控制	控制
NO.	3469	3469	3469	3469	2897	2897	2897	2897
Adj_R²	0.217	0.220	0.213	0.218	0.220	0.222	0.216	0.219

注：***、**、* 依次表示在 1%、5% 和 10% 的水平上显著；回归结果的 T 值经过了异方差处理（White，1980）并考虑了公司层面的聚类效应（Petersen，2009）。

表 8 – 14A   放松卖空约束、信用评级与企业债务融资（删除沪深 300）

变量	(1) DF	(2) DF	(3) DF	(4) DF
Rate	0.006 ** (2.34)	0.005 * (1.88)		

续表

变量	(1) DF	(2) DF	(3) DF	(4) DF
Short × Rate		0.003 * (1.77)		
Log(Rate)			0.108 ** (2.26)	0.089 * (1.91)
Short × Log(Rate)				0.082 * (1.68)
Short		−0.067 (−1.02)		−0.250 (−1.24)
Size	0.010 (1.23)	0.009 (1.17)	0.010 (1.30)	0.009 (1.22)
Lev	0.339 *** (10.89)	0.342 *** (10.95)	0.338 *** (10.87)	0.341 *** (10.94)
Growth	−0.002 *** (−3.09)	−0.002 *** (−2.80)	−0.002 *** (−3.09)	−0.002 *** (−2.80)
Roa	0.065 (0.87)	0.060 (0.81)	0.065 (0.88)	0.060 (0.82)
Coverage	0.0003 (0.75)	0.0003 (0.80)	0.0003 (0.72)	0.0003 (0.79)
Current	0.009 *** (2.88)	0.009 *** (2.96)	0.009 *** (2.88)	0.009 *** (2.97)
Constant	−0.468 *** (−2.67)	−0.437 ** (−2.51)	−0.692 *** (−3.09)	−0.620 *** (−2.82)
Year	控制	控制	控制	控制
Firm	控制	控制	控制	控制
Cluster Firm	控制	控制	控制	控制
NO.	2238	2238	2238	2238
Adj_R^2	0.207	0.210	0.207	0.210

注：***、**、*依次表示在1%、5%和10%的水平上显著；回归结果的T值经过了异方差处理（White，1980）并考虑了公司层面的聚类效应（Petersen，2009）。

表 8 – 14B　　　　　　放松卖空约束、信用评级与企业债务融资

变量	删除第一次				删除第二次			
	(1) DF	(2) DF	(3) DF	(4) DF	(5) DF	(6) DF	(7) DF	(8) DF
Rate	0.007 *** (3.42)	0.006 *** (2.63)			0.007 *** (3.14)	0.006 *** (2.62)		
Short × Rate		0.004 * (1.88)				0.003 * (1.68)		
Log(Rate)			0.144 *** (3.07)	0.114 ** (2.54)			0.132 *** (2.78)	0.112 ** (2.45)
Short × Log(Rate)				0.109 ** (2.07)				0.082 * (1.64)
Short		−0.091 * (−1.73)		−0.336 ** (−2.02)		−0.063 (−1.24)		−0.248 (−1.56)
Size	0.015 ** (2.22)	0.014 ** (2.11)	0.016 ** (2.34)	0.015 ** (2.19)	0.008 (1.20)	0.007 (1.10)	0.009 (1.32)	0.008 (1.19)
Lev	0.279 *** (11.18)	0.283 *** (11.35)	0.277 *** (11.06)	0.282 *** (11.33)	0.310 *** (12.58)	0.314 *** (12.68)	0.309 *** (12.53)	0.314 *** (12.65)
Growth	−0.003 *** (−2.83)	−0.002 *** (−2.65)	−0.003 *** (−2.83)	−0.002 *** (−2.66)	−0.002 ** (−2.49)	−0.001 ** (−2.09)	−0.002 ** (−2.42)	−0.001 ** (−2.03)
Roa	0.021 (0.47)	0.016 (0.36)	0.022 (0.48)	0.016 (0.36)	0.0572 (0.93)	0.0503 (0.83)	0.0579 (0.94)	0.0506 (0.83)
Coverage	0.0002 (0.62)	0.0002 (0.77)	0.0002 (0.56)	0.0002 (0.75)	0.0004 (1.49)	0.001 * (1.68)	0.0004 (1.43)	0.001 * (1.65)
Current	0.009 *** (3.35)	0.009 *** (3.41)	0.009 *** (3.35)	0.009 *** (3.41)	0.008 *** (2.95)	0.008 *** (3.07)	0.008 *** (2.95)	0.008 *** (3.08)
Constant	−0.601 *** (−4.23)	−0.559 *** (−3.53)	−0.917 *** (−4.78)	−0.831 *** (−4.34)	−0.436 *** (−2.93)	−0.398 *** (−2.69)	−0.714 *** (−3.58)	−0.632 *** (−3.23)
Year	控制	控制	控制	控制	控制	控制	控制	控制
Firm	控制	控制	控制	控制	控制	控制	控制	控制
Cluster Firm	控制	控制	控制	控制	控制	控制	控制	控制
NO.	3039	3039	3039	3039	2548	2548	2548	2548
Adj_R²	0.178	0.181	0.178	0.181	0.212	0.216	0.212	0.216

注：***、**、*依次表示在 1%、5% 和 10% 的水平上显著；回归结果的 T 值经过了异方差处理（White，1980）并考虑了公司层面的聚类效应（Petersen，2009）。

表 8 – 15A　　　　**放松卖空约束、信用评级与企业新增外部融资（删除沪深 300）**

变量	（1） DEF	（2） DEF	（3） DEF	（4） DEF
Rate	0.002 * (1.69)	0.001 (0.18)		
Short × Rate		0.002 * (1.69)		
Log(Rate)			0.058 * (1.67)	0.051 (0.49)
Short × Log(Rate)				0.041 ** (2.37)
Short		− 0.0563 (− 0.49)		− 0.130 (− 0.37)
Size	0.072 *** (4.25)	0.072 *** (4.21)	0.072 *** (4.29)	0.072 *** (4.26)
Lev	0.088 (1.40)	0.088 (1.41)	0.088 (1.41)	0.089 (1.42)
Growth	− 0.002 (− 1.39)	− 0.002 (− 1.41)	− 0.002 (− 1.36)	− 0.002 (− 1.37)
Roa	− 0.226 ** (− 2.07)	− 0.227 ** (− 2.07)	− 0.228 ** (− 2.08)	− 0.228 ** (− 2.08)
Coverage	− 0.007 *** (− 6.38)	− 0.007 *** (− 6.36)	− 0.007 *** (− 6.36)	− 0.007 *** (− 6.33)
Current	0.0414 *** (5.83)	0.0414 *** (5.83)	0.0413 *** (5.83)	0.0412 *** (5.82)
Constant	− 1.552 *** (− 4.45)	− 1.543 *** (− 4.42)	− 1.685 *** (− 4.22)	− 1.666 *** (− 4.15)
Year	控制	控制	控制	控制
Firm	控制	控制	控制	控制
Cluster Firm	控制	控制	控制	控制
NO.	2138	2138	2138	2138
Adj_R^2	0.177	0.176	0.177	0.176

注： ***、**、*依次表示在 1%、5% 和 10% 的水平上显著；回归结果的 T 值经过了异方差处理（White，1980）并考虑了公司层面的聚类效应（Petersen，2009）。

表 8 – 15B　　　　　　放松卖空约束、信用评级与企业新增外部融资

变量	删除第一次				删除第二次			
	(1) DEF	(2) DEF	(3) DEF	(4) DEF	(5) DEF	(6) DEF	(7) DEF	(8) DEF
Rate	0.003 * (1.63)	0.001 (0.27)			0.003 * (1.76)	0.002 (0.32)		
Short × Rate		0.005 * (1.72)				0.003 * (1.93)		
Log(Rate)			0.071 (0.81)	0.047 (0.49)			0.072 (0.78)	0.056 (0.57)
Short × Log(Rate)				0.098 * (1.92)				0.068 * (1.80)
Short		−0.109 (−1.22)		−0.311 (−1.12)		−0.071 (−0.81)		−0.207 (−0.77)
Size	0.075 *** (5.25)	0.076 *** (5.15)	0.075 *** (5.30)	0.075 *** (5.19)	0.067 *** (4.32)	0.067 *** (4.23)	0.067 *** (4.36)	0.066 *** (4.27)
Lev	0.097 ** (2.09)	0.099 ** (2.14)	0.097 ** (2.10)	0.099 ** (2.16)	0.122 ** (2.24)	0.126 ** (2.32)	0.122 ** (2.25)	0.127 ** (2.33)
Growth	−0.002 (−1.30)	−0.002 (−1.37)	−0.002 (−1.27)	−0.002 (−1.34)	−0.0003 (−0.18)	−0.0001 (−0.05)	−0.0002 (−0.15)	−0.0001 (−0.02)
Roa	−0.136 * (−1.88)	−0.140 * (−1.94)	−0.136 * (−1.89)	−0.140 * (−1.93)	−0.149 (−1.56)	−0.155 (−1.63)	−0.149 (−1.57)	−0.155 (−1.63)
Coverage	−0.006 *** (−5.56)	−0.006 *** (−5.42)	−0.006 *** (−5.55)	−0.006 *** (−5.41)	−0.006 *** (−5.18)	−0.006 *** (−5.13)	−0.006 *** (−5.17)	−0.006 *** (−5.13)
Current	0.041 *** (7.30)	0.041 *** (7.31)	0.041 *** (7.30)	0.040 *** (7.31)	0.0383 *** (6.71)	0.039 *** (6.77)	0.038 *** (6.71)	0.039 *** (6.77)
Constant	−1.691 *** (−5.86)	−1.674 *** (−5.72)	−1.845 *** (−5.59)	−1.781 *** (−5.25)	−1.517 *** (−4.76)	−1.480 *** (−4.65)	−1.676 *** (−4.57)	−1.606 *** (−4.34)
Year	控制	控制	控制	控制	控制	控制	控制	控制
Firm	控制	控制	控制	控制	控制	控制	控制	控制
Cluster Firm	控制	控制	控制	控制	控制	控制	控制	控制
NO.	2927	2927	2927	2927	2442	2442	2442	2442
Adj_R^2	0.169	0.169	0.169	0.169	0.175	0.176	0.176	0.176

注：***、**、*依次表示在 1%、5% 和 10% 的水平上显著；回归结果的 T 值经过了异方差处理（White，1980）并考虑了公司层面的聚类效应（Petersen，2009）。

8.5.2 内生性检验

1. 内生性检验：倾向得分匹配法（PSM）

根据前文所述，本书同样使用倾向得分匹配法（Propensity Score Matching，PSM），按照可卖空上市公司的市值、转手率、波动率的前一年分别进行一比一匹配、半径匹配以及核匹配[①]。回归结果见表 8 – 16、表 8 – 17 和表 8 – 18，结果显示对应的单变量［Rate/Log(Rate)］以及交互项［Short × Rate、Short × Log(Rate)］的结果并未发生实质性变化。因此，假设 8 – 1、假设 8 – 2 和假设 8 – 3 仍然成立。

表 8 – 16A　　　　放松卖空约束、信用评级与企业权益融资

变量	一比一匹配				半径匹配			
	(1) EF	(2) EF	(3) EF	(4) EF	(5) EF	(6) EF	(7) EF	(8) EF
Rate	− 0.008 * (− 1.70)	− 0.007 (− 1.24)			− 0.007 * (− 1.68)	− 0.006 (− 1.06)		
Short × Rate		− 0.003 * (− 1.65)				− 0.005 * (− 1.75)		
Log(Rate)			− 0.081 * (− 1.86)	− 0.061 (− 0.69)			− 0.070 * (− 1.78)	− 0.0438 (− 0.55)
Short × Log(Rate)				− 0.114 ** (− 1.99)				− 0.155 ** (− 2.57)
Short		0.0610 (0.92)		0.351 * (1.94)		0.102 (1.41)		0.479 ** (2.51)
Size	0.049 *** (5.87)	0.050 *** (6.17)	0.045 *** (6.08)	0.047 *** (6.66)	0.047 *** (5.63)	0.049 *** (6.10)	0.045 *** (5.94)	0.047 *** (6.66)

---

① 按照可卖空上市公司的市值、转手率、波动率的前一年进行一比一匹配。由于上市公司市值、转手率、波动率为日交易数据，每年共 256 个交易数据。本书采用市值和波动率 256 个交易日的均值作为其年度效应取值，转手率的 256 个交易日的方差作为其年度效应取值。

续表

变量	一比一匹配				半径匹配			
	(1) EF	(2) EF	(3) EF	(4) EF	(5) EF	(6) EF	(7) EF	(8) EF
Lev	-0.302 *** (-11.02)	-0.305 *** (-11.31)	-0.298 *** (-11.10)	-0.302 *** (-11.46)	-0.307 *** (-10.82)	-0.311 *** (-11.12)	-0.304 *** (-10.96)	-0.309 *** (-11.29)
Growth	0.0103 *** (3.13)	0.0100 *** (3.05)	0.0107 *** (3.22)	0.0104 *** (3.14)	0.010 *** (3.05)	0.010 *** (2.97)	0.011 *** (3.13)	0.010 *** (3.04)
Roa	-0.205 *** (-3.65)	-0.204 *** (-3.73)	-0.209 *** (-3.60)	-0.205 *** (-3.65)	-0.213 *** (-3.56)	-0.211 *** (-3.63)	-0.218 *** (-3.53)	-0.214 *** (-3.58)
Coverage	0.019 ** (2.60)	0.019 ** (2.54)	0.020 *** (2.65)	0.019 ** (2.54)	0.020 *** (2.61)	0.020 ** (2.51)	0.021 *** (2.65)	0.020 ** (2.50)
Current	0.0154 *** (4.47)	0.0153 *** (4.45)	0.0151 *** (4.34)	0.0150 *** (4.35)	0.015 *** (4.23)	0.015 *** (4.22)	0.015 *** (4.11)	0.015 *** (4.14)
Constant	-0.739 *** (-5.82)	-0.793 *** (-6.32)	-0.590 ** (-2.57)	-0.699 *** (-3.15)	-0.717 *** (-5.54)	-0.792 *** (-6.18)	-0.596 *** (-2.67)	-0.738 *** (-3.56)
Year	控制	控制	控制	控制	控制	控制	控制	控制
Firm	控制	控制	控制	控制	控制	控制	控制	控制
Cluster Firm	控制	控制	控制	控制	控制	控制	控制	控制
NO.	3041	3041	3041	3041	2790	2790	2790	2790
Adj_R^2	0.219	0.221	0.214	0.217	0.221	0.224	0.217	0.222

注：***、**、* 依次表示在 1%、5% 和 10% 的水平上显著；回归结果的 T 值经过了异方差处理（White，1980）并考虑了公司层面的聚类效应（Petersen，2009）。

表 8-16B　　　放松卖空约束、信用评级与企业权益融资（核匹配）

变量	(1) EF	(2) EF	(3) EF	(4) EF
Rate	-0.003 * (-1.70)	-0.007 (-1.24)		
Short × Rate		-0.003 * (-1.75)		

续表

变量	(1) EF	(2) EF	(3) EF	(4) EF
Log(Rate)			-0.081 * (-1.86)	-0.061 (-0.69)
Short × Log(Rate)				-0.114 ** (-1.99)
Short		0.0610 (0.92)		0.351 * (1.94)
Size	0.049 *** (5.87)	0.050 *** (6.17)	0.045 *** (6.08)	0.047 *** (6.66)
Lev	-0.302 *** (-11.02)	-0.305 *** (-11.31)	-0.298 *** (-11.10)	-0.302 *** (-11.46)
Growth	0.010 *** (3.13)	0.010 *** (3.05)	0.011 *** (3.22)	0.010 *** (3.14)
Roa	-0.205 *** (-3.65)	-0.204 *** (-3.73)	-0.209 *** (-3.60)	-0.205 *** (-3.65)
Coverage	0.019 *** (2.60)	0.019 ** (2.54)	0.020 *** (2.65)	0.019 ** (2.54)
Current	0.015 *** (4.47)	0.015 *** (4.45)	0.015 *** (4.34)	0.015 *** (4.35)
Constant	-0.924 *** (-6.55)	-0.965 *** (-6.87)	-0.875 *** (-4.02)	-0.955 *** (-4.66)
Year	控制	控制	控制	控制
Firm	控制	控制	控制	控制
Cluster Firm	控制	控制	控制	控制
NO.	3041	3041	3041	3041
Adj_R^2	0.219	0.221	0.214	0.217

注：***、**、*依次表示在 1%、5% 和 10% 的水平上显著；回归结果的 T 值经过了异方差处理（White，1980）并考虑了公司层面的聚类效应（Petersen，2009）。

表 8 – 17A　　　　　　放松卖空约束、信用评级与企业债务融资

变量	一比一匹配				半径匹配			
	(1) DF	(2) DF	(3) DF	(4) DF	(5) DF	(6) DF	(7) DF	(8) DF
Rate	0.007 *** (3.03)	0.006 ** (2.39)			0.007 *** (2.91)	0.005 ** (2.08)		
Short × Rate		0.003 * (1.65)				0.005 * (1.96)		
Log(Rate)			0.139 *** (2.64)	0.115 ** (2.20)			0.128 ** (2.49)	0.091 * (1.93)
Short × Log(Rate)				0.081 * (1.75)				0.130 ** (2.13)
Short		−0.064 (−1.11)		−0.249 (−1.41)		−0.114 * (−1.83)		−0.402 ** (−2.09)
Size	0.0172 ** (2.54)	0.017 ** (2.42)	0.018 *** (2.65)	0.0170 ** (2.51)	0.017 ** (2.39)	0.016 ** (2.32)	0.018 ** (2.52)	0.017 ** (2.40)
Lev	0.283 *** (11.53)	0.286 *** (11.67)	0.282 *** (11.42)	0.285 *** (11.61)	0.283 *** (10.61)	0.285 *** (10.71)	0.281 *** (10.48)	0.284 *** (10.64)
Growth	−0.007 (−1.35)	−0.006 (−1.34)	−0.005 (−1.30)	−0.005 (−1.29)	−0.007 (−1.58)	−0.007 (−1.63)	−0.007 (−1.54)	−0.007 (−1.59)
Roa	0.014 (0.29)	0.012 (0.25)	0.014 (0.30)	0.012 (0.25)	0.002 (0.04)	0.0004 (0.01)	0.003 (0.06)	0.001 (0.02)
Coverage	−0.010 (−0.69)	−0.010 (−0.75)	−0.010 (−0.71)	−0.010 (−0.76)	−0.005 (−0.44)	−0.005 (−0.45)	−0.005 (−0.47)	−0.005 (−0.47)
Current	0.009 *** (3.20)	0.009 *** (3.24)	0.009 *** (3.21)	0.009 *** (3.25)	0.009 *** (3.27)	0.009 *** (3.30)	0.009 *** (3.28)	0.009 *** (3.30)
Constant	−0.642 *** (−4.18)	−0.597 *** (−3.89)	−0.933 *** (−4.30)	−0.835 *** (−3.86)	−0.623 *** (−3.95)	−0.566 *** (−3.59)	−0.890 *** (−4.09)	−0.753 *** (−3.55)
Year	控制	控制	控制	控制	控制	控制	控制	控制
Firm	控制	控制	控制	控制	控制	控制	控制	控制
Cluster Firm	控制	控制	控制	控制	控制	控制	控制	控制
NO.	2633	2633	2633	2633	2416	2416	2416	2416
Adj_R^2	0.179	0.180	0.178	0.180	0.177	0.179	0.176	0.179

注：***、**、*依次表示在 1%、5% 和 10% 的水平上显著；回归结果的 T 值经过了异方差处理（White，1980）并考虑了公司层面的聚类效应（Petersen，2009）。

表 8 – 17B 放松卖空约束、信用评级与企业债务融资（核匹配）

变量	(1) DF	(2) DF	(3) DF	(4) DF
Rate	0.007 *** (3.03)	0.006 ** (2.39)		
Short × Rate		0.003 * (1.75)		
Log（Rate）			0.139 *** (2.64)	0.115 ** (2.20)
Short × Log（Rate）				0.081 * (1.85)
Short		− 0.0636 (− 1.11)		− 0.249 (− 1.41)
Size	0.017 ** (2.54)	0.017 ** (2.42)	0.018 *** (2.65)	0.017 ** (2.51)
Lev	0.283 *** (11.53)	0.286 *** (11.67)	0.282 *** (11.42)	0.285 *** (11.61)
Growth	− 0.006 (− 1.35)	− 0.006 (− 1.34)	− 0.005 (− 1.30)	− 0.005 (− 1.29)
Roa	0.0137 (0.29)	0.0115 (0.25)	0.0144 (0.30)	0.0117 (0.25)
Coverage	− 0.009 (− 0.69)	− 0.010 (− 0.75)	− 0.009 (− 0.71)	− 0.010 (− 0.76)
Current	0.009 *** (3.20)	0.009 *** (3.24)	0.009 *** (3.21)	0.009 *** (3.25)
Constant	− 0.468 *** (− 2.67)	− 0.437 ** (− 2.51)	− 0.692 *** (− 3.09)	− 0.620 *** (− 2.82)
Year	控制	控制	控制	控制
Firm	控制	控制	控制	控制
Cluster Firm	控制	控制	控制	控制
NO.	2633	2633	2633	2633
Adj_R^2	0.179	0.180	0.178	0.180

注：*** 、** 、* 依次表示在 1%、5% 和 10% 的水平上显著；回归结果的 T 值经过了异方差处理（White，1980）并考虑了公司层面的聚类效应（Petersen，2009）。

表8 – 18A　　　　　　　放松卖空约束、信用评级与企业新增外部融资

变量	一比一匹配				半径匹配			
	(1) DEF	(2) DEF	(3) DEF	(4) DEF	(5) DEF	(6) DEF	(7) DEF	(8) DEF
Rate	0.003 * (1.67)	0.002 (0.33)			0.003 * (1.71)	0.002 (0.34)		
Short × Rate		0.004 * (1.94)				0.004 * (1.97)		
Log(Rate)			0.074 * (1.89)	0.055 (0.58)			0.078 * (1.93)	0.057 (0.59)
Short × Log(Rate)				0.082 * (1.84)				0.091 * (1.87)
Short		− 0.098 (− 0.95)		− 0.263 (− 0.84)		− 0.108 (− 1.00)		− 0.290 (− 0.88)
Size	0.077 *** (5.16)	0.078 *** (5.09)	0.077 *** (5.23)	0.078 *** (5.14)	0.075 *** (4.94)	0.077 *** (4.87)	0.075 *** (5.02)	0.076 *** (4.94)
Lev	0.140 *** (2.79)	0.140 *** (2.78)	0.140 *** (2.82)	0.140 *** (2.81)	0.128 ** (2.37)	0.128 ** (2.36)	0.128 ** (2.39)	0.128 ** (2.38)
Growth	− 0.003 (− 0.39)	− 0.003 (− 0.47)	− 0.002 (− 0.35)	− 0.003 (− 0.42)	− 0.003 (− 0.42)	− 0.004 (− 0.52)	− 0.003 (− 0.37)	− 0.003 (− 0.47)
Roa	− 0.131 (− 1.64)	− 0.134 * (− 1.69)	− 0.132 (− 1.65)	− 0.135 * (− 1.69)	− 0.151 * (− 1.72)	− 0.154 * (− 1.78)	− 0.151 * (− 1.73)	− 0.155 * (− 1.78)
Coverage	0.014 (0.63)	0.015 (0.70)	0.014 (0.64)	0.015 (0.70)	0.026 (1.57)	0.028 * (1.77)	0.026 (1.58)	0.028 * (1.77)
Current	0.046 *** (7.60)	0.045 *** (7.63)	0.045 *** (7.59)	0.045 *** (7.62)	0.047 *** (7.42)	0.047 *** (7.44)	0.047 *** (7.41)	0.047 *** (7.43)
Constant	− 1.779 *** (− 6.10)	− 1.774 *** (− 5.95)	− 1.939 *** (− 6.24)	− 1.897 *** (− 5.74)	− 1.735 *** (− 5.79)	− 1.731 *** (− 5.65)	− 1.904 *** (− 5.93)	− 1.859 *** (− 5.42)
Year	控制	控制	控制	控制	控制	控制	控制	空制
Firm	控制	控制	控制	控制	控制	控制	控制	空制
Cluster Firm	控制	控制	控制	控制	控制	控制	控制	空制
NO.	2525	2525	2525	2525	2315	2315	2315	2315
Adj_R^2	0.179	0.179	0.180	0.179	0.185	0.185	0.185	0.185

注：*** 、** 、* 依次表示在1%、5%和10%的水平上显著；回归结果的T值经过了异方差处理（White，1980）并考虑了公司层面的聚类效应（Petersen，2009）。

表 8 – 18B　　　放松卖空约束、信用评级与企业新增外部融资（核匹配）

变量	(1) DEF	(2) DEF	(3) DEF	(4) DEF
Rate	0.003 (1.67)	0.002 (0.33)		
Short × Rate		0.004* (1.94)		
Log(Rate)			0.074* (1.89)	0.055 (0.58)
Short × Log(Rate)				0.082* (1.84)
Short		−0.0977 (−0.95)		−0.263 (−0.84)
Size	0.077*** (5.16)	0.078*** (5.09)	0.077*** (5.23)	0.078*** (5.14)
Lev	0.140*** (2.79)	0.140*** (2.78)	0.140*** (2.82)	0.140*** (2.81)
Growth	−0.003 (−0.39)	−0.003 (−0.47)	−0.003 (−0.35)	−0.003 (−0.42)
Roa	−0.131 (−1.64)	−0.134* (−1.69)	−0.132 (−1.65)	−0.135* (−1.69)
Coverage	0.014 (0.63)	0.015 (0.70)	0.014 (0.64)	0.015 (0.70)
Current	0.046*** (7.60)	0.045*** (7.63)	0.045*** (7.59)	0.045*** (7.62)
Constant	−1.779*** (−6.10)	−1.774*** (−5.95)	−1.939*** (−6.24)	−1.897*** (−5.74)
Year	控制	控制	控制	控制
Firm	控制	控制	控制	控制
Cluster Firm	控制	控制	控制	控制
NO.	2525	2525	2525	2525
Adj_R²	0.179	0.179	0.180	0.179

注：***、**、*依次表示在1%、5%和10%的水平上显著；回归结果的T值经过了异方差处理（White，1980）并考虑了公司层面的聚类效应（Petersen，2009）。

2. 内生性检验：安慰剂检验

根据前述内生性检验的分析，外生事件可能不具有唯一性，放松卖空约束对企业信用评级的影响或许是一个"假事实"，即并不存在特殊时间点会导致企业信用评级的提高。参照伯特兰和穆雷风（Bertrand and Mullainathan，2003），陈等（Chen et al.，2015）、倪骁然和朱玉杰（2017）以及郑建明和许晨曦（2018）的研究，本书通过安慰剂检验来识别放松卖空约束对企业主体长期信用评级影响的唯一性。具体的，本书将放松卖空约束实施的时间点分别设定提前和滞后两年，即分别 2008 年、2009 年和 2011 年、2012 年为政策实施点，重新按照模型（8.4）、模型（8.5）和模型（8.6）进行回归检验。

$$
\begin{aligned}
DE = a &+ \beta_1 Short\_Year\_Rate/\mathrm{Log}(Rate) + \beta_2 Short\_Year + \beta_3 Rate/\mathrm{Log}(Rate) + \\
&\beta_4 \mathrm{Log}(Assets) + \beta_5 Leverage + \beta_6 Growth + \beta_7 ROA + \beta_8 Coverage + \\
&\beta_9 Current + \sum Year + \sum Firm + \varepsilon
\end{aligned}
\tag{8.4}
$$

$$
\begin{aligned}
EF = a &+ \beta_1 Short\_Year\_Rate/\mathrm{Log}(Rate) + \beta_2 Short\_Year + \beta_3 Rate/\mathrm{Log}(Rate) + \\
&\beta_4 \mathrm{Log}(Assets) + \beta_5 Leverage + \beta_6 Growth + \beta_7 ROA + \beta_8 Coverage + \\
&\beta_9 Current + \sum Year + \sum Firm + \varepsilon
\end{aligned}
\tag{8.5}
$$

$$
\begin{aligned}
DEF = a &+ \beta_1 Short\_Year\_Rate/\mathrm{Log}(Rate) + \beta_2 Short\_Year + \beta_3 Rate/\mathrm{Log}(Rate) + \\
&\beta_4 \mathrm{Log}(Assets) + \beta_5 Leverage + \beta_6 Growth + \beta_7 ROA + \beta_8 Coverage - \\
&\beta_9 Current + \sum Year + \sum Firm + \varepsilon
\end{aligned}
\tag{8.6}
$$

模型（8.4）、模型（8.5）和模型（8.6）中的变量定义如下：Short_Year 为冲击点分别提前一年、两年以及滞后一年、两年，即为 Short_2008、Short_2009、Short_2011、Short_2012，具体的，对于 Short_2008 来说，当企业处于 2008～2017 年时取 1，否则取 0；Short_2009 在企业处于 2009～2017 年时取 1，否则取 0；Short_2011 在企业处于 2011～2017 年时取 1，否则取 0；Short_2012 在企业处于 2012～2017 年时取 1，否则取 0。然后，本书对 Short_Year 与企业信用评级［Rate/Log(Rate)］进行交乘处理。本书最为关心的是双重差分的交互项 Short_Year_Rate 和 Short_Year_Log(Rate) 的回归系数，如果这一系数显著，则说明卖空机制并不是通过影响企业信用评级从而对企业融资行为产生影响，即潜在的反向因果关系就有可能存在。这一检验的结果如表 8 - 19、表 8 - 20、表 8 - 21 和表 8 - 22 所示，分别控制了年度、企业个体效应以及去除了企业层面的聚类效应以后，可以看出，双重差分交互项 Short_Year_Rate 和 Short_Year_Log（Rate）均不显著，安慰剂检验结果表明放松卖空约束的实施具有唯一性，说明本书构建的外生冲击是准确的，结论是可靠的。

表 8 - 19   变换时间发生点：放松卖空约束、信用评级与企业融资行为（提前两年）

变量	(1) DF	(2) DF	(3) EF	(4) EF	(5) DEF	(6) DEF
Short_2008_Rate	- 0. 002 (- 0. 84)		- 0. 0001 (- 0. 06)		- 0. 004 (- 1. 37)	
Short_2008_Log （Rate）		- 0. 031 (- 0. 62)		- 0. 029 (- 0. 73)		- 0. 101 (- 1. 33)
Rate	0. 008 *** (3. 60)		- 0. 008 * (- 1. 69)		0. 005 (1. 29)	
Log（Rate）		0. 151 *** (3. 13)		- 0. 084 (- 0. 93)		0. 114 (1. 49)
Short_2008	0. 040 (0. 81)	0. 096 (0. 62)	0. 0037 (0. 09)	0. 093 (0. 73)	0. 098 (1. 27)	0. 313 (1. 30)
Size	0. 016 ** (2. 54)	0. 017 *** (2. 64)	0. 049 *** (7. 18)	0. 047 *** (7. 23)	0. 071 *** (5. 50)	0. 071 *** (5. 58)
Lev	0. 276 *** (11. 57)	0. 274 *** (11. 45)	- 0. 297 *** (- 11. 85)	- 0. 292 *** (- 11. 86)	0. 113 ** (2. 56)	0. 113 ** (2. 56)
Growth	- 0. 003 *** (- 2. 80)	- 0. 003 *** (- 2. 79)	0. 003 * (1. 93)	0. 003 * (1. 92)	- 0. 001 (- 1. 16)	- 0. 001 (- 1. 13)
Roa	0. 00566 (0. 13)	0. 00578 (0. 13)	- 0. 180 *** (- 4. 16)	- 0. 181 *** (- 4. 06)	- 0. 125 * (- 1. 80)	- 0. 126 * (- 1. 80)
Coverage	0. 0001 (0. 17)	0. 0001 (0. 13)	- 0. 003 ** (- 2. 20)	- 0. 003 ** (- 2. 12)	- 0. 006 *** (- 6. 03)	- 0. 006 *** (- 6. 04)
Current	0. 009 *** (3. 33)	0. 009 *** (3. 32)	0. 013 *** (4. 26)	0. 013 *** (4. 16)	0. 041 *** (7. 50)	0. 041 *** (7. 50)

变量	(1) DF	(2) DF	(3) EF	(4) EF	(5) DEF	(6) DEF
Constant	-0.626 *** (-4.32)	-0.939 *** (-4.62)	-0.758 *** (-6.56)	-0.615 *** (-2.68)	-1.665 *** (-6.24)	-1.908 *** (-6.14)
Year	控制	控制	控制	控制	控制	控制
Firm	控制	控制	控制	控制	控制	控制
Cluster Firm	控制	控制	控制	控制	控制	控制
NO.	3253	3253	3719	3719	3133	3133
Adj_R^2	0.183	0.182	0.205	0.200	0.171	0.172

注：*** 、** 、* 依次表示在1%、5%和10%的水平上显著；回归结果的 T 值经过了异方差处理（White，1980）并考虑了公司层面的聚类效应（Petersen，2009）。

表 8 - 20　变换时间发生点：放松卖空约束、信用评级与企业融资行为（提前一年）

变量	(1) DF	(2) DF	(3) EF	(4) EF	(5) DEF	(6) DEF
Short_2009_Rate	0.0001 (0.05)		-0.005 (-1.06)		-0.006 (-0.85)	
Short_2009_Log （Rate）		0.013 (0.31)		-0.146 (-0.98)		-0.135 (-0.88)
Rate	0.007 *** (3.34)		-0.006 (-1.49)		0.006 (1.40)	
Log（Rate）		0.139 *** (2.99)		-0.064 (-0.81)		0.124 (1.60)
Short_2009	-0.003 (-0.08)	-0.044 (-0.31)	0.115 *** (2.96)	0.459 *** (3.94)	0.126 * (1.70)	0.416 * (1.83)
Size	0.016 ** (2.48)	0.016 *** (2.58)	0.050 *** (7.50)	0.048 *** (7.65)	0.070 *** (5.44)	0.071 *** (5.53)
Lev	0.276 *** (11.56)	0.274 *** (11.46)	-0.299 *** (-12.00)	-0.296 *** (-12.05)	0.111 ** (2.51)	0.110 ** (2.50)
Growth	-0.003 *** (-2.77)	-0.003 *** (-2.76)	0.003 * (1.93)	0.003 * (1.93)	-0.001 (-1.20)	-0.001 (-1.17)

续表

变量	(1) DF	(2) DF	(3) EF	(4) EF	(5) DEF	(6) DEF
Roa	0.005 (0.12)	0.006 (0.13)	-0.175 *** (-4.03)	-0.175 *** (-3.96)	-0.124 * (-1.77)	-0.124 * (-1.78)
Coverage	0.0001 (0.26)	0.0001 (0.23)	-0.003 ** (-2.31)	-0.003 ** (-2.24)	-0.006 *** (-5.95)	-0.006 *** (-5.97)
Current	0.009 *** (3.30)	0.009 *** (3.30)	0.013 *** (4.21)	0.013 *** (4.14)	0.041 *** (7.49)	0.041 *** (7.50)
Constant	-0.603 *** (-4.20)	-0.892 *** (-4.52)	-0.817 *** (-7.20)	-0.708 *** (-3.47)	-1.675 *** (-6.16)	-1.942 *** (-6.04)
Year	控制	控制	控制	控制	控制	控制
Firm	控制	控制	控制	控制	控制	控制
Cluster Firm	控制	控制	控制	控制	控制	控制
NO.	3253	3253	3719	3719	3133	3133
Adj_R^2	0.183	0.182	0.208	0.205	0.173	0.173

注：***、**、* 依次表示在1%、5%和10%的水平上显著；回归结果的 T 值经过了异方差处理（White，1980）并考虑了公司层面的聚类效应（Petersen，2009）。

表8-21　变换时间发生点：放松卖空约束、信用评级与企业融资行为（滞后一年）

变量	(1) DF	(2) DF	(3) EF	(4) EF	(5) DEF	(6) DEF
Short_2011_Rate	0.004 (1.18)		-0.003 (-0.79)		0.005 (1.58)	
Short_2011_Log (Rate)		0.106 (1.31)		-0.097 (-1.52)		0.111 (1.52)
Rate	0.007 *** (3.17)		-0.007 * (-1.66)		0.002 (0.52)	
Log(Rate)		0.124 *** (2.98)		-0.0774 (-0.92)		0.0617 (0.73)
Short_2011	-0.095 ** (-2.10)	-0.333 ** (-2.29)	0.070 * (1.73)	0.305 ** (2.50)	-0.109 (-1.49)	-0.346 (-1.50)

续表

变量	(1) DF	(2) DF	(3) EF	(4) EF	(5) DEF	(6) DEF
Size	0. 016 ** (2. 52)	0. 017 *** (2. 62)	0. 049 *** (6. 89)	0. 046 *** (6. 95)	0. 070 *** (5. 30)	0. 069 *** (5. 34)
Lev	0. 279 *** (11. 62)	0. 278 *** (11. 57)	− 0. 299 *** (− 11. 95)	− 0. 295 *** (− 12. 00)	0. 118 *** (2. 67)	0. 119 *** (2. 68)
Growth	− 0. 003 *** (− 2. 76)	− 0. 003 *** (− 2. 76)	0. 003 * (1. 94)	0. 003 * (1. 93)	− 0. 001 (− 1. 13)	− 0. 001 (− 1. 10)
Roa	0. 002 (0. 05)	0. 002 (0. 05)	− 0. 178 *** (− 4. 12)	− 0. 179 *** (− 4. 05)	− 0. 132 * (− 1. 89)	− 0. 132 * (− 1. 89)
Coverage	0. 0001 (0. 49)	0. 0002 (0. 46)	− 0. 003 ** (− 2. 37)	− 0. 003 ** (− 2. 30)	− 0. 006 *** (− 5. 67)	− 0. 006 *** (− 5. 67)
Current	0. 009 *** (3. 32)	0. 009 *** (3. 32)	0. 013 *** (4. 26)	0. 013 *** (4. 18)	0. 041 *** (7. 51)	0. 041 *** (7. 51)
Constant	− 0. 626 *** (− 4. 32)	− 0. 939 *** (− 4. 62)	− 0. 758 *** (− 6. 56)	− 0. 615 *** (− 2. 68)	− 1. 665 *** (− 6. 24)	− 1. 908 *** (− 6. 14)
Year	控制	控制	控制	控制	控制	控制
Firm	控制	控制	控制	控制	控制	控制
Cluster Firm	控制	控制	控制	控制	控制	控制
NO.	3253	3253	3719	3719	3133	3133
Adj_R^2	0. 185	0. 185	0. 206	0. 202	0. 172	0. 172

注：*** 、** 、* 依次表示在 1% 、5% 和 10% 的水平上显著；回归结果的 T 值经过了异方差处理 （White, 1980） 并考虑了公司层面的聚类效应 （Petersen, 2009）。

表 8 – 22　变换时间发生点：放松卖空约束、信用评级与企业融资行为 （滞后两年）

变量	(1) DF	(2) DF	(3) EF	(4) EF	(5) DEF	(6) DEF
Short_2012_Rate	0. 004 (0. 97)		− 0. 002 (− 1. 28)		0. 005 (1. 27)	
Short_2012_Log （Rate）		− 0. 031 (− 0. 62)		− 0. 029 (− 0. 73)		− 0. 101 (− 1. 33)

续表

变量	(1) DF	(2) DF	(3) EF	(4) EF	(5) DEF	(6) DEF
Rate	0.007 *** (3.31)		−0.007 * (−1.72)		0.003 (0.68)	
Log(Rate)		0.129 *** (3.07)		−0.082 (−0.95)		0.072 (0.90)
Short_2012	−0.100 * (−1.87)	−0.364 ** (−2.10)	0.054 (1.24)	0.251 * (1.85)	−0.094 (−1.09)	−0.325 (−1.19)
Size	0.016 ** (2.55)	0.017 *** (2.66)	0.049 *** (6.80)	0.046 *** (6.81)	0.069 *** (5.30)	0.069 *** (5.35)
Lev	0.279 *** (11.72)	0.278 *** (11.67)	−0.298 *** (−11.88)	−0.294 *** (−11.93)	0.122 *** (2.74)	0.122 *** (2.76)
Growth	−0.003 *** (−2.84)	−0.003 *** (−2.84)	0.003 * (1.95)	0.003 * (1.94)	−0.001 (−1.21)	−0.001 (−1.18)
Roa	0.005 (0.11)	0.005 (0.11)	−0.178 *** (−4.07)	−0.179 *** (−4.00)	−0.122 * (−1.74)	−0.122 * (−1.74)
Coverage	0.0002 (0.54)	0.0002 (0.50)	−0.003 ** (−2.19)	−0.003 ** (−2.08)	−0.006 *** (−5.39)	−0.006 *** (−5.39)
Current	0.009 *** (3.37)	0.009 *** (3.37)	0.013 *** (4.23)	0.013 *** (4.13)	0.042 *** (7.53)	0.042 *** (7.54)
Constant	−0.600 *** (−4.27)	−0.875 *** (−4.76)	−0.756 *** (−6.71)	−0.596 *** (−2.89)	−1.578 *** (−5.94)	−1.735 *** (−5.64)
Year	控制	控制	控制	控制	控制	控制
Firm	控制	控制	控制	控制	控制	控制
Cluster Firm	控制	控制	控制	控制	控制	控制
NO.	3253	3253	3719	3719	3133	3133
Adj_R^2	0.185	0.185	0.205	0.201	0.173	0.174

注：*** 、** 、* 依次表示在1%、5%和10%的水平上显著；回归结果的 T 值经过了异方差处理 （White，1980）并考虑了公司层面的聚类效应（Petersen，2009）。

8.6 拓展性研究

8.6.1 融资约束

本章研究发现：（1）放松卖空约束提高了企业信用评级，进而降低了企业新增外部权益融资额度；（2）放松卖空约束提高了企业信用评级，进而增大了企业新增的债务融资额度；（3）放松卖空约束提高了企业信用评级，进而增大了企业新增外部融资总额。进一步，本书参照哈德洛克和皮尔斯（Hadlock and Pierce，2010）使用 SA 指数法，重点检验放松卖空约束对企业融资约束的作用。

$$SA = -0.373 \times Size + 0.043 \times Size^2 - 0.04 \times Age \qquad (8.7)$$

$$SA = a + \beta_1 Short \times Rate(\text{Log}(Rate)) + \beta_2 Rate(\text{Log}(Rate)) + \beta_3 Short +$$
$$\beta_4 \text{Log}(Assets) + \beta_5 Leverage + \beta_6 Growth + \beta_7 Roa + \beta_8 Coverage +$$
$$\beta_9 Current + \sum Year + \sum Firm + \varepsilon \qquad (8.8)$$

模型（8.7）是 SA 指数计算方法。其中，Size 为企业规模，Age 为企业上市年龄。

模型（8.8）中，因变量为企业融资约束（SA），交互项为 Short × Rate 和 Short × Log(Rate)，表示卖空效应是否通过影响企业信用评级，从而影响了企业融资约束。其余控制变量具体包括：企业规模（Size）、企业杠杆（Lev）、盈利能力（Roa）、企业成长性（Growth）、利息保障倍数（Coverage）、流动比率（Current）。最后，本书还在模型中加入了年度和行业虚拟变量来控制年度和个体效应，并在企业层面去除聚类效应。在模型中，为了缓解异方差问题，本书采用了怀特（White）检验进行修正，并控制了公司固定效应、年度效应以及考虑了公司层面聚类效应。

回归结果如表 8 - 23 所示。因变量为企业融资约束（SA），回归结果显示交互项 Short × Rate 和 Short × Log(Rate) 的系数为负，并且均在10%的水平上显著，而对应的 Rate 和 Log(Rate) 系数分别也在 5% 和 10% 的水平上呈现显著为负。即在同时控制了时间和公司个体固定效应并同时考虑了公司层面的聚类效应后,交互项 Short × Rate 和 Short × Log(Rate) 的系数显著为负,这说明,放松卖空约束减少了企业融资约束。

表 8 – 23　　　　　　　　放松卖空约束、信用评级与企业融资约束

变量	(1) SA	(2) SA	(3) SA	(4) SA
Rate	− 0. 013 ** (− 2. 04)	− 0. 017 ** (− 2. 01)		
Short × Rate		− 0. 015 * (− 1. 75)		
Log(Rate)			− 0. 149 * (− 1. 69)	− 0. 175 (− 1. 39)
Short × Log(Rate)				− 0. 243 * (− 1. 68)
Short		0. 366 * (1. 83)		0. 790 (1. 41)
Size	1. 217 *** (63. 25)	1. 213 *** (59. 03)	1. 223 *** (64. 34)	1. 221 *** (62. 65)
Lev	0. 011 (0. 29)	0. 009 (0. 23)	− 0. 0005 (− 0. 01)	− 0. 002 (− 0. 06)
Growth	0. 001 (0. 56)	0. 001 (0. 84)	0. 001 (0. 44)	0. 001 (0. 72)
Roa	− 0. 079 *** (− 2. 80)	− 0. 089 *** (− 2. 61)	− 0. 104 ** (− 2. 08)	− 0. 113 * (− 1. 93)
Coverage	0. 002 (0. 59)	0. 002 (0. 57)	0. 002 (0. 57)	0. 002 (0. 56)
Current	0. 009 *** (3. 31)	0. 009 *** (3. 37)	0. 009 *** (3. 31)	0. 009 *** (3. 37)
Constant	− 23. 05 *** (− 55. 96)	− 23. 05 *** (− 56. 95)	− 23. 35 *** (− 53. 02)	− 23. 38 *** (− 53. 19)

变量	（1） SA	（2） SA	（3） SA	（4） SA
Year	控制	控制	控制	控制
Firm	控制	控制	控制	控制
Cluster Firm	控制	控制	控制	控制
NO.	4111	4111	4111	4111
Adj_R^2	0.964	0.964	0.964	0.964

注：***、**、* 依次表示在 1%、5% 和 10% 的水平上显著；回归结果的 T 值经过了异方差处理（White，1980）并考虑了公司层面的聚类效应（Petersen，2009）。

8.6.2　市场化程度

由于中国各地区的经济发展水平很不均衡，金融市场化程度和制度环境差异很大（郑建明等，2018）。方军雄等（2009）选取深圳中小板上市公司为研究样本，结果发现，上市公司所处地区的制度环境对外部监管的作用可能主要是互补，而不是替代。在经济发展水平较低、制度环境较差的地区，外部监管能促使上市公司改进信息披露质量；而在较发达地区，这和增量效应并不显著。在这种条件下，由于投资者通过公开信息可以部分了解企业投资项目的真实状况，因此企业可以以项目风险水平相匹配的资金成本获得资金，缓解融资约束。正如张雪芳和戴伟（2017）研究发现，金融市场化进程和公司的融资约束状况息息相关，加快金融市场化进程可以显著缓解企业面临的融资约束。另外，宋培培和罗芳（2014）指出，地区金融发展水平与银行业集中度之间存在着显著的负相关关系。在金融市场化程度越高的地方，竞争也就越激烈，金融机构不仅数量较多，类别也更加丰富。因此，企业可以通过不同的金融机构、不同的渠道以较优利率水平获得项目所需的资金，从而缓解融资约束。为了比较这种区域差异带来的影响，本书参考王小鲁等（2017）的市场化指数，将全部样本分为市场化水平高、低两组，分别考察放松卖空约束、信用评级对企业融资约束的影响作用。

表 8-24、表 8-25 和表 8-26 分别报告了市场化水平高、低两组样本的实证结果。表中数据显示，放松卖空约束与企业信用评级的交叉乘积项在市

场化水平高的样本中更为显著。这表明，在市场化水平高的地区，放松卖空约束提高了企业信用评级，降低企业新增外部权益融资额度、增大企业新增的债务融资额度以及增大企业新增外部融资总额的效应更显著。

表 8 - 24　　　　放松卖空约束、信用评级与企业融资行为（股权融资）

变量	市场化程度高	市场化程度低	市场化程度高	市场化程度低
	（1） EF	（2） EF	（3） EF	（4） EF
Rate	- 0. 018 *** (- 5. 04)	0. 001 (0. 21)		
Short × Rate	- 0. 007 *** (- 2. 91)	0. 002 (0. 89)		
Log(Rate)			- 0. 413 *** (- 5. 06)	0. 0361 (0. 95)
Short × Log(Rate)			- 0. 187 *** (- 3. 46)	0. 0461 (0. 70)
Short	0. 162 *** (2. 73)	- 0. 0622 (- 0. 95)	0. 578 *** (3. 40)	- 0. 151 (- 0. 72)
Size	0. 059 *** (6. 56)	0. 060 *** (7. 62)	0. 059 *** (7. 21)	0. 061 ** (7. 61)
Lev	- 0. 409 *** (- 11. 33)	- 0. 289 *** (- 8. 26)	- 0. 410 *** (- 11. 56)	- 0. 290 *** (- 8. 29)
Growth	0. 009 ** (2. 14)	0. 002 * (1. 76)	0. 009 ** (2. 15)	0. 002 * (1. 76)
Roa	- 0. 317 *** (- 4. 98)	- 0. 128 *** (- 2. 71)	- 0. 316 *** (- 4. 91)	- 0. 127 *** (- 2. 71)
Coverage	0. 005 (1. 10)	- 0. 003 *** (- 2. 89)	0. 005 (1. 11)	- 0. 003 *** (- 2. 90)
Current	0. 008 * (1. 98)	0. 017 *** (3. 07)	0. 008 (1. 94)	0. 017 *** (3. 08)
Constant	- 1. 091 *** (- 6. 68)	- 0. 790 *** (- 4. 88)	- 1. 186 *** (- 6. 97)	0. 086 (0. 36)

续表

变量	市场化程度高	市场化程度低	市场化程度高	市场化变低
	(1) EF	(2) EF	(3) EF	(4) EF
Year	控制	控制	控制	控制
Firm	控制	控制	控制	控制
Cluster Firm	控制	控制	控制	控制
NO.	1800	1919	1800	1919
Adj_R^2	0.280	0.196	0.281	0.197

注：***、**、*依次表示在 1%、5% 和 10% 的水平上显著；回归结果的 T 值经过了异方差处理（White，1980）并考虑了公司层面的聚类效应（Petersen，2009）。

表 8 - 25　　放松卖空约束、信用评级与企业融资行为（债务融资）

变量	市场化程度高	市场化程度低	市场化程度高	市场化程度低
	(1) DF	(2) DF	(3) DF	(4) DF
Rate	0.010 * (2.82)	0.003 (1.19)		
Short × Rate	0.00782 *** (2.61)	− 0.001 (− 0.50)		
Log(Rate)			0.050 (1.06)	0.226 *** (2.85)
Short × Log(Rate)			0.189 *** (2.68)	− 0.028 (− 0.43)
Short	− 0.176 ** (− 2.44)	0.038 (0.58)	− 0.589 *** (− 2.63)	0.094 (0.45)
Size	0.021 ** (2.52)	0.019 (1.57)	0.022 * (2.58)	0.018 (1.54)
Lev	0.302 *** (9.10)	0.263 *** (7.27)	0.301 *** (9.07)	0.263 *** (7.29)
Growth	− 0.009 (− 1.45)	− 0.002 *** (− 2.66)	− 0.009 (− 1.40)	− 0.002 *** (− 2.66)

续表

变量	市场化程度高 (1) DF	市场化程度低 (2) DF	市场化程度高 (3) DF	市场化程度低 (4) DF
Roa	−0.014 (−0.17)	0.028 (0.50)	−0.013 (−0.15)	0.028 (0.50)
Coverage	0.002 (0.67)	−0.0001 (−0.12)	0.002 (0.63)	−0.0001 (−0.11)
Current	0.005 (1.48)	0.010*** (2.72)	0.005 (1.49)	0.0102*** (2.71)
Constant	−0.648*** (−3.52)	−0.723*** (−3.00)	−0.745*** (−3.33)	−1.202*** (−4.18)
Year	控制	控制	控制	控制
Firm	控制	控制	控制	控制
Cluster Firm	控制	控制	控制	控制
NO.	1574	1679	1574	1679
Adj_R^2	0.192	0.189	0.192	0.189

注：***、**、*依次表示在1%、5%和10%的水平上显著；回归结果的T值经过了异方差处理（White，1980）并考虑了公司层面的聚类效应（Petersen，2009）。

表8-26　放松卖空约束、信用评级与企业融资行为（新增外部融资）

变量	市场化程度高 (1) DEF	市场化程度低 (2) DEF	市场化程度高 (3) DEF	市场化程度低 (4) DEF
Rate	0.005* (1.92)	−0.002 (−0.30)		
Short × Rate	0.006* (1.68)	0.003 (0.51)		
Log(Rate)			0.131* (1.73)	−0.0357 (−0.29)
Short × Log(Rate)			0.137* (1.69)	0.0621 (0.49)

续表

变量	市场化程度高	市场化程度低	市场化程度高	市场化程度更低
	(1) DEF	(2) DEF	(3) DEF	(4) DEF
Short	−0.157 (−1.45)	−0.066 (−0.52)	−0.441 (−1.31)	−0.198 (−0.49)
Size	0.087*** (4.69)	0.088*** (4.14)	0.087*** (4.80)	0.088*** (4.14)
Lev	0.086 (1.22)	0.107* (1.86)	0.085 (1.21)	0.107* (1.86)
Growth	0.002 (0.13)	−0.002 (−1.60)	0.003 (0.23)	−0.002 (−1.59)
Roa	−0.233* (−1.91)	−0.107 (−1.32)	−0.236* (−1.94)	−0.107 (−1.32)
Coverage	0.005 (0.80)	−0.007*** (−6.13)	0.005 (0.76)	−0.007*** (−6.13)
Current	0.037*** (4.59)	0.044*** (5.62)	0.037*** (4.59)	0.044*** (5.63)
Constant	−2.037*** (−5.86)	−1.886*** (−4.50)	−2.316*** (−6.39)	−1.810*** (−4.09)
Year	控制	控制	控制	控制
Firm	控制	控制	控制	控制
Cluster Firm	控制	控制	控制	控制
NO.	1497	1636	1497	1636
Adj_R^2	0.163	0.211	0.163	0.211

注：***、**、*依次表示在 1%、5% 和 10% 的水平上显著；回归结果的 T 值经过了异方差处理（White，1980）并考虑了公司层面的聚类效应（Petersen，2009）。

8.7　本章小结

在第 4 章、第 5 章以及第 6 章中，本书通过分析可知，放松卖空约束抑制了大股东"掏空"以及管理层盈余管理的私利行为，提高了企业内部治理水平，降低了企业信用风险，从而提高了企业主体长期信用评级，且放松卖空约束对企业信用评级的提升作用在制度环境较好的地区以及在声誉较好的评级公司中，正向作用更为显著。进一步，本章继续检验了放松卖空约束对企业信用评级的作用，进而对企业融资行为的影响。本章得到了以下结论：（1）放松卖空约束提高了企业信用评级，进而降低了企业新增外部权益融资额度；（2）放松卖空约束提高了企业信用评级，进而增大了企业新增的债务融资额度；（3）放松卖空约束提高了企业信用评级，进而增大了企业新增外部融资总额。

第 9 章

结论与展望

Agrawal（2001）认为通过不同视角、不同情景的资料整合有助于得出对理论和现实具有重要价值的创新性的研究。本书通过系统地梳理相关文献，以信息不对称理论、信号传递理论、委托代理理论和交易成本理论为基础理论，深入研究了我国引入卖空机制对企业信用评级的影响，并论证了放松卖空约束具体通过何种途径影响企业信用评级，然后进一步讨论了不同制度环境和金融中介特征的视角下，卖空机制对企业信用评级的影响差异。本章的主要目的是对本书整体结论做出简单的总结，在实证分析结论中结合现实情境得到有价值的实际建议，并在总结本书的基础上剖析本书研究可能存在的不足之处，并进一步展望未来有可能进行深入研究的方向。

9.1 研究结论与研究建议

9.1.1 研究结论

本书从制度变迁的视角，以信息不对称理论、信号传递理论、委托代理理论和交易成本理论为依据，实证检验了卖空交易制度对企业主体长期信用评级的影响。本书以我国的放松卖空交易制度为研究背景，以我国沪深 A 股市场 2007～2017 年的上市公司作为样本，利用双重差分模型（DID），主要研究了放松卖空约束对我国上市公司主体长期信用评级的影响以及其中的具体机制，并验证了不同制度环境以及金融中介特征的调节作用。在以上三个方面的基础上，根据每个模块的具体特征，进一步分析了不同情境下的作用。本书得到五点结论。

（1）企业成为融资融券标的公司以后，卖空限制得到解除，提高了其主体长期信用评级。放松卖空约束与企业信用评级呈现显著的正相关关系，在排除了模型偏误、样本偏误、其他可能的解释以及采用变换模型设计、倾向得分匹配法（PSM）和安慰剂检验来考虑内生性问题后，结论依然成立。这说明，放松卖空约束以后企业的公司治理水平得到提高，从而降低了企业信用风险，提高了企业信用评级，卖空机制对企业的行为主要体现在治理效应。本书进一步验证了卖空机制对于企业信用风险的影响，并考虑了国内外评级差异以及产权性质的不同情景，发现卖空机制的治理效应降低了企业信用风险，从而提高了企业信用评级，这种效应使得国内评级差异、国内外评级差异均显著降低，并且在非国有企业中更为显著。这表明卖空机制的治理效应主要体现在非国有企业，且这种治理效应同样得到国外评级机构的认可。

（2）放松卖空约束具有公司治理效应，具体体现在，卖空机制可以有效抑制"高管私利"和"大股东掏空"行为，从而提高高管薪酬业绩敏感性，使得高管薪酬更为合理、薪酬契约更为有效；在采用了 PSM 解决内生性问题，以及进行了稳健性检验后，结论依然成立。进一步，本书深入检验两种机制的发生，发现在高管持股比例较高以及独立董事持股比例较低一组，放松卖空管制对高管薪酬业绩敏感性的正面影响更为显著，即卖空机制对高管薪酬业绩敏感性的正面作用在高管"更可能发生私利行为"的一组更为显著，这说明卖空机制可以通过抑制"高管私利"行为，提高薪酬业绩敏感性；而在检验卖空机制抑制"大股东掏空"行为时，本书同样发现在两权分离度以及机构投资者持股比例较高的一组，卖空机制对高管薪酬业绩敏感性的正面作用更为显著，即在"更可能发生掏空行为"的一组，卖空机制的作用更为显著，这同样验证了卖空机制对于高管薪酬业绩敏感性作用的第二个机制。

（3）放松卖空约束可以通过抑制大股东和管理层的私利行为，提高公司治理水平，从而降低企业信用风险，提高企业信用评级。具体的，卖空机制的引入，可以限制大股东的"掏空"行为以及管理层的盈余管理行为，提高公司治理水平，从而使得企业信用评级提高。进一步利用公司治理指数研究发现，放松卖空约束确实提高了公司治理水平，同时分别验证了在股权集中度较高、管理层持股的企业中，卖空的治理效应更为显著，放松卖空约束对企业信用评级的影响更为显著。

（4）本书从制度环境和金融中介的视角，进一步验证放松卖空约束对企业主体长期信用评级的影响。发现在制度环境较好的地区，即在中介市场发育度较高以及法制环境较好的地区，卖空机制对其主体长期信用评级的影响更为显著，即放松卖空约束的治理效应发挥得更好。这说明良好的外部制度环境有利于卖空机制对企业行为作用的发挥。另外，在声誉较好的评级公司中，放松卖空约束对企业主体长期信用评级的正向作用更为显著，即声誉较好的评级公司对放松卖空约束的治理效应反应更为敏感，这说明声誉机制的发挥有利于卖空机制对企业信用风险的正向作用。

（5）本书对于卖空机制提高了企业信用评级后对企业融资行为的影响进行了进一步研究。研究发现，放松卖空约束通过提高企业信用评级可以对企业融资行为产生影响，具体表现在：首先，放松卖空约束提高了企业信用评级，进而降低了企业新增外部权益融资额度；其次，放松卖空约束提高了企业信用评级，进而增大了企业新增的债务融资额度；最后，放松卖空约束提高了企业信用评级，进而增大了企业新增外部融资总额。

9.1.2　研究建议

卖空交易机制作为我国资本市场中的一种创新性金融交易制度，其落地实施对于我国资本市场包括企业行为决策都有重要的影响。从卖空机制的长期效应来看，放松卖空约束能够约束大股东和管理层的私利行为，使大股东或管理层能够从企业的长期利益出发对企业的内部治理水平起到提高作用，进而降低企业信用风险，提高企业主体长期信用评级。同时，卖空交易机制治理作用的发挥与企业所处的制度环境以及评级机构声誉息息相关，制度环境较好的地区更利于卖空机制的发挥以及声誉较好的评级公司对目标公司进入融券卖空标的池以后的反应更灵敏。本书的研究为政府相关监管部门制定政策以及卖空交易对企业信用评级影响的相关研究提供了新的经验证据。基于本书的研究结论，本书提出如下政策建议。

（1）继续推进卖空交易制度。基于本书的分析可以知道，卖空机制可以抑制大股东和管理层的私利行为，对企业的内部治理水平起到了显著且真实的激励效应，能够降低企业信用风险，提高企业主体长期信用评级。但是我国目前可卖空的标的公司较少，卖空交易量的规模也不大。因此，随着我国市场经济的推进，相关法律法规完善以后，我国政府应该继续推进融资融券交易制度，尤其是扩大融券卖空交易量，提高可卖空的标的公司数量，并在此基础上多层次推进卖空交易市场体系的构建。

（2）微观企业积极开展卖空交易业务，有重点、分层次地进行标的股票的选取。本书的研究发现，卖空机制的引入可以约束大股东和管理者行为、降低信息不对称，起到有效监督企业行为、缓解委托代理问题的作用。本书的研究也证明了大股东和管理层具有私利行为，这种行为对企业信用状况产生了影响。因此，在选取标的公司分步扩容的阶段，相关机构应根据产权性质、股权特征、管理层特征以及外部制度环境等多个因素，结合声誉机制的作用，选取企业内部治理较差的上市公司，以达到卖空机制的公司治理作用的最优化。

（3）建立、完善相关法律法规制度，提高卖空机制的传递效率，并为声誉机制在证券市场的发挥提供法律保障。本书的研究发现制度环境对于卖空机制的发挥具有促进作用，而评级机构的声誉机制也会使得评级公司对卖空交易机制的市场反应更为敏感。因此，政府可以建立并完善相关法律法规制度，努力提高司法运行效率，以提升企业外部制度环境，以达到融资融券治理作用的最优化，并且能够使得评级机构的声誉机制在证券市场中充分发挥其作用。

9.2　研究局限与研究展望

9.2.1　研究局限

虽然本书将卖空机制对企业信用评级的影响进行了较为完善的系统性研究，但是由于问题本身的复杂性以及作者自身研究水平的局限性，本书的研究仍然存在一些不足之处，需要在以后进一步的相关研究中进行完善。具体的，主要存在以下几个方面：

首先，在样本数据上存在一定的不足。企业主体长期信用评级样本选择上存在局限性。本书在收集上市公司主体长期信用评级数据时，受到数据可得性的局限，主要是针对有公开披露，能够从万得数据库（Wind）中直接获取数据的上市公司，并未考虑上市公司也可能通过其他途径披露企业主体长期信用评级信息，而万得数据库（Wind）中没有收集到的情况。未来可扩大数据的获取途径，不断增加样本量来提升研究所得结果的完全适用性和科学性。

其次，在研究设计中存在一定的不足。本书的研究模式以及研究中考虑的变量是在以前大量文献研究的基础上设计的，并且对相关研究模式和变量设计进行了合理的修正，并且本书采取了多种计量方法以消除模型偏误、遗漏变量或衡量偏误对本书结论造成的影响。但是仍然无法保证本书研究模式与变量设计的完全合理性，其中并未考虑其他可能会影响企业信用评级的因素，如董事会治理、企业内部控制的质量及其执行力度等。另外，关于本书研究变量准确的衡量方式，仍然存在一定的偏误，尤其是重要变量"放松卖空约束"的衡量。由于本书关注的重点是企业是否进入卖空标的池对企业主体长期信用评级的影响，因而本书并未考虑融券交易量，即卖空交易量的影响。因此，本书的研究可能遗漏了一些重要变量，包括对一些重要变量的衡量有偏误，可能使本书的结论存在一定的偏误。

最后，在研究内容口存在一定的不足。本书通过理论分析与实证研究，系统地探索了卖空机制的引入对企业信用评级产生的可能影响。本书的研究包括五个模块，这其中包括：放松卖空约束对企业信用评级的影响，卖空机制的公司治理效应，卖空机制对企业信用评级影响的机制分析，不同制度环境和金融中介特征对这种影响的不同影响以及卖空机制通过影响信用评级对企业融资行为的作用，在这其中本书又分别进行了进一步讨论，以求全面、深入地分析卖空机制对企业信用评级的影响。但是本书主要考虑的是卖空机制提高信用评级以后对企业融资行为的经济后果，而其他溢出效应，并未考虑。例如包括股票市场、债券市场、信贷市场以及审计市场等。虽然已有文献对卖空机制在审计行业、信贷市场、债券市场的溢出效应已经进行了研究，但是仍然不能消除本书研究的局限性。

9.2.2 研究展望

由于研究问题本身的复杂性以及作者自身研究水平的限制，本书原有的研究设想并未完全实现，结合本书研究本身存在的一定局限性，本书对未来的研究进行了展望。

首先，对研究样本进一步提高其质量和数量。本书研究的样本数据主要来自万得数据库（Wind），同时通过与锐思数据库（RESSET）核对，并通过手工配比得到研究样本。对于关键变量信用评级的搜集，未来的研究中可以扩大数据的获取途径，不断增加样本量来提升研究所得结果的完全适用性和科学性。

其次，对研究设计进行进一步细化。一方面，尽可能多地考虑影响信用评级的因素以及对卖空机制影响企业信用评级可能造成影响的因素；另一方面，对于关键变量的衡量方式要进一步细化，尤其是放松卖空约束的衡量，在后续的研究中，重点考虑使用卖空交易量进行衡量。此外，在研究设计中，本书以 2008～2017 年作为一个整体样本区间进行研究，在今后的研究中，为了进一步检验卖空机制的效果，可以依照融资融券扩容的时间段进行分批处理，以更好地了解卖空标的公司每次扩容对企业信用评级所产生的影响。

最后，对研究内容进行进一步完善。关于卖空机制的引入对企业信用评级的影响结果，本书通过系统的实证检验，给出了较为合理的结论。虽然，相关研究已经证明，卖空机制可以通过影响企业信用评级，进而对企业债券定价效率（Henry et al.，2014）、信贷情况（Ho et al.，2016；褚剑等，2017）等产生影响。但是对于企业进一步在股票市场、债券市场、审计市场以及信贷市场等的行为并未做出详细的研究，例如对于企业投资效率、债券流动性等的影响。今后的研究可以重点关注这方面。

综上所述，卖空机制对于企业行为的影响的研究还处于探索阶段，且资信评估行业在我国的发展也还处于初级阶段，对于卖空机制影响企业信用评级的研究还需要进一步探究和完善。本书的研究希望能够对我国二级市场专业投资者——卖空交易者的行为对企业信用评级的影响相关理论和实务问题的研究提供一定的参考，在后续的研究中，笔者愿意与致力于相关领域研究的学者一起做进一步的探讨和探索。

参 考 文 献

[1] 敖小波，林晚发，李晓慧．内部控制质量与债券信用评级［J］．审计研究，2017（2）：57-64.

[2] 白重恩，刘俏，陆洲，宋敏，张俊喜．中国上市公司治理结构的实证研究［J］．经济研究，2005（2）：81-91.

[3] 薄仙慧，吴联生．国有控股与机构投资者的治理效应：盈余管理视角［J］．经济研究，2009，44（2）：81-91，160.

[4] 陈海强，范云菲．融资融券交易制度对中国股市波动率的影响——基于面板数据政策评估方法的分析［J］．金融研究，2015（6）：159-172.

[5] 陈晖丽，刘峰．融资融券的治理效应研究——基于公司盈余管理的视角［J］．会计研究，2014（9）：45-52，96.

[6] 陈胜蓝，卢锐．卖空压力与控股股东私利侵占——来自卖空管制放松的准自然实验证据［J］．管理科学学报，2018，21（4）：67-85.

[7] 陈胜蓝，马慧．卖空压力与公司并购——来自卖空管制放松的准自然实验证据［J］．管理世界，2017（7）：142-156.

[8] 陈晓，王琨．关联交易、公司治理与国有股改革——来自我国资本市场的实证证据［J］．经济研究，2005（4）：77-86，128.

[9] 陈怡欣，张俊瑞，汪方军．卖空机制对上市公司创新的影响研究——基于我国融资融券制度的自然实验［J］．南开管理评论，2018，21（2）：62-74.

[10] 陈震，李艳辉．市场化进程、企业特征与高管薪酬——业绩敏感性［J］．财贸研究，2011，22（6）：133-143.

[11] 褚剑，方军雄，于传荣．卖空约束放松与银行信贷决策［J］．金融研究，2017（12）：111-126.

[12] 褚剑，方军雄．卖空约束放松与高管超额在职消费［J］．金融学季刊，

2018, 12 (3): 28 - 48.

[13] 褚剑, 方军雄. 中国式融资融券制度安排与股价崩盘风险的恶化 [J]. 经济研究, 2016, 51 (5): 143 - 158.

[14] 邓博文, 曹廷贵. 信用评级行业的监管与评级质量 [J]. 国际金融研究, 2016 (3): 40 - 50.

[15] 方红星, 刘鼎嵋. 管理层薪酬和公司业绩敏感性存在性研究: 理论梳理和文献综述 [J]. 学术论坛, 2015, 38 (10): 62 - 65, 171.

[16] 方红星, 施继坤, 张广宝. 产权性质、信息质量与公司债定价——来自中国资本市场的经验证据 [J]. 金融研究, 2013 (4): 170 - 182.

[17] 方军雄. 高管权力与企业薪酬变动的非对称性 [J]. 经济研究, 2011, 46 (4): 107 - 120.

[18] 方军雄. 我国上市公司高管的薪酬存在粘性吗? [J]. 经济研究, 2009, 44 (3): 110 - 124.

[19] 高雷, 何少华, 黄志忠. 公司治理与掏空 [J]. 经济学 (季刊), 2006 (3): 1157 - 1178.

[20] 高雷, 宋顺林. 公司治理与公司透明度 [J]. 金融研究, 2007 (11): 28 - 44.

[21] 顾乃康, 周艳利. 卖空的事前威慑、公司治理与企业融资行为——基于融资融券制度的准自然实验检验 [J]. 管理世界, 2017 (2): 120 - 134.

[22] 顾琴琳. 信用评级收费机制研究 [J]. 征信, 2010, 28 (1): 4 - 7.

[23] 管超. 评级付费模式对评级质量的影响研究 [J]. 南京审计大学学报, 2018, 15 (5): 94 - 102.

[24] 韩朝华. 明晰产权与规范政府 [J]. 经济研究, 2003 (2): 18 - 26, 92.

[25] 郝项超, 梁琪, 李政. 融资融券与企业创新: 基于数量与质量视角的分析 [J]. 经济研究, 2018, 53 (6): 127 - 141.

[26] 郝云宏, 朱炎娟, 金杨华. 大股东控制权私利行为模式研究: 伦理决策的视角 [J]. 中国工业经济, 2013 (6): 83 - 95.

[27] 贺炎林, 张瀛文, 莫建明. 不同区域治理环境下股权集中度对公司业绩的影响 [J]. 金融研究, 2014 (12): 148 - 163.

[28] 侯青川, 靳庆鲁, 刘阳. 放松卖空管制与公司现金价值——基于中国资

本市场的准自然实验 [J]. 金融研究, 2016 (11): 112-127.

[29] 侯青川, 靳庆鲁, 苏玲, 于潇潇. 放松卖空管制与大股东"掏空" [J]. 经济学 (季刊), 2017, 16 (3): 1143-1172.

[30] 黄超, 黄俊. 卖空机制、诉讼风险与审计收费 [J]. 财经研究, 2016, 42 (5): 77-87.

[31] 黄国平. 评级功能视角下的利益冲突和付费模式 [J]. 证券市场导报, 2012 (10): 67-72.

[32] 黄俊, 黄超, 位豪强, 王敏. 卖空机制提高了分析师盈余预测质量吗——基于融资融券制度的经验证据 [J]. 南开管理评论, 2018, 21 (2): 135-148.

[33] 黄小琳, 朱松, 陈关亭. 债券违约对涉事信用评级机构的影响——基于中国信用债市场违约事件的分析 [J]. 金融研究, 2017 (3): 130-144.

[34] 江世银. 凯恩斯主义以前的预期理论述评 [J]. 云南财经大学学报, 2010, 26 (1): 23-30.

[35] 姜付秀, 马云飙, 王运通. 退出威胁能抑制控股股东私利行为吗? [J]. 管理世界, 2015 (5): 147-159.

[36] 姜国华, 岳衡. 大股东占用上市公司资金与上市公司股票回报率关系的研究 [J]. 管理世界, 2005 (9): 119-126, 157, 171-172.

[37] 姜文. 从信息传递的视角看企业间知识共享过程的运行机理 [J]. 科技管理研究, 2012, 32 (18): 151-154.

[38] 姜英兵, 严婷. 制度环境对会计准则执行的影响研究 [J]. 会计研究, 2012 (4): 69-73, 95.

[39] 靳庆鲁, 侯青川, 李刚, 谢亚茜. 放松卖空管制、公司投资决策与期权价值 [J]. 经济研究, 2015, 50 (10): 76-88.

[40] 寇宗来, 盘宇章, 刘学悦. 中国的信用评级真的影响发债成本吗? [J]. 金融研究, 2015 (10): 81-98.

[41] 郎咸平. 中国经济到了最危险的边缘 [M]. 北京: 东方出版社, 2012: 56-98.

[42] 黎文靖, 胡玉明. 国企内部薪酬差距激励了谁? [J]. 经济研究, 2012, 47 (12): 125-136.

[43] 李琛, 贺学会, 孟志生, 徐寿福. 作为风险释放工具的卖空机制——基

于不同市场态势的卖空效应研究 [J]. 国际金融研究, 2017 (11): 65 – 75.

[44] 李春涛, 刘贝贝, 周鹏. 卖空与信息披露: 融券准自然实验的证据 [J]. 金融研究, 2017 (9): 130 – 145.

[45] 李丹, 袁淳, 廖冠民. 卖空机制与分析师乐观性偏差——基于双重差分模型的检验 [J]. 会计研究, 2016 (9): 25 – 31.

[46] 李科, 徐龙炳, 朱伟骅. 卖空限制与股票错误定价——融资融券制度的证据 [J]. 经济研究, 2014, 49 (10): 165 – 178.

[47] 李琦, 罗炜, 谷仕平. 企业信用评级与盈余管理 [J]. 经济研究, 2011, 46 (S2): 88 – 99.

[48] 李寿喜. 产权、代理成本和代理效率 [J]. 经济研究, 2007 (1): 102 – 113.

[49] 李四海, 江新峰, 宋献中. 高管年龄与薪酬激励: 理论路径与经验证据 [J]. 中国工业经济, 2015 (5): 122 – 134.

[50] 李维安, 钱先航. 终极控制人的两权分离、所有制与经理层治理 [J]. 金融研究, 2010 (12): 80 – 98.

[51] 李维安, 孙林. 高管薪酬与公司业绩: 2009—2012 年 A 股上市公司检验 [J]. 改革, 2014 (5): 139 – 147.

[52] 李文洲, 冉茂盛, 黄俊. 大股东掏空视角下的薪酬激励与盈余管理 [J]. 管理科学, 2014, 27 (6): 27 – 39.

[53] 李信宏. 信用评级 [M]. 北京: 中国人民大学出版社, 2006: 24 – 99.

[54] 李增福. 信用评级收费模式: 机制与选择 [J]. 上海金融, 2008 (1): 36 – 39.

[55] 李增泉, 孙铮, 王志伟. "掏空" 与所有权安排——来自我国上市公司大股东资金占用的经验证据 [J]. 会计研究, 2004 (12): 3 – 13, 97.

[56] 李增泉, 余谦, 王晓坤. 掏空、支持与并购重组——来自我国上市公司的经验证据 [J]. 经济研究, 2005 (1): 95 – 105.

[57] 李志生, 陈晨, 林秉旋. 卖空机制提高了中国股票市场的定价效率吗?——基于自然实验的证据 [J]. 经济研究, 2015, 50 (4): 165 – 177.

[58] 李志生, 杜爽, 林秉旋. 卖空交易与股票价格稳定性——来自中国融资融券市场的自然实验 [J]. 金融研究, 2015 (6): 173 – 188.

[59] 李志生，李好，马伟力，林秉旋. 融资融券交易的信息治理效应 [J]. 经济研究，2017，52（11）：150 – 164.

[60] 廖冠民，沈红波. 国有企业的政策性负担：动因、后果及治理 [J]. 中国工业经济，2014（6）：96 – 108.

[61] 廖士光. 融资融券交易价格发现功能研究——基于标的证券确定与调整的视角 [J]. 上海立信会计学院学报，2011，25（1）：67 – 76.

[62] 林浚清，黄祖辉，孙永祥. 高管团队内薪酬差距、公司绩效和治理结构 [J]. 经济研究，2003（4）：31 – 40，92.

[63] 林晚发，何剑波，周畅，张忠诚. "投资者付费" 模式对 "发行人付费" 模式评级的影响：基于中债资信评级的实验证据 [J]. 会计研究，2017（9）：62 – 68，97.

[64] 林毅夫，李志赟. 中国的国有企业与金融体制改革 [J]. 经济学（季刊），2005（3）：913 – 936.

[65] 林钟高，郑军，汤谢莹. 关系专用性投资与高管薪酬业绩敏感性 [J]. 财经研究，2014，40（9）：133 – 144.

[66] 刘娥平，施燕平. 盈余管理、公司债券融资成本与首次信用评级 [J]. 管理科学，2014，27（5）：91 – 103.

[67] 刘峰，贺建刚，魏明海. 控制权、业绩与利益输送——基于五粮液的案例研究 [J]. 管理世界，2004（8）：102 – 110，118.

[68] 刘峰. 制度安排与会计信息质量——红光实业的案例分析 [J]. 会计研究，2001（7）：7 – 15，65.

[69] 刘凤委，孙铮，李增泉. 政府干预、行业竞争与薪酬契约——来自国有上市公司的经验证据 [J]. 管理世界，2007（9）：76 – 84，128.

[70] 刘汉民，郑丽，康丽群. 交易成本理论在企业管理中的应用——基于1993—2013 年国外英文权威文献的统计分析 [J]. 经济管理，2014，36（8）：179 – 186.

[71] 刘辉，周慧文. 融合、共进与发展：资信评级行业中外分析研究 [J]. 财经论丛：浙江财经学院学报，2003（1）：58 – 63.

[72] 刘慧龙，张敏，王亚平，吴联生. 政治关联、薪酬激励与员工配置效率 [J]. 经济研究，2010，45（9）：109 – 121，136.

[73] 刘慧龙. 控制链长度与公司高管薪酬契约 [J]. 管理世界，2017（3）：

95 – 112.

[74] 刘锴. 我国外部信用评级付费模式分析 [J]. 征信, 2013, 31 (7): 48 – 52.

[75] 刘琳, 查道林. 付费模式、声誉与信用评级质量——基于我国债券市场的经验证据 [J]. 中南财经政法大学学报, 2018 (3): 106 – 114.

[76] 刘善敏, 林斌. 基于大股东掏空下的经理人薪酬激励机制研究 [J]. 财经研究, 2011, 37 (8): 69 – 78.

[77] 刘晓剑, 张强. 我国信用评级行业声誉约束的实证分析 [J]. 湖南科技大学学报: 社会科学版, 2012, 15 (4): 87 – 90.

[78] 刘星, 徐光伟. 政府管制、管理层权力与国企高管薪酬刚性 [J]. 经济科学, 2012 (1): 86 – 102.

[79] 刘迎霜. "发行方付费"模式下的信用评级法律迷局解析 [J]. 法律科学: 西北政法大学学报, 2011, 29 (6): 137 – 144.

[80] 卢锐, 柳建华, 许宁. 内部控制、产权与高管薪酬业绩敏感性 [J]. 会计研究, 2011 (10): 42 – 48, 96.

[81] 卢锐, 魏明海, 黎文靖. 管理层权力、在职消费与产权效率——来自中国上市公司的证据 [J]. 南开管理评论, 2008 (5): 85 – 92, 112.

[82] 卢锐. 管理层权力、薪酬与业绩敏感性分析——来自中国上市公司的经验证据 [J]. 当代财经, 2008 (7): 107 – 112.

[83] 卢锐. 企业创新投资与高管薪酬业绩敏感性 [J]. 会计研究, 2014 (10): 36 – 42, 96.

[84] 陆颖馨, 梁朝华, 黄培伦. 基于供应链的企业边界分析 [J]. 科技进步与对策, 2004 (7): 127 – 129.

[85] 罗宏, 宛玲羽, 刘宝华. 国企高管薪酬契约操纵研究——基于业绩评价指标选择的视角 [J]. 财经研究, 2014, 40 (4): 79 – 89, 116.

[86] 罗炜, 饶品贵. 盈余质量、制度环境与投行变更 [J]. 管理世界, 2010 (3): 140 – 149.

[87] 吕长江, 王克敏. 上市公司资本结构、股利分配及管理股权比例相互作用机制研究 [J]. 会计研究, 2002 (3): 39 – 48.

[88] 吕长江, 赵宇恒. 国有企业管理者激励效应研究——基于管理者权力的解释 [J]. 管理世界, 2008 (11): 99 – 109, 188.

[89] 马榕，石晓军. 中国债券信用评级结果具有甄别能力吗？——基于盈余管理敏感性的视角 [J]. 经济学（季刊），2016，15（1）：197－216.

[90] 毛振华. 信用评级前沿理论与实践 [M]. 北京：中国金融出版社，2007：32－89.

[91] 孟庆斌，侯德帅，汪叔夜. 融券卖空与股价崩盘风险——基于中国股票市场的经验证据 [J]. 管理世界，2018，34（4）：40－54.

[92] 孟庆斌，黄清华. 卖空机制是否降低了股价高估？——基于投资者异质信念的视角 [J]. 管理科学学报，2018，21（4）：43－66.

[93] 倪骁然，朱玉杰. 卖空压力影响企业的风险行为吗？——来自 A 股市场的经验证据 [J]. 经济学（季刊），2017，16（3）：1173－1198.

[94] 聂飞舟. 信用评级行业竞争和规制：美国的经验和启示 [J]. 证券市场导报，2011（3）：19－24.

[95] 潘红波，余明桂. 集团内关联交易、高管薪酬激励与资本配置效率 [J]. 会计研究，2014（10）：20－27，96.

[96] 权小锋，吴世农，文芳. 管理层权力、私有收益与薪酬操纵 [J]. 经济研究，2010，45（11）：73－87.

[97] 权小锋，尹洪英. 中国式卖空机制与公司创新——基于融资融券分步扩容的自然实验 [J]. 管理世界，2017（1）：128－144，187－188.

[98] 申慧慧，黄张凯，吴联生. 股权分置改革的盈余质量效应 [J]. 会计研究，2009（8）：40－48，95－96.

[99] 申盛，陈言. 中国债券信用评级付费模式的比较研究 [J]. 新金融，2017（6）：36－42.

[100] 沈艺峰，李培功. 政府限薪令与国有企业高管薪酬、业绩和运气关系的研究 [J]. 中国工业经济，2010（11）：130－139.

[101] 沈中华，管超，黄玉丽. 评级市场竞争与评级品质——基于商业银行信用评级数据 [J]. 吉林大学社会科学学报，2016，56（6）：72－83，188－189.

[102] 施丹，姜国华. 会计信息在公司债信用等级迁移中的预测作用研究 [J]. 会计研究，2013（3）：43－50，95.

[103] 宋培培，罗芳. 利率市场化程度与银行业集中度关系研究 [J]. 财务与金融，2014（1）：16－20.

[104] 苏冬蔚, 倪博. 转融券制度、卖空约束与股价变动 [J]. 经济研究, 2018, 53 (3): 110-125.

[105] 苏冬蔚, 熊家财. 大股东掏空与CEO薪酬契约 [J]. 金融研究, 2013 (12): 167-180.

[106] 苏冬蔚, 熊家财. 股票流动性、股价信息含量与CEO薪酬契约 [J]. 经济研究, 2013, 48 (11): 56-70.

[107] 孙园园, 梁相, 史燕丽. 大股东掏空、管理层权力与高管薪酬——基于薪酬辩护理论视角的分析 [J]. 财经问题研究, 2017 (6): 86-92.

[108] 谭庆美, 吴金克, 赵黎明. 中小企业信贷市场信号传递的博弈模型 [J]. 统计与决策, 2009 (4): 65-67.

[109] 唐清泉, 罗党论, 王莉. 大股东的隧道挖掘与制衡力量——来自中国市场的经验证据 [J]. 中国会计评论, 2005 (1): 63-86.

[110] 唐松, 胡威, 孙铮. 政治关系、制度环境与股票价格的信息含量——来自我国民营上市公司股价同步性的经验证据 [J]. 金融研究, 2011 (7): 182-195.

[111] 唐松, 孙铮. 政治关联、高管薪酬与企业未来经营绩效 [J]. 管理世界, 2014 (5): 93-105, 187-188.

[112] 田高良, 吴璇, 李玥婷. 制度环境与公司特质现金流的市场定价 [J]. 管理工程学报, 2019, 33 (2): 1-9.

[113] 田利辉, 王可第. "罪魁祸首"还是"替罪羊"?——中国式融资融券与管理层短视 [J]. 经济评论, 2019 (1): 106-120.

[114] 王昌荣, 王元月. 市场竞争、管理层权力与薪酬—业绩敏感性 [J]. 东岳论丛, 2015, 36 (11): 67-73.

[115] 王化成, 曹丰, 叶康涛. 监督还是掏空: 大股东持股比例与股价崩盘风险 [J]. 管理世界, 2015 (2): 45-57, 187.

[116] 王会娟, 廖理. 中国P2P网络借贷平台信用认证机制研究——来自"人人贷"的经验证据 [J]. 中国工业经济, 2014 (4): 136-147.

[117] 王克敏, 廉鹏. 保荐制度改善首发上市公司盈余质量了吗? [J]. 管理世界, 2010 (8): 21-34, 43.

[118] 王攀娜, 罗宏. 放松卖空管制对分析师预测行为的影响——来自中国准自然实验的证据 [J]. 金融研究, 2017 (11): 191-206.

[119] 王清刚，胡亚君．管理层权力与异常高管薪酬行为研究 [J]．中国软科学，2011 (10)：166 - 175.

[120] 王小鲁，樊纲，余静，中国分省市场化指数 2016 年报告 [M]．北京：社会科学文献出版社，2017：6 - 42.

[121] 王雄元，何捷．行政垄断、公司规模与 CEO 权力薪酬 [J]．会计研究，2012 (11)：33 - 38，94.

[122] 王雄元，张春强．声誉机制、信用评级与中期票据融资成本 [J]．金融研究，2013 (8)：150 - 164.

[123] 王则柯．经济学的常识理性 [J]．社会科学战线，2006 (2)：56 - 62.

[124] 王贞洁，王竹泉．经济危机、信用风险传染与营运资金融资结构——基于外向型电子信息产业上市公司的实证研究 [J]．中国工业经济，2013 (11)：122 - 134.

[125] 魏刚．高级管理层激励与上市公司经营绩效 [J]．经济研究，2000 (3)：32 - 39，64 - 80.

[126] 魏明海，赖婧，张皓．隐性担保、金融中介治理与公司债券市场信息效率 [J]．南开管理评论，2017，20 (1)：30 - 42.

[127] 吴健，朱松．流动性预期、融资能力与信用评级 [J]．财政研究，2012 (7)：72 - 75.

[128] 吴育辉，吴世农，魏志华．管理层能力、信息披露质量与企业信用评级 [J]．经济管理，2017，39 (1)：165 - 180.

[129] 吴育辉，吴世农．高管薪酬：激励还是自利？——来自中国上市公司的证据 [J]．会计研究，2010 (11)：40 - 48，96 - 97.

[130] 武恒光，王守海．债券市场参与者关注公司环境信息吗？——来自中国重污染上市公司的经验证据 [J]．会计研究，2016 (9)：68 - 74.

[131] 夏芳．信用评级的声誉资本与付费模式 [J]．征信，2013，31 (6)：65 - 68.

[132] 肖浩，孔爱国．融资融券对股价特质性波动的影响机理研究：基于双重差分模型的检验 [J]．管理世界，2014 (8)：30 - 43，187 - 188.

[133] 谢德仁，林乐，陈运森．薪酬委员会独立性与更高的经理人报酬 - 业绩敏感度——基于薪酬辩护假说的分析和检验 [J]．管理世界，2012 (1)：121 - 140，188.

[134] 谢获宝，惠丽丽．成本粘性、公司治理与高管薪酬业绩敏感性——基于企业风险视角的经验证据 [J]．管理评论，2017，29（3）：110 – 125.

[135] 谢江林，何宜庆，陈涛．中小高新技术企业 R&D 信息披露的信号传递模型研究 [J]．科技进步与对策，2009，26（7）：83 – 86.

[136] 谢平，许国平，李德．运用信用评级原理加强金融监管 [J]．管理世界，2001（1）：125 – 131.

[137] 辛清泉，谭伟强．市场化改革、企业业绩与国有企业经理薪酬 [J]．经济研究，2009，44（11）：68 – 81.

[138] 邢天才，詹明君，王文钢．评级机构竞争、声誉与债券信用评级质量 [J]．财经问题研究，2016（6）：66 – 71.

[139] 幸丽霞，陈冬，林晚发．企业避税行为与债券信用评级关系研究——基于避税风险观的中介效应视角 [J]．中国软科学，2017（12）：169 – 177.

[140] 徐浩萍，陈超．会计盈余质量、新股定价与长期绩效——来自中国 IPO 市场发行制度改革后的证据 [J]．管理世界，2009（8）：25 – 38.

[141] 徐浩萍，罗炜．投资银行声誉机制有效性——执业质量与市场份额双重视角的研究 [J]．经济研究，2007（2）：124 – 136.

[142] 徐经长，曾雪云．公允价值计量与管理层薪酬契约 [J]．会计研究，2010（3）：12 – 19，96.

[143] 徐莉萍，辛宇，陈工孟．控股股东的性质与公司经营绩效 [J]．世界经济，2006（10）：78 – 89，96.

[144] 徐菱芳，陈国宏．基于信号传递博弈的产业集群中小企业融资分析 [J]．中国管理科学，2012，20（4）：74 – 78.

[145] 许红伟，陈欣．我国推出融资融券交易促进了标的股票的定价效率吗？——基于双重差分模型的实证研究 [J]．管理世界，2012（5）：52 – 61.

[146] 杨国宁．短期融资券火爆背后的思考——试析信用评级的客观性和公正性 [J]．金融经济，2006（10）：29 – 30.

[147] 杨棉之，谢婷婷，孙晓莉．股价崩盘风险与公司资本成本——基于中国 A 股上市公司的经验证据 [J]．现代财经：天津财经大学学报，2015，35（12）：41 – 51.

［148］杨小凯. 经济改革和宪政转轨：回应［J］. 经济学（季刊），2003（3）：1005 – 1008.

［149］杨兴全，张照南. 制度背景、股权性质与公司持有现金价值［J］. 经济研究，2008，43（12）：111 – 123.

［150］叶康涛，陆正飞，张志华. 独立董事能否抑制大股东的"掏空"？［J］. 经济研究，2007（4）：101 – 111.

［151］应娟，张益新. 信用评级机构收费模式探讨［J］. 上海金融，2006（6）：73 – 75.

［152］余明桂，夏新平. 控股股东、代理问题与关联交易：对中国上市公司的实证研究［J］. 南开管理评论，2004（6）：33 – 38，61.

［153］俞红海，陈百助，徐警，张奥星. 融资与融券交易的动机相同吗？——基于盈余公告视角的研究［J］. 财经研究，2017，43（12）：121 – 135.

［154］袁锋，陈晓剑，朱宁. 信号传递与 R&D 合作伙伴的选择［J］. 中国软科学，2004（11）：110 – 113.

［155］袁知柱，鞠晓峰. 制度环境、公司治理与股价信息含量［J］. 管理科学，2009，22（1）：17 – 29.

［156］詹明君，邢贺. 评级机构竞争、声誉对债项评级的非对称影响［J］. 东北财经大学学报，2016（6）：66 – 73.

［157］张炳发，修浩鑫. 内部控制、高管权力对高管薪酬业绩敏感性的影响——基于制造业上市公司的实证分析［J］. 中国海洋大学学报（社会科学版），2017（2）：91 – 96.

［158］张俊瑞，白雪莲，孟祥展. 启动融资融券助长内幕交易行为了吗？——来自我国上市公司的经验证据［J］. 金融研究，2016（6）：176 – 192.

［159］张敏，姜付秀. 机构投资者、企业产权与薪酬契约［J］. 世界经济，2010，33（8）：43 – 58.

［160］张敏，王成方，刘慧龙. 冗员负担与国有企业的高管激励［J］. 金融研究，2013（5）：140 – 151.

［161］张帅. 信用评级机构收费模式中外比较研究［J］. 征信，2013，31（10）：53 – 56.

[162] 张璇，周鹏，李春涛. 卖空与盈余质量——来自财务重述的证据 [J]. 金融研究，2016 (8)：175 – 190.

[163] 张雪芳，戴伟. 我国的金融市场化缓解了企业融资约束吗？——基于制造业上市公司数据的实证研究 [J]. 武汉金融，2017 (3)：57 – 61.

[164] 赵国宇. 大股东控股、报酬契约与合谋掏空——来自民营上市公司的经验证据 [J]. 外国经济与管理，2017，39 (7)：105 – 117.

[165] 赵慧清，陈新国. 会计稳健性改善了企业债务融资环境吗——基于中国证券市场的经验数据 [J]. 财会月刊，2015 (26)：29 – 32.

[166] 赵静，方兆本. 中国公司债信用利差决定因素——基于结构化理论的实证研究 [J]. 经济管理，2011，33 (11)：138 – 148.

[167] 郑国坚，林东杰，张飞达. 大股东财务困境、掏空与公司治理的有效性——来自大股东财务数据的证据 [J]. 管理世界，2013 (5)：157 – 168.

[168] 郑建明，许晨曦，张伟. 放松卖空管制与企业环境信息披露质量——基于重污染企业的准自然实验 [J]. 中国软科学，2017 (11)：111 – 125.

[169] 郑建明，许晨曦. "新环保法" 提高了企业环境信息披露质量吗？——一项准自然实验 [J]. 证券市场导报，2018 (8)：4 – 11，28.

[170] 郑志刚. 新制度经济学的研究方法与交易成本范式 [J]. 南开经济研究，2002 (6)：27 – 31.

[171] 支晓强，童盼. 盈余管理、控制权转移与独立董事变更——兼论独立董事治理作用的发挥 [J]. 管理世界，2005 (11)：137 – 144.

[172] 中国证监会公司债券监管部副主任陈飞：大力发展债券市场　切实服务实体经济 [J]. 债券，2016 (2)：13 – 16.

[173] 周小川. 关于信用评级的若干问题及展望 [J]. 西部金融，2012 (2)：4 – 7.

[174] 朱松. 债券市场参与者关注会计信息质量吗 [J]. 南开管理评论，2013，16 (3)：16 – 25.

[175] Al – Najjar B，M Elgammal. Innovation and Credit Ratings, Does it Matter? UK Evidence [J]. Applied Economics Letters, 2013, 20 (5)：428 – 431.

[176] Adams M，Burton B，Hardwick P. The Determinants of Credit Ratings in

the United Kingdom Insurance Industry [J]. Journal of Business Finance and Accounting, 2003, 30 (3 – 4): 34.

[177] Agrawal, Ajay K. University-to-Industry Knowledge Transfer: Literature Review and Unanswered Questions [J]. International Journal of Management Reviews, 2001, 3 (4): 285 – 302.

[178] Ai, Chunrong, Edward C Norton. Interaction Terms in Logit and Probit Models [J]. Economics Letters, 2003, 80 (1): 123 – 129.

[179] Aitken, Michael J. , et al. Short Sales are Almost Instantaneously Bad News: Evidence from the Australian Stock Exchange [J]. The Journal of Finance, 1998, 53 (6): 2205 – 2223.

[180] Akerlof G A. The Market for "Lemons": Quality Uncertainty and the Market Mechanism [J]. The Quarterly Journal of Economics, 1970: 84.

[181] Alali F, Anandarajan A, Jiang W. The Effect of Corporate Governance on Firm's Credit Ratings: Further Evidence Using Governance Score in the United States [J]. Accounting and Finance, 2012, 52 (2): 291 – 312.

[182] Alet Roux, Tomasz Zastawniak. A Counter – Example to an Option Pricing Formula under Transaction Costs [J]. Finance and Stochastics, 2006, 10 (4): 575 – 578.

[183] Alet, Roux, Krzysztof Tokarz, Tomasz Zastawniak. Options under Proportional Transaction Costs: An Algorithmic Approach to Pricing and Hedging [J]. Acta Applicandae Mathematicae, 2008, 103 (2): 201 – 219.

[184] Alexander Guembel, Silvia Rossetto. Reputational Cheap Talk with Misunderstanding [J]. Games and Economic Behavior, 2009, 67 (2): 736 – 744.

[185] Ali A, Zhang W. Proximity to Broad Credit Rating Change and Earnings Management [J]. Social Science Electronic Publishing, 2008.

[186] Allen, Franklin, Faulhaber, et al. Signalling by Underpricing in the IPO Market [J]. Journal of Financial Economics, 1989, 23 (2): 303 – 323.

[187] Almeida H V, Wolfenzon D. A Theory of Pyramidal Ownership and Family Business Groups [J]. The Journal of Finance, 2006, 61 (6): 2637 – 2680.

[188] Almeida, H, M. Campello, M. S. Weisbach. The Cash Flow Sensitivity of Cash [J]. Journal of Finance, 2004, 59 (12): 1777 – 1804.

[189] Al – Najjar B, Elgammal M. Innovation and Credit Ratings, Does It Matter? UK Evidence [J]. Applied Economics Letters, 2013, 20 (5): 428 – 431.

[190] Amy, P, Hutton, et al. Opaque Financial Reports, R2, and Crash Risk [J]. Journal of Financial Economics, 2009, 94 (1): 67 – 86.

[191] Ang, J S, Cole, R A, Lin, J W. Agency Costs and Ownership Structure [J]. The Journal of Finance, 2000, 55 (1): 81 – 106.

[192] Arya, Anil, Jonathan Glover, Shyam Sunder. Earnings Management and The Revelation Principle [J]. Review of Accounting Studies, 1998, 3 (1 – 2): 7 – 34.

[193] Arye Bebchuk, L, Fried, J M. Executive Compensation as An Agency Problem [J]. The Journal of Economic Perspectives, 2003, 17 (3): 71 – 92.

[194] Ashbaugh – Skaife H, Collins D W, Lafond R. The Effects of Corporate Governance on Firms' Credit Ratings [J]. Journal of Accounting and Economics, 2006, 42 (1 – 2): 203 – 243.

[195] Ayers B C, Laplante S K, Mcguire S T. Credit Ratings and Taxes: The Effect of Book – Tax Differences on Ratings Changes [J]. Contemporary Accounting Research, 2010, 27 (2): 359 – 402.

[196] Bae, K H, Baek, J S, Kang, J K, Liu, W L. Do Controlling Shareholders' Expropriation Incentives Imply a Link between Corporate Governance and Firm Value? Theory and Evidence [J]. Journal of Financial Economics, 2012, 105 (2): 412 – 435.

[197] Bai Y, Chang E C, Wang J. Asset Prices under Short – Sale Constraints [J]. Working Paper, MITSUI LIFE – Financial Research Center, 2006.

[198] Bai, Yang, Eric C. Chang, Jiang Wang. Asset Prices under Short-sale Constraints. https://papers.ssrn.com/sol3/papers.cfm? abstract_id = 890726.

[199] Bar-Isaac, Heski, Joel Shapiro. Ratings Quality Over the Business Cycle [J]. Journal of Financial Economics, 2013, 108 (1): 62 – 78.

[200] Bebchuk, L. A., Pay without Performance: The Unfulfilled Promise of Executive Compensation, Harvard University Press, 2009.

[201] Bebchuk, Lucian A., Jesse M. Fried. Pay without Performance: The Unfulfilled Promise of Executive Compensation. New York: Harvard University

Press, 2009.

[202] Bebchuk, Lucian A., Reinier Kraakman, George Triantis. Stock Pyramids, Cross-ownership, and Dual Class Equity: the Mechanisms and Agency Costs of Separating Control from Cash-flow Rights. Concentrated Corporate Ownership [M]. Chicago: University of Chicago Press, 2000: 295 – 318.

[203] Bebchuk L A, Grinstein Y, Peyer U. Lucky CEOs and Lucky Directors [J]. The Journal of Finance, 2010, 65 (6): 2363 – 2401.

[204] Becker, Bo, Todd Milbourn. How did Increased Competition Affect Credit Ratings [J]. Journal of Financial Economics, 2011, 101 (3): 493 – 514.

[205] Benjamin Klein, Keith B Leffler. The Role of Market Forces in Assuring Contractual Performance [J]. Journal of Political Economy, 1981, 89 (4): 615 – 641.

[206] Benjamin Klein. Transaction Cost Determinants of "Unfair" Contractual Arrangements [J]. American Economic Review, 1980, 70 (2): 356 – 362.

[207] Berle, Adolf Augustus, Gardiner Coit Means. The Modern Corporation and Private Property [M]. New York: Transaction publishers, 1991.

[208] Berle, Adolf, Gardiner Means. The Modern Corporation and Private Property, New York: Mac – Millan, 1932.

[209] Bertrand M, Mullainathan S. Enjoying the Quiet Life? Corporate Governance and Managerial Preferences [J]. Journal of Political Economy, 2003, 111 (5): 1043 – 1075.

[210] Bhattacharya, Sudpto. Imperfect Information, Dividend Policy, and "the Bird in the Hand" Fallacy [J]. Bell Journal of Economics, 1979, 10 (1): 259 – 270.

[211] Bhojraj S, Sengupta P. The Effect of Corporate Governance Mechanisms on Bond Ratings and Yields: The Role of Institutional Investors and Outside Directors [J]. Journal of Business, 2003, 76 (3): 455 – 476.

[212] Boehmer E, Wu J. Short Selling and the Price Discovery Process [J]. Social Science Electronic Publishing, 2013, 26 (2): 287 – 322.

[213] Bolton, Patrick, Xavier Freixas, Joel Shapiro. The Credit Ratings Game [J]. The Journal of Finance, 2012, 67 (1): 85 – 111.

[214] Bond, Philip, Alex Edmans, Itay Goldstein. The Real Effects of Financial Markets [J]. The Annual Review of Financial Economic, 2012, 4 (1): 339 – 360.

[215] Bongaerts, Dion, K J Martijn Cremers, William N. Goetzmann. Tiebreaker: Certification and Multiple Credit Ratings [J]. The Journal of Finance, 2012, 67 (1): 113 – 152.

[216] Bonsall I V, Samuel B. The Impact of Issuer – Pay on Corporate Bond Rating Properties: Evidence from Moody's and S&P's Initial Adoptions [J]. Journal of Accounting and Economics, 2014, 57 (2 – 3): 89 – 109.

[217] Boot A W, T Milbourn. Credit Ratings as Coordination Mechanisms [J]. Review of Financial Studies, 2006, 19 (1): 81 – 118.

[218] Booth J, Smith R. Capital Raising, Underwriting and the Certification Hypothesis [J]. Journal of Financial Economics, 1986, 15 (5): 561 – 579.

[219] Bosch O, S Steffen. On Syndicate Composition, Corporate Structure and the Certification Effect of Credit Ratings [J]. Journal of Banking and Finance, 2011, 35 (2): 290 – 299.

[220] Bottazzi G, Secchi A. Explaining the Distribution of Firm Growth Rates [J]. The Rand Journal of Economics, 2006, 37 (2): 235 – 256.

[221] Bouzouita R, Young A J. A Probit Analysis of Best Ratings [J]. Journal of Insurance Issues, 1998, 21 (1): 23 – 34.

[222] Bradley M, Chen D. Board Independence and Credit Ratings [J]. Ssrn Electronic Journal, 2010.

[223] Bradley, Michael, Dong Chen. Board Independence and Credit Ratings. https://papers.ssrn.com/sol3/papers.cfm? abstract_id = 1572158.

[224] Brealey, R, Leland, H E Pyle, D H. Informational Asymmetries, Financial Structure, and Financial Intermediation [J]. The Journal of Finance, 1977, 32 (2): 371 – 387.

[225] Bris, Arturo, William N Goetzmann, Ning Zhu. Efficiency and the Bear: Short Sales and Markets Around the World [J]. The Journal of Finance, 2007, 62 (3): 1029 – 1079.

[226] Brunnermeier M K, Pedersen L H. Predatory Trading [J]. The Journal of

Finance, 2005, 60 (4): 1825 – 1863.

[227] Bruno Bouchard. Utility Maximization on the Real Line under Proportional Transaction Costs [J]. Finance and Stochastics, 2002, 6 (4): 495 – 516.

[228] Burrough B, Helyar J. Barbarians at the gate: The fall of RJR Nabisco [M]. New York: Harper & Row, 1990.

[229] Burrough, Bryan, John Helyar. Barbarians at the gate: The Fall of RJR Nabisco. Random House, 2010.

[230] Camanho N, Deb P, Liu Z. Credit Rating and Competition, Ssrn Electronic Journal, 2010, 56 (1): 1 – 25.

[231] Camanho, Nelson, Fragyan Deb, Zijun Liu. Credit rating and competition. 22nd Australasian Finance and Banking Conference, 2009.

[232] Cantor, Richard, Frank Packer. The Credit Rating Industry [J]. Quarterly Review, 1994: 1 – 26.

[233] Caramanis C, C Lennox. Audit Effort and Earnings Management [J]. Journal of Accounting and Economics, 2008, 45 (1): 116 – 138.

[234] Carter R, Manaster S. Initial Public Offerings and Underwriter Reputation [J]. The Journal of Finance, 1990, 45 (4): 1045 – 1067.

[235] Caton G L, Chiyachantana C N, Goh J. Earnings Management Surrounding Seasoned Bond Offerings: Do Managers Fool Rating Agencies and the Bond Market [J]. Journal of Financial & Quantitative Analysis, 2011, 46 (3): 687 – 708.

[236] Chan L H, Chen K C W, Chen T Y, et al. The Effects of Firm-Initiated Clawback Provisions on Earnings Quality and Auditor Behavior [J]. Journal of Accounting and Economics, 2012, 54 (2 – 3): 180 – 196.

[237] Chang E C, Cheng J W, Yu Y. Short – Sales Constraints and Price Discovery: Evidence from the Hong Kong Market [J]. The Journal of Finance, 2007, 62 (5): 2097 – 2121.

[238] Chang E C, Luo Y, Ren J. Short – Selling, Margin – Trading, and Price Efficiency: Evidence from the Chinese Market [J]. Journal of Banking and Finance, 2014, (48): 411 – 424.

[239] Chang Y C, Hong H G, Tiedens L, et al. Does Diversity Lead to Diverse

Opinions? Evidence from Languages and Stock Markets, SSRN Electronic Journal, 2015.

[240] Chang, Yen – Cheng, et al. Does diversity lead to diverse opinions? Evidence from languages and stock markets. Rock Center for Corporate Governance at Stanford University, Working Paper 168, 2015: 13 – 16.

[241] Charles J Hadlock, Joshua R Pierce. New Evidence on Measuring Financial Constraints: Moving Beyond the KZ Index [J]. The Review of Financial Studies, 2010, 23 (5): 1909 – 1940.

[242] Chemmanur, Thomas J. , Paolo Fulghieri. Reputation, Renegotiation, and the Choice Between Bank Loans and Publicly Traded Debt [J]. The Review of Financial Studies, 1994, 7 (3): 475 – 506.

[243] Chen H, Chen J Z, Lobo G J, et al. Association Between Borrower and Lender State Ownership and Accounting Conservatism [J]. Journal of Accounting Research, 2010, 48 (5): 973 – 1014.

[244] Chen Q, Chen, X, Schipper, K, Xu, Y, Xue, J. The Sensitivity of Corporate Cash Holdings to Corporate Governance [J]. The Review of Financial Studies, 2012, 25 (12): 3610 – 3644.

[245] Cheng, Mei, Monica Neamtiu. An Empirical Analysis of Changes in Credit Rating Properties: Timeliness, Accuracy and Volatility [J]. Journal of Accounting and Economics, 2009, 47 (1 – 2): 108 – 130.

[246] Cheung, Yan – Leung, et al. How does the grabbing hand grab? Tunneling assets from Chinese listed companies to the state. City University of Hong Kong, Mimeo, 2006.

[247] Cheung, Yan – Leung, P. Raghavendra Rau, Aris Stouraitis. Tunneling, Propping, and Expropriation: Evidence from Connected Party Transactions in Hong Kong [J]. Journal of Financial Economics, 2006, 82 (2): 343 – 386.

[248] Christian C, Marcus M, Milton Harris. Rating Agencies in the Face of Regulation [J]. Journal of Financial Economics, 2013, 108 (1): 46 – 61.

[249] Christophe S E, Ferri M G, Angel J J. Short – Selling Prior to Earnings Announcements [J]. The Journal of Finance, 2004, 59 (4): 1845 – 1876.

[250] Christophe S E, Ferri M G, Hsieh J. Informed Trading Before Analyst

Downgrades: Evidence from Short Sellers [J]. Journal of Financial Economics, 2010, 95 (1): 85 – 106.

[251] Claessens S, Djankov S, Fan J P, Lang L H. Disentangling the Incentive and Entrenchment Effects of Large Shareholdings [J]. The Journal of Finance, 2002, 57 (6): 271 – 277.

[252] Clarkson P M, Dontoh A, Richardson G, et al. Retained Ownership and the Valuation of Initial Public Offerings: Canadian Evidence [J]. Contemporary Accounting Research, 1991, 8 (1): 115 – 131.

[253] Coase R H. The Nature of the Firm [J]. Economica, 1937, 4 (16): 386 – 405.

[254] Coase, Ronald H. The Problem of Social Cost [J]. Journal of Law and Economics, 1960 (03): 1 – 44.

[255] Coffee J C. Gatekeepers: The Professions and Corporate Governance, Demand: Oxford University Press, 2006.

[256] Cohen L, Diether K B, Malloy C J. Supply and Demand Shifts in the Shorting Market [J]. The Journal of Finance, 2007, 62 (5): 2061 – 2096.

[257] Cohen, Daniel A., Paul Zarowin. Accrual – Based and Real Earnings Management Activities Around Seasoned Equity Offerings [J]. Journal of Accounting and Economics, 2010, 50 (1): 2 – 19.

[258] Core J E, Holthausen R W, Larcker D F. Corporate Governance, Chief Executive Officer Compensation, and Firm Performance [J]. Journal of Financial Economics, 1999, 51 (3): 371 – 406.

[259] Cornaggia, Jess, Kimberly J. Cornaggia. Estimating the Costs of Issuer – Paid Credit Ratings [J]. The Review of Financial Studies, 2013, 26 (9): 2229 – 2269.

[260] Cornaggia, Kimberly J, Gopal V Krishnan, Changjiang Wang. Managerial Ability and Credit Ratings [J]. Contemporary Accounting Researce, 2017, 34 (4): 2094 – 2122.

[261] Covitz D M, Harrison P. Testing Conflicts of Interest at Bond Rating Agencies with Market Anticipation: Evidence that Reputation Incentives Dominate [J]. Finance & Economics Discussion, 2003, 29 (68): 493 – 505.

[262] Daily C M, Johnson J L, Ellstrand A E, Dalton D. R. Compensation Committee Composition as a Determinant of CEO Compensation [J]. Academy of Management Journal, 1998, 41 (2): 209 – 220.

[263] Dang T L, Moshirian F, Zhang B. Commonality in News Around the World [J]. Journal of Financial Economics, 2015, 116 (1): 82 – 110.

[264] Daouk H, Charoenrook A. A Study of Market – Wide Short – Selling Restrictions, Working Papers, 2005.

[265] Daouk, Hazem, Anchada Aida Charoenrook. A Study of Market-wide Short-selling Restrictions. Available at SSRN 687562 (2005).

[266] David Hirshleifer, Siew Hong Teoh, Jeff Jiewei Yu. Short Arbitrage, Return Asymmetry, and the Accrual Anomaly [J]. The Review of Financial Studies, 2011, 24 (7): 2429 – 2461.

[267] De Angelis D, Grullon G, Michenaud S. The effects of Short-selling Threats on Incentive Contracts: Evidence from a Natural Experiment, Working paper, 2014.

[268] De Angelis, David, Gustavo Grullon, Sébastien Michenaud. The Effects of Short-selling Threats on Incentive Contracts: Evidence from an Experiment [J]. The Review of Financial Studies, 2017, 30 (5): 1627 – 1659.

[269] De Boskey, David Gregory, Peter R Gillett. The Impact of Multi – Dimensional Corporate Transparency on us Firms' Credit Ratings and Cost of Capital [J]. Review of Quantitative Finance and Accounting, 2013, 40 (1): 101 – 134.

[270] Dechow P, W Ge, C Schrand. Understanding Earnings Quality: A Review of the Proxies, their Determinants and their Consequences [J]. Journal of Accounting and Economics, 2012, 50 (2 – 3): 344 – 401.

[271] Dechow P M, Sloan R G, Sweeney, A P. Detecting Earnings Management [J]. Accounting Review, 1995: 193 – 225.

[272] Demirtas K O, Cornaggia K R. Initial Credit Ratings and Earnings Management [J]. Review of Financial Economics, 2013, 22 (4): 135 – 145.

[273] Denis, Diane K, John J McConnell. International Corporate Governance [J]. Journal of Financial and Quantitative Analysis, 2003, 38 (1): 1 – 36.

[274] Desai H, Ramesh K, Thiagarajan S R, et al. An Investigation of the Informational Role of Short Interest in the Nasdaq Market [J]. The Journal of Finance, 2002, 57 (5): 2263 – 2287.

[275] Desai H, Hogan C E, Wilkins M S. The Reputational Penalty for Aggressive Accounting: Earnings Restatements and Management Turnover [J]. The Accounting Review, 2006, 81 (1): 83 – 112.

[276] Diamond D W, Verrecchia R E. Constraints on Short – Selling and Asset Price Adjustment to Private Information [J]. Journal of Financial Economics, 1987, 18 (2): 277 – 311.

[277] Diether K B, Lee K H, Werner I M. Short – Sale Strategies and Return Predictability [J]. Review of Financial Studies, 2009, 22 (2): 575 – 607.

[278] Dimitrios Gounopoulos, Hang Pham. Credit Ratings and Earnings Management around IPOs [J]. Journal of Business Finance & Accounting, 2017, 44 (1 – 2): 154 – 195.

[279] Doherty, Neil A, Anastasia V, Kartasheva, Richard D Phillips. Information Effect of Entry into Credit Ratings Market: The Case of Insurers' Ratings [J]. Journal of Financial Economics, 2012, 106 (2): 308 – 330.

[280] Doron Kliger, Oded Sarig. The Information Value of Bond Ratings [J]. The Journal of Finance, 2000, 55 (6): 2879 – 2902.

[281] Drew Fudenberg, David K Levine. Maintaining a Reputation when Strategies are Imperfectly Observed [J]. Review of Economic Studies, 1992, 59 (3): 561 – 579.

[282] Duffhues P, Kabir R. Is the Pay-performance Relationship always Positive?: Evidence from the Netherlands [J]. Journal of Multinational Financial Management, 2008, 18 (1): 45 – 60.

[283] Duffie D, Garleanu N, Pedersen L H. Securities Lending, Shorting, and Pricing [J]. Social Science Electronic Publishing, 2002, 66 (2 – 3): 307 – 339.

[284] Eric Friedman, Simon Johnson, Todd Mitton. Propping and Tunneling [J]. Journal of Comparative Economics, 2003, 31 (4): 732 – 750.

[285] Fama, Eugene F, Merton H Miller. The Theory of Finance. Holt Rinehart &

Winston, 1972.

[286] Fang L H. Investment Bank Reputation and the Price and Quality of Underwriting Services [J]. The Journal of Finance, 2005, 60 (6): 2729 – 2761.

[287] Fang, Vivian W, Allen H Huang, Jonathan M Karpoff. Short Selling and Earnings Management: A Controlled Experiment [J]. The Journal of Finance, 2016, 71 (3): 1251 – 1294.

[288] Faulkender M, M Petersen. Does the Source of Capital Affect Capital Structure? [J]. Reviews of Finance of Studies, 2006, 19 (1): 45 – 79.

[289] Feder, Ernest Hirschman, Albert O. Journeys Toward Progress—Studies of Economic Policy – Making in Latin America, New York, A Twentieth Century Fund Study [J]. American Journal of Agricultural Economics, 1963 (1).

[290] Firth M, Liau – Tan C K. Signalling Models and the Valuation of New Issues: An Examination of IPOs in Singapore [J]. Pacific Basin Finance Journal, 1997, 5 (5): 511 – 526.

[291] Gao H, Qi Y, Xu C, et al. Effects of Auditing Fee on Auditing Quality: Evidence From a Natural Experiment in China [J]. Ssrn Electronic Journal, 2018.

[292] Gerald J Lobo, Luc Paugam, Hervé Stolowy, Pierre Astolfi. The Effect of Business and Financial Market Cycles on Credit Ratings: Evidence from the Last Two Decades [J]. Abacus, 2017, 53 (1): 59 – 93.

[293] Gomes A. Going Public without Governance: Managerial Reputation Effects [J]. The Journal of Finance, 2010, 55 (2): 615 – 646.

[294] Graham J R, Harvey C R. The Theory and Practice of Corporate Governance: Evidence from the Field [J]. Nankai Business Review, 2009 (60): 187 – 243.

[295] Gray S, Mirkovic A, Ragunathan V. The Determinants of Credit Ratings: Australian Evidence [J]. Australian Journal of Management, 2006, 31 (2): 333 – 354.

[296] Grullon G, Michenaud S, Weston J P. The Real Effects of Short – Selling Constraints [J]. The Review of Financial Studies, 2015, 28 (6): 1737 – 1767.

[297] Gunther T, Karel L. Credit Rating Agencies: Part of the Solution or Part of

the Problem? [J]. Intereconomics, 2011, 46 (5): 232 – 262.

[298] Harrison Hong, Jeremy C Stein. Differences of Opinion, Short – Sales Constraints, and Market Crashes [J]. Review of Financial Studies, 2003, 16 (2): 487 – 525.

[299] Harrison Hong, José Scheinkman, Wei Xiong. Asset Float and Speculative Bubbles [J]. Journal of Finance, 2006, 61 (3): 1073 – 1117.

[300] Hartzell C, Putzier I, Arreola J. Calcium-activated chloride channels [J]. Annual Review of Physiology, 2005, 67 (1): 719 – 758.

[301] Hartzell J C, Ofek E, Yermack D. What's In It for Me? CEOs Whose Firms Are Acquired [J]. The Review of Financial Studies, 2004, 17 (1): 37 – 61.

[302] He J, Tian X. Short Sellers and Innovation: Evidence from a Quasi – Natural Experiment [J]. Working paper, 2014.

[303] He, Jie, Tian, Xuan. SHO Time for Innovation: The Real Effects of Short Sellers [J]. Social Science Electronic Publishing, 2014.

[304] Hill C W. CEO Tenure as a Determinant of CEO Pay [J]. Academy of Management Journal, 1991, 34 (3): 707 – 717.

[305] How J C Y, Low J G. Fractional Ownership and Underpricing: Signals of IPO Firm Value? [J]. Pacific Basin Finance Journal, 1993, 1 (1): 47 – 65.

[306] Hughes, John S. Discussion of "The valuation of initial public offerings" [J]. Contemporary Accounting Research, 1989, 5 (2): 519 – 525.

[307] Michael Firth, Peter M Y Fung, Oliver M Rui. Corporate Performance and CEO Compensation in China [J]. Journal of Corporate Finance, 2005, 12 (4): 693 – 714.

[308] Jean – Paul Chavas, Zohra Bouamra Mechemache. Efficiency Measurements and the Gains from Trade under Transaction Costs [J]. Journal of Productivity Analysis, 2006, 26 (1): 67 – 85.

[309] Jensen Michael C, Meckling William H. Theory of the Firm: Managerial Behavior, Agency Costs and Ownership Structure [J]. North – Holland, 1976, 3 (4): 305 – 360.

[310] Jiang G, Lee C M C, Yue H. Tunneling through Intercorporate Loans: The China Experience [J]. Journal of Financial Economics, 2010, 98 (1): 1 – 20.

[311] Jiang J X. Beating Earnings Benchmarks and the Cost of Debt [J]. The Accounting Review, 2008, 83 (2): 377 – 416.

[312] Jin, L, Myers, et al. R2 around the world: New Theory and New Tests [J]. Journal of Financial Economics Amsterdam, 2006, 79 (2): 257 – 292.

[313] Johannes Hörner. Reputation and Competition [J]. The American Economic Review, 2002, 92 (3): 644 – 663.

[314] John (Xuefeng) Jiang, Mary Harris Stanford, Yuan Xie. Does It Matter Who Pays for Bond Ratings? Historical Evidence [J]. Journal of Financial Economics, 2012, 105 (3): 607 – 621.

[315] John R. Graham, Si Li, Jiaping Qiu. Corporate Misreporting and Bank Loan Contracting [J]. Journal of Financial Economics, 2007, 89 (1): 44 – 61.

[316] Johnson S R La. Porta, F Lopez-de – Silanes, and A Shleifer. Tunneling [J]. American Economic Review, 2000, 90 (2): 22 – 27.

[317] Jonathan M Karpoff, Xiaoxia Lou. Short Sellers and Financial Misconduct [J]. The Journal of Finance, 2010, 65 (5): 1879 – 1913.

[318] Justin Yifu Lin, Fang Cai, Zhou Li. Competition, Policy Burdens, and State-owned Enterprise Reform [J]. The American Economic Review, 1998, 88 (2): 422 – 427.

[319] Justin Yifu Lin, Guofu Tan. Policy Burdens, Accountability, and the Soft Budget constraint [J]. American Economic Review, 1999, 89 (2): 426 – 431.

[320] Kaplan R S, Urwitz G. Statistical Models of Bond Ratings: A Methodological Inquiry [J]. Journal of Business, 1979, 52 (2): 231 – 261.

[321] Kaplan S, L Zingales. Do Investment – Cash Flow Sensitivities Provide Useful Measures of Financing Constraints? [J]. Quarterly Journal of Economics, 1997, 112 (1): 169 – 215.

[322] Katherine A Gunny, Tracey Chunqi Zhang. PCAOB Inspection Reports and Audit Quality [J]. Journal of Accounting and Public Policy, 2013, 32

(2): 136-160.

[323] Ke, Yun, Lo, Kin, Sheng, Jinfei, et al. Does Short Selling Mitigate Optimism in Financial Analyst Forecast? Evidence from a Randomized Experiment [J]. Social Science Electronic Publishing, 2014.

[324] Kerwer D. Rating Agencies: Setting a Standard for Global Financial Markets [J]. Economic Sociology: the European Electronic Newsletter, 2002, 3 (3): 40.

[325] Kin Lo. Earnings Management and Earnings Quality [J]. Journal of Accounting and Economics, 2007, 45 (2): 350-357.

[326] La Porta R, Lopez-de-Silanes F, Shleifer A, et al. The Quality of Government [J]. The Journal of Law, Economics, and Organization, 1999, 15 (1): 222-279.

[327] Lajili-Jarjir S, Rakotondratsimba Y. The Number of Securities Giving the Maximum Return in the Presence of Transaction Costs [J]. Quality and Quantity, 2008, 42 (5): 613-644.

[328] Leon A G Oerlemans, Marius T H Meeus. R&D Cooperation in a Transaction Cost Perspective [J]. Review of Industrial Organization, 2001, 18 (1): 77-90.

[329] Leslie G Peck. Discussion of the Determination of Long-Term Credit Standing with Financial Ratios [J]. Journal of Accounting Research, 1966, 4 (3): 63-66.

[330] Liu P, Thak, et al. Interest Yields, Credit Ratings, and Economic Characteristics of State Bonds: An Empirical Analysis [J]. Journal of Money Credit & Banking, 1984, 16 (3): 344-351.

[331] Liu Y, Malatesta P. Credit Ratings and The Pricing of Seasoned Equity Offerings [J]. Working paper, University of Washington, 2006.

[332] Liu, Ming, Ma, Tongshu, Zhang, Yan. Are Short Sellers Informed? New Evidence from Short Sales on Financial Firms During the Recent Subprime Mortgage Crisis [J]. Social Science Electronic Publishing, 2009.

[333] Lorenzo Garlappi, Hong Yan. Financial Distress and the Cross-section of Equity Returns [J]. The Journal of Finance, 2011, 66 (3): 789-822.

［334］ Maffett, Mark G, Owens, Edward L, Srinivasan, Anand. Short – Sale Constraints and the Informativeness of Stock Price for Default Prediction ［J］. Social Science Electronic Publishing, 2013.

［335］ Marco Pagano, Paolo Volpm. Credit Ratings Failures and Policy Options ［J］. Pagano M, Volpin P. Credit Ratings Failures and Policy Options ［J］. Eief Working Papers, 2009.

［336］ Maria C Mariani, Jndranil SenGupta, Pavel Bezdek. Numerical Solutions for Option Pricing Models Including Transaction Costs and Stochastic Volatility ［J］. Acta Applicandae Mathematicae, 2012, 118 (1): 203 – 220.

［337］ Mark Grinblatt, Chuan Yang Hwang. Signaling and the Pricing of New Issues ［J］. Journal of Finance, 1989, 44 (2): 393 – 420.

［338］ Massa, M, Zhang, B, et al. The Invisible Hand of Short Selling: Does Short Selling Discipline Earnings Management? ［J］. The Review of Financial Studies, 2015, 28 (6): 1701 – 1736.

［339］ Mathis, Jerome, James McAndrews, Jean – Charles Rochet. Rating the Rater: Are Reputation Concerns Powerful Enough to Discipline Rating Agencies? ［J］. Journal of Monetary Economics, 2009, 56 (5): 657 – 674.

［340］ Megginson, William, Hanley, Kathleen. Venture Capital Certification in Initial Public Offerings ［J］. Journal of Finance. 1991, 46: 879 – 903.

［341］ Michael C Jensen, Kevin J Murphy. Performance Pay and Top – Management Incentives ［J］. Journal of Political Economy, 1990, 98 (2): 225 – 264.

［342］ Michael C Jensen. Agency Costs of Free Cash Flow, Corporate Finance, and Takeovers ［J］. The American Economic Review, 1986, 76 (2): 323 – 329.

［343］ Michael Faulkender, Rong Wang. Corporate Financial Policy and the Value of Cash ［J］. The Journal of Finance, 2006, 61 (4): 1957 – 1990.

［344］ Michael Firth, Peter M Y Fung, Oliver M. Rui. Corporate Performance and CEO Compensation. https: //www. ssrn. com.

［345］ Milbourn T T, Schmeits A. Credit Ratings as Coordination Mechanisms ［J］. Review of Financial Studies, 2006, 19 (1): 81 – 118.

［346］ Miller E M. Risk, Uncertainty, and Divergence of Opinion ［J］. The Journal of Finance, 1977, 32 (4): 1151 – 1168.

[347] Millon M H, Thakor A V. Moral Hazard and Information Sharing: A Model of Financial Information Gathering Agencies [J]. The Journal of Finance, 2004, 40 (5): 1403 – 1422.

[348] Murphy Kevin J. Corporate Performance and Managerial Remuneration: An Empirical Analysis [J]. North – Holland, 1985, 7 (1 – 3): 11 – 42.

[349] Myers Stewart C. Determinants of Corporate Borrowing [J]. North – Holland, 1977, 5 (2): 147 – 175.

[350] Nayar N, Rozeff M S. Ratings, Commercial Paper, and Equity Returns [J]. The Journal of Finance. 2006, 9 (4): 1431 – 1449.

[351] Ólan T Henry, Michael McKenzie. The Impact of Short Selling on the Price – Volume Relationship: Evidence from Hong Kong [J]. The Journal of Business, 2006, 79 (2): 671 – 691.

[352] Ole – Kristian Hope, Danqi Hu, Wuyang Zhao. Third-party Consequences of Short-selling Threats: The Case of Auditor Behavior [J]. Journal of Accounting and Economics, 2016 (63): 479 – 498.

[353] Pankaj Gupta, Garima Mittal, Mukesh Kumar Mehlawat. A multicriteria Optimization Model of Portfolio Rebalancing with Transaction Costs in Fuzzy Enviromnent [J]. Memetic Computing, 2014, 6 (1): 61 – 74.

[354] Paolo Guasoni. Risk Minimization under Transaction Costs [J]. Finance and Stochastics, 2002, 6 (1): 91 – 113.

[355] Partnoy, Frank. How and Why Credit Rating Agencies Are Not Like Other Gatekeepers [J]. D. C. Washington: Brooking Institution Press, 2006.

[356] Paul L Joskow, Nancy L Rose, Catherine D Wolfram. Political Constraints on Executive Compensation: Evidence from the Electric Utility Industry [J]. The RAND Journal of Economics, 1996, 27 (1): 165 – 182.

[357] Peng, Jun. Do Investors Look Beyond Insured Triple – A Rating? An Analysis of Standard & Poor's Underlying Ratings [J]. Public Budgeting and Finance, 2002, 2 (3): 115 – 131.

[358] Petersen, Mitchell A. Estimating Standard Errors in Finance Panel Data Sets: Comparing Approaches [J]. The Review of Financial Studies, 2009,

22 (1): 435 – 480.

[359] Pinches G E, Mingo K A. A Multivariate Analysis of Industrial Bond Ratings [J]. The Journal of Finance, 1973, 28 (1): 1 – 18.

[360] Pogue T F, Soldofsky R M. What's in a Bond Rating [J]. Journal of Financial and Quantitative Analysis, 1969, 4 (2): 201 – 228.

[361] Ponce, Jorge. The Quality of Credit Ratings: A Two – Sided Market Perspective [J]. Economic Systems, 2012, 36 (2): 294 – 306.

[362] Pottier S W, Sommer D W. Property – Liability Insurer Financial Strength Ratings: Differences across Rating Agencies [J]. Journal of Risk and Insurance, 1999, 66 (4): 621 – 642.

[363] Purda L D. Mergers in the Bond Rating Industry: Does Rating Provider Matter? [J]. Journal of Multinational Financial Management, 2005, 15 (2): 155 – 169.

[364] Ramakrishnan R T S, Thakor A V. Information Reliability and a Theory of Financial Intermediation [J]. Review of Economic Studies, 1984, 51 (3): 415 – 423.

[365] Randall K Morck, David A Stangeland, Bernard Yeung. Inherited Wealth, Corporate Control and Economic Growth: The Canadian Disease [C]. National Bureau of Economic Research, Inc, 1998.

[366] Randall Morck, Andrei Shleifer, Robert W Vishny. Alternative Mechanisms for Corporate Control [J]. American Economic Review, 1989, 79 (4): 842 – 852.

[367] Reisman H. Black and Scholes Pricing and Markets with Transaction Costs: An Example [J]. Finance and Stochastics, 2001, 5 (4): 549 – 555.

[368] Robert Jarrow. Heterogeneous Expectations, Restrictions on Short Sales, and Equilibrium Asset Prices [J]. The Journal of Finance, 1980, 35 (5): 1105 – 1113.

[369] Roe M J. Political and Legal Restraints on Ownership and Control of Public Companies [J]. Journal of Financial Economics, 1990, 27 (1): 7 – 41.

[370] Saffi P A C, Sigurdsson K. Price Efficiency and Short Selling [J]. The Review of Financial Studies, 2010, 24 (3): 821 – 852.

[371] Sanford J Grossman, Joseph E Stiglitz. On the Impossibility of Informationally Efficient Markets [J]. American Economic Review, 1980, 70 (3): 393 – 408.

[372] Sangiorgi F, Spatt C S. Opacity, Credit Rating Shopping and Bias [J/OL]. https: //papers. ssrn. com/sol3/papers. cfm? abstract_id = 2260045, 2012.

[373] Shan Li, Paul Brockman, Ralf Zurbruegg. Cross-listing, Firm-specific Information, and Corporate Governance: Evidence from Chinese A – shares and H – shares [J]. Journal of Corporate Finance, 2015, 32: 347 – 362.

[374] Shapiro C. Premiums for High Quality Products as Returns to Reputations [J]. Quarterly Journal of Economics, 1983, 98 (4): 659 – 679.

[375] Sharif S, Anderson H D, et al. The Announcement and Implementation Reaction to China's Margin Trading and Short Selling Pilot Programme [J]. International Journal of Managerial Finance, 2014, 10 (3): 368 – 384.

[376] Shleifer A, Vishny R W. A Survey of Corporate Governance [J]. The Journal of Finance, 1997, 52 (2): 737 – 783.

[377] Shleifer A, Vishny R W. Large Shareholders and Corporate Control [J]. Journal of Political Economy, 1986, 94 (3): 461 – 488.

[378] Shleifer A, Vishny R W. Politicians and Firms [J]. The Quarterly Journal of Economics, 1994, 109 (4): 995 – 1025.

[379] Simon Johnson, Peter Boone, Alasdair Breach, Eric Friedman. Corporate Governance in the Asian Financial Crisis [J]. Journal of Financial Economics, 2000, 58 (1): 141 – 186.

[380] Skreta V, Veldkamp L. Ratings Shopping and Asset Complexity: A Theory of Ratings Inflation [J]. Journal of Monetary Economics, 2009, 56 (5): 678 – 695.

[381] Smith R C, Walter I. Rating Agencies: Is there an Agency Issue? [M]. Boston: Springer, 2002.

[382] Spence M. Job Market Signaling [J]. Quarterly Journal of Economics, 1973, 87 (3): 355 – 374.

[383] Stiglitz J E, Weiss A. Credit Rationing in Markets with Imperfect Information [J]. American Economic Review, 1981, 71 (3): 393 – 410.

[384] Sufi A. Information Asymmetry and Financing Arrangements: Evidence from Syndicated Loans [J]. Journal of Finance, 2007, 62 (2): 629 – 668.

[385] Timan S, Trueman B. Information Quality and the Valuation of new Issues [J]. Journal of Accounting and Economics, 1986, 8 (2): 159 – 172.

[386] Tosi H L, Werner S et al. How Much does Performance Matter? A Meta-analysis of CEO Pay Studies [J]. Journal of Management, 2000, 26 (2): 301 – 339.

[387] Tsuruta D. Changing Banking Relationships and Client-firm Performance: Evidence from Japan for the 1990s [J]. Review of Financial Economics, 2014, 23 (3): 107 – 119.

[388] Tyler R Henry, Darren J Kisgen, Juan (Julie) Wu. Equity Short Selling and Bond Rating Downgrades [J]. Journal of Financial Intermediation, 2015, 24 (1): 89 – 111.

[389] Vassalou M, Xing Y. Default Risk in Equity Return [J]. The Journal of Finance, 2004, 59 (2): 831 – 868.

[390] Wakeman L. The Real Function of Bond Rating Agencies [J]. Chase Financial Quarterly, 1981, 1 (1): 18 – 26.

[391] Walker J R, Russell F. Role of Credit Rating Agencies as Risk Information Brokers [J]. The Financial Services Roundtable, 2010.

[392] Wang C, Dou H. Does the Transformation of Accounting Firms' Organizational Form Improve Audit Quality? Evidence from China [J]. China Journal of Accounting Research, 2015, 8 (4): 279 – 293.

[393] Wang K, Xiao X. Controlling Shareholders' Tunneling and Executive Compensation: Evidence from China [J]. Journal of Accounting and Public Policy, 2011, 30 (1): 89 – 100.

[394] Wang Z. Short Sellers, Institutional Investors, and Corporate Cash Holdings [J/OL]. https://papers.ssrn.com/sol3/papers.cfm?abstract_id = 2410239, 2014.

[395] West R R. Bond Ratings, Bond Yields and Financial Regulation: Some Findings [J]. Journal of Law and Economics, 1973, 16 (1): 159 – 168.

[396] Whited T M. Debt, Liquidity Constraints, and Corporate Investment: Evi-

dence from Panel Data [J]. Joural of Finance, 1992, 47 (4): 1425 – 1460.

[397] Williamson O E. Markets and Hierarchies: Analysis and Antitrust Implications [M]. New York: Free Press, 1975.

[398] Williamson O E. The Economic Institutions of Capitalism [M]. New York: Free Press, 1998.

[399] Williamson O E. The Mechanism of Governance [J]. Administrative Science Quarterly, 1996, 44 (1): 799 – 802.

[400] Williamson O E. The New Institutional Economics: Taking Stock, Looking Ahead [J]. Journal of Economic Literature, 2000, 38 (3): 595 – 613.

[401] Williamson O E. The Theory of the Firm as Governance Structure: from Choice to Contract [J]. Journal of Economic Perspectives, 2002, 16 (3): 171 – 195.

[402] Williamson O E. The Vertical Integration of Production: Market Failure Considerations [J]. American Economic Review, 1971, 61 (2): 112 – 123.

[403] Wooldridge J M. Introductory Econometrics: A Modern Approach (3rd ed.) [M]. Mason: Thomson, 2005.

[404] Xia H. Can Investor – Paid Credit Rating Agencies Improve the Information Quality of Issuer – Paid Rating Agencies? [J]. Journal of Financial Economics, 2014, 111 (2): 450 – 468.

[405] Yi H C, Mullineaux D J. The Informational Role of Bank Loan Ratings [J]. Journal of Financial Research, 2006, 29 (4): 481 – 501.

[406] Yinghua Li, Liandong Zhang. Short Selling Pressure, Stock Price Behavior, and Management Forecast Precision: Evidence from a Natural Experiment [J]. Journal of Accounting Research, 2015, 53 (1): 79 – 117.

[407] Ziebart D A, Reiter S A. Bond Ratings, Bond Yields and Financial Information [J]. Contemporary Accounting Research, 1992, 9 (1): 252 – 282.

后　　记

本书是依照我博士期间个人的研究领域撰写而成。主要是针对资本市场放松卖空约束这一创新的制度设计对于企业主体长期信用评级影响的溢出效应进行实证研究。

此时此刻，回忆起本书的写作过程，当初的兴奋、快乐、迷茫、痛苦依旧历历在目，但无论如何这一切就如论文最后一个标点符号的落下一样，也都已经尘埃落定。无论圆满与否，我都怀着一颗感恩的心，感谢这三年来支持我的家人，帮助过我的领导、老师、朋友、同学。

饮水思源，眷眷师恩。感谢我的导师——对外经济贸易大学国际商学院郑建明教授。在本书的写作过程中，郑老师给了我无比珍贵的建议以及极大的耐心，给予我最大的支持与帮助。同样在生活中，对于我的成长，郑老师像父亲一样对我悉心教诲、教我做人的道理，让我成人成才，郑老师无微不至的关怀让我十分感动。从攻读博士期间到工作开始，郑老师都会及时地支持我、帮助我。在此，我向郑老师致以最诚挚的敬意和感激。桃李不言，下自成蹊；师恩如此深厚，不敢轻言以报，只有努力地学习和工作，才能不愧于老师的教导和栽培。

感恩之情，溢于言表。感谢首都经济贸易大学会计学院，是会计学院给了我这个机会，让本书顺利出版。感谢院长、书记及各位同事，在本书撰写过程中给予的宝贵意见与无私的帮助。感谢对外经济贸易大学国际商学院尚铎博士，在本书的写作过程中，给予了巨大的帮助。同时要感谢经济科学出版社的各位领导和编辑老师，是你们的认真负责，让本书能够完整地呈现在读者面前。

　　巴山夜雨时，后会亦有期。最后要感谢我的家人，一路求学下来，直到首都经济贸易大学会计学院工作，这期间经历的种种磨难，一言难尽。而我的家人都给予我最大的支持，让我能够坚强地走下去。

许晨曦

2020 年 6 月 10 日